L'UNION POSTALE UNIVERSELLE

Sa fondation et son développement

MONUMENT DE L'UNION POSTALE UNIVERSELLE, inauguré à Berne le 4 octobre 1909.

L'UNION POSTALE UNIVERSELLE

Sa fondation

et son développement

MÉMOIRE

PUBLIÉ PAR LE BUREAU INTERNATIONAL

à l'occasion du

50e anniversaire de l'Union

1874 — 1924

IMPRESSION ET EXÉCUTION
ETABLISSEMENTS BENZIGER & CIE. S. A. — EINSIEDELN (SUISSE)
1924.

I

La poste internationale avant la Conférence de Paris de 1863.

L'histoire de la poste est intimement liée à celle de la civilisation. Là où l'homme vit d'une vie exclusivement matérielle, la poste n'existe pas ou n'existe qu'à l'état rudimentaire. Dès qu'il s'élève d'un degré vers la lumière intellectuelle, la poste franchit le même pas. S'il rétrograde vers la barbarie, la poste déchoit dans la même mesure. Jusqu'à la fin du moyen-âge, la poste présente ainsi le spectacle de quelque chose d'embryonnaire qui apparaît avec certains événements politiques ou sociaux et qui sombre avec eux. C'est quelquefois un service gouvernemental, comme chez les Perses et les Romains, presque jamais un service public. Au moyen-âge, les particuliers qui ont des communications à échanger ont recours aux messagers que les monastères et les universités entretiennent pour leur service privé. On profite aussi des voyages que des artisans et des marchands sont obligés de faire pour les besoins de leur profession. Dans certains pays, on utilise surtout les services des bouchers, parce qu'ils se trouvent généralement dans une situation de fortune qui inspire confiance et que leurs déplacements sont fréquents et assez réguliers. Peu à peu, ces services prirent une sérieuse extension et devinrent, pour ainsi dire, des institutions officielles. En France, les rois accordèrent leur protection aux messagers des universités et leur octroyèrent des privilèges. En Allemagne et dans les Flandres, la poste des bouchers fut également protégée et encouragée. Vers la même époque, les communes, qui commençaient à devenir des organismes puissants, établirent aussi des communications postales. Tous ces services fonctionnèrent concurremment avec les postes que les rois et les princes entretenaient, de leur côté, pour leur usage personnel.

A la longue, ces institutions devinrent insuffisantes. Par suite de l'invention de l'imprimerie, l'instruction s'était propagée rapidement et elle pénétrait peu à peu dans toutes les couches de la société. D'un autre côté, la découverte de nombreuses terres lointaines vint ouvrir au commerce international un champ d'activité extrêmement vaste et lui donner un essor immense. Les relations intellectuelles et commerciales des peuples exigèrent un système de communications plus étendu, plus régulier et plus sûr que ceux dont on avait disposé jusqu'alors. Ce fut sous l'influence de cette nécessité que le service postal de la maison des Habsbourg, que l'Empereur Frédéric III avait établi, entre 1440 et 1493, dans son Empire et ses Etats héréditaires et dont l'administration avait été confiée à la famille de Taxis, se transforma, au commencement du XVIe siècle, en une poste internationale, qui pouvait *transporter les correspondances privées ainsi que les particuliers*, contre une indemnité convenable et moyennant que le service royal n'en souffrît aucun préjudice[1]. Cette poste mettait en communication les Etats héréditaires

---

[1] *François de Taxis*, par J. Rübsam. — *Union postale* de 1892, p. 128.

d'Autriche, l'Empire d'Allemagne, l'Italie, la France et l'Espagne. Elle est l'œuvre de François de Taxis, qui peut être considéré non seulement comme le créateur de la poste internationale, mais aussi comme le réformateur qui a donné au service postal sa forme moderne et l'a adapté aux besoins sociaux et économiques des peuples.

La poste de Taxis existait encore dans l'Allemagne centrale en 1867. A cette époque, elle fut reprise par le gouvernement prussien[1]. Elle subit ainsi le sort de toutes les postes affermées à des particuliers ou entretenues par des communes, qui avaient passé successivement entre les mains de l'Etat à partir de la seconde moitié du XVIIIᵉ siècle. L'exploitation de la poste par l'Etat avait, en effet, fini par s'imposer. Elle était devenue une institution d'utilité publique de premier ordre, chargée d'une grande responsabilité morale et financière, et qui ne pouvait guère fonctionner, en offrant toutes les garanties de sécurité et de célérité, que sous un régime uniforme et sous un contrôle officiel sérieux et permanent.

En même temps, elle était aussi devenue une grande source de revenus, et la plupart des gouvernements s'habituèrent à la considérer comme un service fiscal. Cela ne l'empêcha toutefois pas de continuer à se développer parallèlement aux grands progrès qui se réalisaient dans tous les domaines. C'est ainsi qu'on créa successivement les services des lettres recommandées, des lettres avec valeur déclarée, des mandats et des exprès et qu'on organisa le service de distribution dans les communes rurales. Mais l'événement le plus important fut l'unification de la taxe des lettres internes et son abaissement à un penny. Cette réforme, accomplie dans la Grande-Bretagne, en 1840, sur la proposition de Rowland Hill[2], et qui fut accompagnée de la création des timbres-poste[3], était le complément naturel de l'exploitation des postes par l'Etat; elle donna au service postal interne son unité définitive.

L'exemple de la Grande-Bretagne fut imité petit à petit par les autres pays[4]. Par contre, le service international continua à être régi par des règles fort diverses et peu pratiques. Les

---

[1] *Les postes allemandes*, par M. Frank. — Nouvel Annuaire de l'Empire allemand pour 1878.

[2] Avant l'introduction du «penny postage», la taxe d'une lettre simple de Londres pour Edimbourg était de 1 shilling 1 ½ pence. Si la lettre se composait de deux feuilles, quelque petites qu'elles fussent, la taxe était doublée. Le poids n'était pas pris en considération. (Le *Times* du 28 août 1879: *Nécrologie de Rowland Hill.*)

[3] D'après le chroniqueur Pellisson-Fontanier, l'origine du timbre-poste remonte au XVIIᵉ siècle. En 1653, le roi Louis XIV avait conféré au maître des requêtes Vélayer le privilège de faire placer dans les différents quartiers de Paris des boîtes aux lettres et de faire distribuer, moyennant un droit d'un sou, les correspondances destinées aux habitants de la ville. On acquittait ce droit en se procurant un billet qu'on attachait à la lettre et qui portait ces mots: «Port payé, le... jour... du mois de... l'an 16..». — Cette innovation ne paraît pas avoir eu une longue durée.

En 1819, le royaume de Sardaigne émit des formules d'affranchissement de 15, 25 et 50 centesimi. C'étaient tout simplement des feuilles de papier blanc, timbrées et qui servaient en même temps d'enveloppes. Ces formules restèrent en usage jusqu'en 1836. C'est sous cette même forme que parurent d'abord, en 1840, les timbres-poste anglais; mais au bout de quelques mois, ils furent remplacés par des timbres du modèle actuel. *(Union postale* de 1880, p. 145.)

On a prétendu que l'invention mise à profit par Vélayer émanait directement de la Cour des rois de France et que l'honneur en revenait à une dame de Longueville. *(De l'origine et du développement de la lettre*, par le Dʳ Herrmann, Halle s. Saale 1877.)

[4] En 1847, au moment où la France se préparait à adopter la taxe interne uniforme, la taxe moyenne d'un port de lettre dans les divers Etats de l'Europe et aux Etats-Unis d'Amérique était estimée comme suit:

Angleterre, taxe unique	10 centimes
Prusse, 8 zones	26 »
Espagne, taxe unique	27 »
Etats-Unis d'Amérique, 3 zones	29 »
Sardaigne, 7 zones	34 »
Autriche, 2 zones	34 »
Russie, taxe unique	40 »
France, 11 zones (tarif de 1827)	43 »

Une lettre de Paris pour Marseille du poids de 15 gr. coûtait 2 fr. 20 cent. de port (Belloc: *Les postes françaises;* Jaccottey: *Traité de législation et d'exploitation postale*).

traités postaux que les Etats concluaient entre eux n'étaient inspirés par aucun principe uniforme. Il existait plusieurs unités de poids, l'échelle de progression était très variable, les taxes également et celles-ci étaient, en outre, très élevées et leur calcul souvent difficile. L'Allemagne et l'Autriche possédaient le zolloth pour unité de poids, la Grande-Bretagne et les Etats-Unis d'Amérique, l'once; la France, la Belgique et l'Italie, le gramme. En Allemagne et en Autriche, la progression de poids allait de loth en loth; dans la Grande-Bretagne et aux Etats-Unis d'Amérique, on calculait par ½ once; en France, par 10 gr.; en Belgique et en Italie, partie par 10 gr. et partie par 15 gr.; en Espagne, par 7½ gr.; au Danemark, partie par ¾ et partie par ½ loth. Une lettre à expédier en transit par ces pays devait être taxée d'après les différentes unités et progressions de poids, car la taxe d'une lettre internationale se composait ordinairement de la taxe interne du pays d'origine, de la taxe interne du pays de destination, et, éventuellement, de la taxe de chaque pays de transit et de la taxe de transport maritime.

Une lettre de l'Allemagne pour Rome expédiée en transit

par la Suisse payait . . . . 68 pfennig;
par la Suisse, Gênes et les paquebots français . . . . 90 »
par l'Autriche (voie de terre ou de Trieste) . . . . 48 »
par la France . . . . 85 »

Cette lettre ne pouvait être affranchie jusqu'à destination que si elle était expédiée par la voie de France. Quand l'expédition était effectuée par une des trois autres voies, l'affranchissement ne pouvait avoir lieu que jusqu'à la frontière des Etats du pape.

L'affranchissement d'une lettre recommandée du poids de 20 gr., de Berlin pour Rome, se calculait de la manière suivante: Mk.Pf.

a) Port prussien, 2×30 pfennig 0.60
b) port étranger (3 ports calculés par 7½ gr. ou 3×55 pfennig) 1.65
c) droit de recommandation prussien 0.20
d) droit de recommandation étranger (encore une fois le montant du port ordinaire) 1.65

Total . . 4.10

soit sept fois le montant qu'on perçoit actuellement[1].

Les lettres à destination des pays d'outre-mer étaient naturellement soumises à des taxes fort élevées. L'expédition d'une lettre simple de la Prusse pour la côte occidentale de l'Amérique du Sud ne coûtait pas moins de 248 pfennig[2]; une lettre des Etats-Unis d'Amérique pour l'Australie payait 5, 33, 45, 55, 60 cents ou 1 dollar 2 cents par ½ once, suivant qu'on employait l'une ou l'autre des six voies dont on disposait[3]; le port d'une lettre de la Grèce pour les Etats-Unis d'Amérique (v. des paquebots français) était de 2 drachmes 24 lepta par 7½ gr., et pour le Canada et la Jamaïque de 2 drachmes 50 lepta.

Des taxes aussi élevées n'étaient pas faites pour aider au développement du trafic international; d'un autre côté, le calcul compliqué auquel leur fixation donnait souvent lieu, ainsi que les opérations d'inscription, de vérification et de décompte auxquelles il fallait se livrer pour attribuer à chaque pays sa part de taxe, entravaient le travail des bureaux de poste et nuisaient à la rapidité des échanges. Ces inconvénients se firent sentir de plus en plus à mesure que les

---

[1] *Considérations sur les tarifs*, par un fonctionnaire de l'Administration des postes allemandes. — *Union postale* de 1890, p. 85 et s. — Voir aussi Weithase: *Geschichte des Weltpostvereins.*

[2] Idem.

[3] Rapport du Postmaster General des Etats-Unis, 1895, p. 449.

moyens de communication se perfectionnaient. Dans beaucoup de relations, les chemins de fer avaient déjà remplacé les diligences et des paquebots à vapeur sillonnaient les mers dans toutes les directions. En même temps, la culture intellectuelle et morale allait sans cesse en augmentant; l'instruction pénétrait partout; les expatriations devenaient de plus en plus nombreuses; enfin, l'industrie et le commerce, débordant par dessus les frontières, étendaient leur activité aux parties du monde les plus isolées et les plus lointaines.

Les mêmes raisons d'intérêt général qui avaient forcé les gouvernements à réduire et à simplifier leurs taxes postales internes, les obligèrent à chercher un moyen d'améliorer et de simplifier leurs relations postales internationales.

II

Conférence de Paris. 1863.

Ce fut l'Administration des Etats-Unis d'Amérique qui souleva la question de l'organisation du trafic postal international sur de meilleures bases. Dans une note en date du 4 août 1862[1], le Postmaster General Blair émit l'idée d'une Conférence où les différents Offices des postes seraient représentés par des délégués qui pourraient discuter les améliorations et les simplifications qu'il était désirable de voir introduire dans les relations postales internationales.

« Il existe — disait ce haut fonctionnaire pour justifier sa proposition — un grand nombre d'obstacles à la correspondance étrangère auxquels il ne peut être remédié que par un concert international d'action. Ces obstacles proviennent de la différence dans les *principes* aussi bien que dans les *détails* des arrangements postaux conclus entre les diverses nations des deux continents. Entre les mêmes points, il existe une *grande diversité de taux* et jusqu'à *six taux* différents, suivant la voie de transit... Il est évident qu'un *arrangement postal international établi sur une base commune* est de la première importance, non seulement au point de vue des rapports commerciaux, mais aussi des rapports sociaux... Les ramifications du système postal, embrassant tant de pays, semblent requérir une coopération générale d'action. »

Le gouvernement des Etats-Unis d'Amérique soumit la proposition de M. Blair aux gouvernements des autres pays. Elle répondait d'une façon si évidente à un besoin général qu'elle reçut immédiatement l'adhésion de 15 Etats: ceux d'Autriche, de Belgique, de Costa-Rica, de Danemark, de l'Equateur, d'Espagne, de France, de Grande-Bretagne, d'Italie, des Pays-Bas, de Portugal, de Prusse, des îles Sandwich (Hawaï), de Suisse et des Villes hanséatiques.

La Conférence proposée par l'Office des Etats-Unis d'Amérique se réunit à Paris le 11 mai 1863. Tous les Etats précités y étaient représentés, à l'exception de celui de l'Equateur[2].

Dans son discours d'ouverture, M. Vandal, Directeur général des postes de France et président de la Conférence, définit comme suit le caractère de celle-ci: « Si je comprends bien la mission qui nous réunit, cette mission a pour objet, non de discuter ou de régler certains faits pratiques qui appartiennent au domaine de la négociation et pour lesquels nous sommes, d'ailleurs, sans pouvoirs, *mais de nous mettre d'accord, ou du moins de discuter et de proclamer certains principes généraux, certaines doctrines spéculatives, que nous nous efforcerons de faire prévaloir plus tard dans l'intérêt, bien entendu, du public et du trésor de nos gouvernements respectifs.* Sans doute, les décisions qui seront arrêtées entre nous n'auront *nul caractère obligatoire* et n'engageront personne; elles réserveront aux intérêts de l'avenir et aux gouvernements l'indépendance la plus absolue; mais elles emprunteront une force et une autorité considérables à l'adhésion que

---

[1] Documents de la Conférence de Paris de 1863, p. 13.
[2] Voir la liste des délégués à l'annexe I.

vous leur aurez donnée, et sans que nous ayons la prétention de préparer en quelque sorte le Code international de la poste, il nous est au moins permis d'espérer qu'il sera plus difficile de s'écarter ultérieurement de ce que vous aurez admis comme bon, équitable et honorable pour tous.»

Comme on le voit, la Conférence n'avait pas de but pratique défini; elle ne devait lier en rien les parties; les délégués devaient se borner à discuter une situation jugée défectueuse; ils pouvaient proclamer certains desiderata; mais il était entendu que chaque gouvernement resterait libre de ne pas tenir compte des décisions prises. Au fond, cette situation n'était pas sans présenter certains avantages. Elle laissait notamment toute liberté aux délégués, qui pouvaient discuter la situation postale internationale existante sans se préoccuper des difficultés pratiques ni surtout des conséquences financières qu'une réforme en cette matière pouvait entraîner.

La Conférence dura jusqu'au 8 juin. On y délibéra sur 36 questions[1], qui pouvaient toutefois se ramener à 3 questions fondamentales: la question de l'*uniformité de poids;* celle de l'*uniformité de taxe;* et celle de la *simplification des comptes,* qui comportait naturellement une amélioration du système de transit.

Les délibérations aboutirent à l'adoption de 31 articles, ou «principes généraux de nature à faciliter les relations de peuple à peuple par la voie de la poste et pouvant servir de base aux conventions internationales destinées à régler ces relations[2].»

---

[1] L'Office des Etats-Unis avait présenté 14 questions; la Grande-Bretagne en avait, de son côté, soumis 13; enfin, les délégués de la France avaient rédigé, pour les discussions, un programme comprenant 34 questions, auxquelles furent ajoutées 2 questions, à la demande de la délégation des Etats-Unis.

[2] *Article premier.* — Les objets dont la transmission, de peuple à peuple, doit ou peut s'effectuer par la voie de la poste, se divisent en six classes:

1re classe. Lettres ordinaires.

2me classe. Lettres chargées sans déclaration de valeur.

3me classe. Lettres chargées contenant des valeurs déclaré es.

4me classe. Epreuves corrigées, papiers d'affaires et autres documents manuscrits n'ayant pas le caractère d'une correspondance actuelle et personnelle.

5me classe. Echantillons de marchandises (y compris ceux de grains ou graines) d'un poids limité, et n'ayant, par eux-mêmes, aucune valeur marchande.

6me classe. Imprimés de toute nature en feuilles, brochés ou reliés, papiers de musique, gravures, lithographies, photographies, dessins, cartes et plans.

Art. 2. — Il y a lieu d'accorder aux envoyeurs la faculté de payer d'avance jusqu'à destination ou de laisser à la charge des destinataires le port entier des lettres ordinaires toutes les fois que cela est possible; mais, en cas d'affranchissement facultatif, les lettres non affranchies doivent être frappées d'une surtaxe modérée.

Art. 3. — Les lettres insuffisamment affranchies, au moyen de timbres-poste vendus par l'Administration des postes du pays d'origine, doivent être taxées comme non affranchies, sauf déduction du prix des dits timbres.

Art. 4. — Les lettres chargées, avec ou sans déclaration de valeur, doivent toujours être affranchies jusqu'à destination.

Art. 5. — Pour être admis à jouir du bénéfice d'une modération de taxe, les objets sous bandes doivent être affranchis.

Art. 6. — Les correspondances internationales de toute nature, régulièrement affranchies jusqu'à destination, ne doivent, sous aucun prétexte, être frappées d'une taxe ou d'un droit quelconque à la charge des destinataires.

Art. 7. — La taxation, en raison du poids, des correspondances échangées entre deux Etats, doit être opérée, de part et d'autre, d'après le même étalon de poids.

Art. 8. — Le système métrique décimal étant, de tous les systèmes de poids, celui qui satisfait le mieux aux exigences du service des postes, il y a lieu de l'adopter, pour les relations de poste internationales, à l'exclusion de tout autre système.

Art. 9. — La taxe applicable aux lettres internationales, en raison de leur poids, doit être perçue, pour chaque lettre, sur le pied d'un port simple par 15 grammes ou fraction de 15 grammes.

Art. 10. — La taxe applicable aux épreuves corrigées, aux documents manuscrits n'ayant pas le caractère d'une correspondance actuelle et personnelle, et aux échantillons de marchandises sous bandes, doit être perçue, d'après le poids de chaque paquet portant une adresse particulière, à raison d'un port simple par 40 grammes ou fraction de 40 grammes.

En résumé, les résultats de la Conférence de Paris furent:

1º De déterminer les obstacles qu'il importait d'aplanir pour donner aux relations de peuple à peuple la facilité et la rapidité que réclamait le progrès de la civilisation et du commerce;

2º de rendre les Administrations attentives, d'une manière générale, à des défectuosités du service postal qu'il ne fallait pas aggraver;

3º de mettre en évidence les principes dont il importait que chaque Administration tînt compte à l'occasion de la conclusion de ses conventions internationales;

4º de délimiter les questions à résoudre pour arriver à établir la simplicité et l'uniformité désirables dans les relations internationales.

Si ces résultats ne devaient recevoir aucune sanction, ils acquéraient cependant une force spéciale par la compétence personnelle des délégués et par l'importance et l'étendue des intérêts que ceux-ci représentaient. Au point de vue postal, les délégués réunis à Paris en 1863 représentaient, en effet, les neuf dixièmes du commerce et les dix-neuf vingtièmes de la correspondance

---

Art. 11. — Les bases d'après lesquelles doit être établie la taxe applicable aux objets sous bandes, formant la sixième classe des objets dénommés au premier paragraphe précédent, ne peuvent être fixées d'une manière satisfaisante que par des conventions spéciales en harmonie avec les besoins particuliers de chacune des parties contractantes.

Art. 12. — La taxe des lettres doit être établie d'après le poids constaté par le bureau d'origine, à moins d'erreur manifeste.

Art. 13. — Les lettres chargées, sans déclaration de valeur, doivent supporter, en sus de la taxe applicable aux lettres ordinaires affranchies du même poids, un droit fixe modéré.

Art. 14. — Les lettres chargées, contenant des valeurs déclarées, doivent supporter, en sus de la taxe et du droit fixe applicables aux lettres chargées sans déclaration de valeur, du même poids, un droit proportionnel basé sur le montant des valeurs déclarées.

Art. 15. — En cas de perte d'un chargement sans déclaration de valeur et de perte ou de spoliation d'un chargement contenant des valeurs déclarées, chaque Office doit être rendu responsable des faits accomplis sur son territoire et dans le service pour lequel il a perçu une prime d'assurance à son profit. Il y a lieu d'allouer à la personne qui a expédié le chargement: 50 francs pour chaque chargement, sans déclaration de valeur, perdu; et la somme déclarée pour chaque chargement contenant des valeurs déclarées, perdu ou spolié.

Art. 16. — Les taxes applicables aux correspondances échangées entre deux Etats, par différentes voies, doivent être les mêmes pour chaque nature de correspondances, sans égard à la voie employée, lorsque les prix de port revenant aux Offices intermédiaires rendent cette combinaison praticable.

Art. 17. — Les correspondances doivent être dirigées conformément au vœu des envoyeurs, toutes les fois que ce vœu est exprimé, soit par une indication portée sur l'adresse, soit par la taxe d'affranchissement acquittée, lorsqu'il s'agit de correspondances affranchies et qu'il existe une taxe spéciale pour chaque voie. A défaut d'indications de cette nature, l'Office expéditeur est libre de choisir la voie qui lui paraît la plus avantageuse dans l'intérêt du public.

Art. 18. — Les lettres livrées comme non affranchies, par une Administration à une autre Administration, pour un pays à l'égard duquel l'affranchissement est obligatoire, doivent être renvoyées à l'Office expéditeur comme mal dirigées.

Art. 19. — Les objets sous bandes admis au bénéfice d'une modération de taxe moyennant affranchissement obligatoire doivent, en cas d'affranchissement insuffisant, être dirigés sur leur destination, grevés d'une surtaxe convenable.
Quant aux objets de même nature non affranchis, ils doivent tomber en rebuts.

Art. 20. — Les comptes d'échange ne peuvent être supprimés, d'une manière générale, pour les correspondances internationales; mais ils doivent être simplifiés le plus possible. A cet effet, il importe que les bureaux d'échange ne soient tenus de fournir des accusés de réception, pour les dépêches qu'ils reçoivent, qu'autant que la vérification des feuilles d'avis accompagnant ces dépêches donne lieu de relever des erreurs imputables aux bureaux expéditeurs.

Art. 21. — Le décompte des taxes ou droits dont deux Offices ont à se tenir réciproquement compte pour les correspondances qu'ils échangent entre eux, tant à découvert qu'en dépêches closes, doit, autant que possible, être établi à la pièce pour les correspondances échangées à découvert, et d'après le poids net des correspondances, pour celles transportées en dépêches closes.

du monde entier. Ils représentaient, en outre, quatre cent millions de personnes appartenant aux nations les plus civilisées et les plus industrielles du globe[1].

La Conférence de Paris avait établi nettement et avec autorité le diagnostic du mal dont souffrait la poste internationale; par là même, elle devait faire naître dans le personnel postal la noble ambition de le guérir, et elle ne pouvait manquer d'être suivie, à brève échéance, d'un projet d'union postale internationale.

Ce projet ne tarda pas à se produire.

A la fin de 1868, le journal officiel de l'Administration des postes de l'Allemagne du Nord publia une note où M. de Stephan, alors Conseiller supérieur intime des postes, exposait, dans ses traits fondamentaux, un projet d'union postale entre toutes les nations civilisées et proposait de soumettre ce projet aux délibérations d'un Congrès universel. Dès 1869, le gouvernement de la Confédération de l'Allemagne du Nord se livra, dans ce but, à des démarches diplomatiques, qui furent interrompues par la guerre franco-allemande. Immédiatement après la conclusion de la paix, les négociations furent reprises. Le gouvernement de la Confédération suisse accepta la mission d'inviter les gouvernements des pays européens et ceux des Etats-Unis d'Amérique et de l'Egypte à se faire représenter à un Congrès qui devait se tenir à Berne, le 1er septembre 1873, pour examiner le projet de l'Allemagne. L'invitation de la Suisse fut accueillie avec empressement. Toutefois, le gouvernement impérial de Russie, bien qu'il fût, lui aussi, favorable au projet, fit connaître qu'il ne croyait pas pouvoir, pour le moment, participer à l'élaboration d'une convention postale générale, parce qu'il venait de conclure plusieurs conventions particulières dont il tenait beaucoup à apprécier d'abord les effets. En présence de cette circonstance, le Congrès fut ajourné à l'année suivante.

Art. 22. — Les correspondances réexpédiées par suite du changement de résidence des destinataires ne doivent pas, à raison de cette réexpédition, être soumises à une taxe supplémentaire en faveur des Offices qui ont déjà perçu une taxe à leur profit sur les dites correspondances.

Art. 23. — Les lettres chargées, adressées à des destinataires partis pour un pays étranger qui n'a eu aucune part dans les taxes payées par les envoyeurs, doivent être dirigées sur la nouvelle résidence des destinataires, grevées d'une taxe additionnelle et d'un droit de chargement supplémentaire à la charge des destinataires.

Art. 24. — Les correspondances internationales tombées en rebut doivent être rendues, sans frais, à l'Office expéditeur.

Art. 25. — Une taxe élevée, sur le transit de la correspondance, étant un obstacle invincible à l'établissement d'un système international de correspondance à des conditions avantageuses, dans l'intérêt public, la taxe de transit, pour chaque pays, ne doit jamais être supérieure à la moitié du port interne du pays traversé; et, pour les pays dont le territoire est peu étendu, cette taxe de transit doit être moindre encore.

Art. 26. — Le prix de transport par mer, à réclamer d'un autre Etat, ne doit, dans aucun cas, être supérieur à la taxe dont sont frappées les correspondances à destination du pays par les navires duquel le transport est effectué.

Art. 27. — Il est désirable que les Administrations qui ont entre elles des comptes servent d'intermédiaires pour l'envoi de sommes d'argent, d'un pays à un autre, au moyen de mandats de poste internationaux, lorsque cela peut avoir lieu sans créer des complications hors de toute proportion avec les avantages que procurerait l'adoption de cette mesure.

Art. 28. — En cas de non-payement du solde résultant de la balance de chaque compte international, dans le délai fixé par la Convention aux termes de laquelle le compte a été établi, le montant de ce solde doit être productif d'intérêts à dater du jour de l'expiration du dit délai.

Ces intérêts doivent être calculés d'après les bases à fixer par des conventions.

Art. 29. — Il y a lieu de comprendre dans une même zone, sous le rapport des taxes postales, le plus grand nombre de pays possible.

Art. 30. — Il est convenable d'accorder, à chaque Administration de poste, un transport libre pour ses communications officielles avec d'autres Administrations de poste.

Art. 31. — Il y a lieu de créer une catégorie de lettres dites urgentes, à remettre à domicile par exprès, moyennant payement d'une taxe supplémentaire.

[1] Discours de M. Kasson, délégué des Etats-Unis d'Amérique.

III

La poste internationale au moment de la réunion du Congrès de Berne.

Dix ans s'étaient écoulés depuis la Conférence de Paris. Les relations postales internationales s'étaient multipliées. La plupart des pays d'Europe échangeaient des dépêches entre eux et avec les Etats-Unis d'Amérique. En outre, par l'intermédiaire notamment de l'Allemagne, de la Belgique, des Etats-Unis d'Amérique, de la France, de la Grande-Bretagne et de l'Italie, qui entretenaient des relations directes avec les pays d'outre-mer les plus éloignés, il était possible d'échanger des correspondances avec toutes les nations civilisées du monde.

Tout en se multipliant, les relations postales internationales s'étaient aussi forcément améliorées. La Conférence de Paris n'avait pas manqué d'exercer une influence favorable sur les nouvelles conventions particulières qui s'étaient conclues[1]; toutefois on était encore loin de l'unité préconisée par les membres de cette Conférence. Il n'existait toujours aucune uniformité, notamment en ce qui concernait le maximum de poids, l'échelle de progression et le montant des taxes; quant aux décomptes, ils étaient toujours aussi longs et aussi compliqués. Dans certains cas, les échanges postaux n'étaient pas réglés par convention, mais par correspondance. C'est de cette dernière manière que la Belgique avait traité avec les pays d'outre-mer, les Etats-Unis d'Amérique exceptés: sauf avec le Brésil, il n'y avait pas de décompte; les correspondances de la Belgique à destination de ces pays ne devaient être affranchies que jusqu'au port de débarquement; en sens inverse, l'expéditeur acquittait la taxe territoriale des pays d'origine.

Une partie des pays qui ont pris part au Congrès de Berne avait fixé le maximum du poids des lettres à 250 gr.; l'autre partie n'avait fixé aucune limite de poids. Dans certains pays, l'épaisseur des lettres était limitée. Au Danemark, par exemple, elle ne pouvait pas dépasser $2\,^5/_8$ centimètres. La Grande-Bretagne avait fixé le maximum de dimension des lettres pour l'étranger à 2 pieds (60 centimètres) en longueur et à 1 pied (30 cm.) en largeur ou épaisseur.

Le port des lettres se calculait tantôt par $7\,^1/_2$ gr., tantôt par 10 gr. et tantôt par 15 gr.; parfois aussi l'échelle de progression ne comportait que deux poids (lettres de 15 gr. et lettres de plus de 15 gr.).

Les taxes des lettres d'un pays différaient presque pour chaque pays correspondant; en outre, la taxe d'une lettre pour un seul et même pays variait fréquemment suivant la voie

---

[1] Au Congrès de Berne, M. Blackfan, délégué des Etats-Unis d'Amérique, s'exprimait à cet égard de la manière suivante: «Les principes recommandés par la Conférence de Paris ont été en général adoptés. Ils ont eu pour conséquence la conclusion de nouvelles conventions postales stipulant de notables réductions de taxes et facilitant l'échange postal international. C'est ainsi que, depuis cette époque, des conventions postales améliorant les conditions de l'échange international ont été conclues entre les Etats-Unis et la Grande-Bretagne, l'Allemagne, la France et la Belgique, et que des conventions nouvelles, basées sur les principes de la Conférence de Paris, ont été conclues avec la Suisse, l'Italie et les Pays-Bas en 1867, avec le Danemark en 1871 et avec la Suède et la Norvège en 1873. Ces conventions ont mis nos relations postales avec tous les pays de l'Europe sur un pied aussi avantageux que possible.»

d'expédition. L'Allemagne n'avait pas moins de 7 taxes pour les lettres affranchies à destination des autres pays d'Europe (abstraction faite des taxes réduites pour les rayons limitrophes); la France n'en avait pas moins de 6, et la Grande-Bretagne pas moins de 9; les Etats-Unis d'Amérique en avaient 5 pour leurs rapports avec 10 pays européens. La moins élevée de ces taxes était, pour l'Allemagne, de 10 pfennig jusqu'à 15 gr. (20 pfennig de 15 à 250 gr.); pour la France, de 25 centimes par 10 gr.; pour la Grande-Bretagne, de 3 pence par ½ once; pour les Etats-Unis d'Amérique, de 6 cents par ½ once. La plus élevée était, pour l'Allemagne, de 30 pfennig par 10 gr.; pour la France, de 70 centimes par 10 gr.; pour la Grande-Bretagne, de 6 pence par ¼ d'once; pour les Etats-Unis d'Amérique de 10 cents par ½ once[1].

Les taxes des lettres à destination des pays d'outre-mer variaient davantage encore; elles étaient, en outre, toujours extrêmement élevées. Une lettre affranchie de l'Allemagne pour le Pérou, à expédier par la voie de Hambourg, payait 100 pfennig par 15 gr.; si elle était expédiée par la voie d'Angleterre ou de France, elle payait 120 pfennig par 15 gr. Pour une lettre d'une ½ once de la Grande-Bretagne pour la Bolivie, l'expéditeur devait payer 1 shilling 6 pence et une taxe additionnelle était, en outre, réclamée du destinataire. Une lettre simple de la Russie pour la Cochinchine (voie des paquebots français) payait 75 copecks; de l'Autriche pour la République de Honduras (voie de Panama), 84 kreuzer; de l'Italie pour la République Argentine ou l'Uruguay (voie de Belgique), 2 lire 40 centesimi.

Pour ses relations avec le Japon, la Russie ne disposait pas de moins de 9 voies d'expédition pour lesquelles il existait 8 taxes différentes rien que pour les lettres affranchies.

Peu de temps après la Conférence de Paris de 1863, la poste s'était enrichie d'un nouveau mode de correspondance. En 1865, M. de Stephan avait soumis aux délégués des Administrations allemandes, assemblés à Carlsruhe, un mémoire dans lequel il recommandait l'adoption d'une *feuille-poste* ouverte destinée à recevoir au recto l'adresse du destinataire et au verso la communication manuscrite; le port, abaissé autant que possible, devait être d'environ 1 silbergros pour les relations allemandes, sans égard à la distance.

Le projet de M. de Stephan ne fut pas adopté parce que l'unité nécessaire manquait aux postes allemandes et qu'on craignait qu'il n'en résultât une trop grande diminution de recettes, mais il fut repris en Autriche en 1869 par le docteur Herrmann et l'Administration autrichienne l'appliqua le 1er octobre de la même année. La taxe des cartes autrichiennes fut fixée à 2 kreuzer, et leur succès fut si grand que la Confédération de l'Allemagne du Nord adopta à son tour la carte postale (qu'on appelait alors *carte-correspondance*) le 1er juillet 1870. Toutefois, en Allemagne, on en fixa d'abord la taxe au port d'une lettre simple (1 silbergros ou 3 kreuzer); ce n'est qu'en 1872 que cette taxe fut réduite de moitié.

L'exemple de l'Autriche et de l'Allemagne du Nord fut rapidement suivi par les autres Etats. En 1875, la carte postale était aussi utilisée dans le service interne de la Belgique, du Canada, de l'île de Ceylan, du Chili, du Danemark, de l'Espagne, des Etats-Unis d'Amérique, de la France et de l'Algérie, de la Grande-Bretagne, du Guatemala, de la Hongrie, de l'Italie, du Japon, du Luxembourg, de la Norvège, des Pays-Bas, de la Roumanie, de la Russie, de la Serbie, de la Suède, de la Suisse et de Terre-Neuve[2].

Au moment de la fondation de l'Union postale, beaucoup de pays (notamment la plupart des pays fondateurs de cette Union) admettaient l'échange des cartes postales dans leurs rela-

---

[1] Voir quelques exemples des taxes d'affranchissement à l'annexe II.
[2] *Histoire de la carte-correspondance*, par M. Borgmann. — *Union postale* de 1876, p. 149.

tions réciproques. Généralement, toutefois, il n'en résultait aucun avantage pécuniaire pour l'expéditeur, la taxe des cartes postales étant, la plupart du temps, fixée au port d'une lettre simple. (Le port d'une carte postale de la Belgique pour le Pérou, expédiée par la voie d'Ostende, était de 1 franc 50 centimes). Ce n'est que dans les relations entre quelques pays que les cartes postales étaient soumises à une taxe modérée (en général, la moitié du port d'une lettre simple).

A cette époque, le poids maximum des imprimés était fixé à 250 gr., à 500 gr., à 1 kg., à 1½ kg., à 2 kg., à 2½ kg., à 3 kg. ou à 5 kg., suivant les arrangements. Pour certaines relations, il n'existait même pas de limite de poids. — Dans les relations que les Etats-Unis d'Amérique entretenaient avec l'Allemagne, la Belgique, le Danemark, la Grande-Bretagne, l'Italie, les Pays-Bas, la Suède et la Suisse, les imprimés ne devaient pas mesurer plus de deux pieds (60 cm.) en longueur, ni plus de 1 pied (30 cm.) en largeur ou épaisseur. Il en était de même dans les rapports des Pays-Bas et de la Suisse avec la Grande-Bretagne.

L'Allemagne n'avait pas moins de 5 taxes différentes pour ses rapports avec les autres pays d'Europe. La France n'en avait pas moins de 9. La Grande-Bretagne, qui divisait déjà ses imprimés en deux catégories, en avait 5 pour la première (journaux inscrits) et 7 pour la seconde (livres et autres papiers imprimés). Dans ses relations avec 10 pays d'Europe, les Etats-Unis d'Amérique, qui établissaient aussi une différence entre les journaux et les autres imprimés, avaient 3 taxes pour ceux des premiers dont le poids ne dépassait pas 4 onces et 5 taxes pour les seconds. La moins élevée de ces taxes était, pour l'Allemagne, de 3 pfennig par 50 gr. (jusqu'à 250 gr.; au delà, taxe fixe de 30 pfennig); pour la France, de 5 centimes par 40 gr.; pour la Grande-Bretagne, de 1 penny par 4 onces (journaux) et de 1 penny pour un poids ne dépassant pas une once (autres imprimés); pour les Etats-Unis d'Amérique, de 2 cents pour un poids ne dépassant pas 4 onces (journaux) et de 2 cents pour un poids ne dépassant pas une once (autres imprimés). La plus élevée de ces taxes était, pour l'Allemagne, de 8 pfennig par 50 gr.; pour la France, de 18 centimes par 40 gr.; pour la Grande-Bretagne, de 5 pence par 4 onces (journaux) et de 2 pence pour un poids ne dépassant pas une once (autres imprimés); pour les Etats-Unis d'Amérique, de 4 cents pour un poids ne dépassant pas 4 onces (journaux) et de 4 cents pour un poids ne dépassant pas une once (autres imprimés).

Le maximum de poids des échantillons était tantôt le même que celui des lettres et tantôt le même que celui des imprimés. Dans certaines relations, ce maximum variait suivant la nature des échantillons. C'est ainsi qu'il était fixé à 100 gr. pour les échantillons de soie de l'Allemagne et de la Suisse pour l'Italie, alors que, dans les mêmes relations, les autres échantillons pouvaient peser respectivement 250 et 500 gr. De même, les échantillons de tabac de l'Allemagne pour la Grande-Bretagne ne pouvaient pas peser plus de 8 onces (environ 225 gr.). La Russie faisait dépendre le maximum de poids des échantillons de ses règlements douaniers.

Certains pays avaient fixé les limites de dimensions des échantillons à 25 centimètres dans un sens quelconque. Aux Etats-Unis, ces limites étaient les mêmes que pour les imprimés (60 cm. de longueur et 30 cm. de largeur ou d'épaisseur). La même disposition s'appliquait aussi, entre autres, aux relations des Pays-Bas avec la Grande-Bretagne et la Suède. Dans les relations entre les Pays-Bas et les colonies néerlandaises, les limites de dimensions des échantillons étaient fixées à 25 cm. de longueur, 21 cm. de largeur, et 15 cm. d'épaisseur.

Les taxes des échantillons ne différaient guère de celles des imprimés.

Avant la fondation de l'Union postale, l'admission des papiers d'affaires à une taxe modérée était restreinte à un assez petit nombre de relations.

La taxe des papiers d'affaires était parfois la même que celle des imprimés (envois de la Belgique pour le Brésil, par exemple); parfois aussi elle était supérieure à celle des lettres. Dans ce dernier cas, l'avantage consistait dans l'élévation du poids du port simple, qui, au lieu d'être limité à 10 ou à 15 gr., par exemple, était fixé à 200 gr. (envois de la Belgique pour la France).

Dans l'intérêt des gens qui habitaient le voisinage d'une frontière terrestre, la plupart des pays européens avaient déjà adopté un tarif spécial pour *le rayon limitrophe;* en vertu de ce tarif, les lettres et, le cas échéant, les cartes postales qui devaient être expédiées d'une localité voisine de la frontière à une localité située à une courte distance (généralement 30 km.) dans le pays contigu étaient soumises à une taxe modérée.

Dans certains cas, les correspondances ne pouvaient être affranchies que jusqu'à un point déterminé: le port de débarquement, par exemple, quand il s'agissait de pays d'outre-mer. Une taxe supplémentaire était alors perçue à destination.

L'affranchissement était quelquefois obligatoire pour tous les objets de correspondance. C'était le cas pour les relations de l'Allemagne avec le Chili et le Pérou et pour celles des Etats-Unis d'Amérique avec le Brésil, le Mexique, le Japon, etc.

L'affranchissement des cartes postales était généralement obligatoire.

Il en était de même des imprimés et des échantillons dans certaines relations.

La faculté de l'affranchissement dépendait quelquefois de la voie d'expédition. Ainsi, pour une lettre de la Belgique destinée au Brésil, l'affranchissement était obligatoire jusqu'à destination quand on employait la voie directe (Anvers), obligatoire jusqu'au port de débarquement quand on employait la voie d'Angleterre, et facultatif quand on employait la voie de France.

L'affranchissement des objets de correspondance ne devait pas toujours être représenté en timbres-poste. C'est ainsi que, d'après les instructions de la Belgique, les imprimés, les échantillons et les papiers d'affaires destinés à certains autres pays devaient être affranchis, soit en *numéraire,* soit en timbres-poste belges. Quand on ne faisait pas usage de timbres-poste, le public devait déposer les envois au guichet avec le montant du port; le bureau de poste appliquait un timbre spécial (P. P.) — port payé — sur les objets.

Les règles qui régissaient la taxation des objets de correspondance non ou insuffisamment affranchis étaient très variables.

En ce qui concerne les lettres, on percevait, suivant les conventions:

1º Le double du manquant, déduction faite, le cas échéant, du montant des timbres employés;

2º le manquant, plus un droit fixe (qui variait suivant les pays d'expédition);

3º la taxe d'une lettre originaire du pays distributeur, moins, le cas échéant, le montant payé, plus un droit fixe comme ci-dessus;

4º une taxe (variable suivant les pays d'expédition) plus élevée que celle d'une lettre ordinaire originaire du pays distributeur, moins le montant payé, le cas échéant;

5º une taxe plus élevée que celle d'une lettre ordinaire originaire du pays distributeur, sans égard au montant payé, le cas échéant.

Lorsqu'on ne tenait pas compte du montant payé lors de la taxation des lettres insuffisamment affranchies, les destinataires pouvaient cependant quelquefois réclamer ce montant dans un certain délai. C'était le cas dans les Pays-Bas pour les lettres insuffisamment affranchies reçues par l'intermédiaire des Offices belge, espagnol ou français.

Pour une lettre non affranchie originaire de la Grande-Bretagne, l'Allemagne percevait 50 pfennig par 15 gr.; pour une même lettre originaire de la France, elle percevait 50 pfennig par 10 gr.; une lettre affranchie originaire de l'Allemagne payait 25 pfennig par 15 gr. quand elle était à destination de la Grande-Bretagne et 30 pfennig par 10 gr. quand elle était à destination de la France (Voir annexe II). Dans ses relations avec l'Autriche, la Hongrie et le Luxembourg, l'Allemagne prévoyait une surtaxe uniforme de 10 pfennig pour les lettres non affranchies. La Belgique avait de même fixé à 30 centimes la *surtaxe fixe* des lettres non affranchies dans ses relations avec la Grande-Bretagne. En France, les lettres non affranchies payaient, pour la plupart, 20 centimes de plus par 10 gr. que les lettres affranchies.

Dans les relations où l'affranchissement des imprimés et des échantillons n'était pas obligatoire ou lorsqu'on exigeait seulement l'affranchissement partiel, les imprimés et les échantillons non ou insuffisamment affranchis étaient, le cas échéant:

1° Taxés comme lettres non ou insuffisamment affranchies;

2° taxés au double ou au triple du montant de l'insuffisance;

3° grevés du montant de l'insuffisance, augmenté d'une taxe supplémentaire fixe.

En Allemagne, les imprimés et les échantillons, qui ne réunissaient pas les conditions requises pour jouir de la modération de port, étaient traités comme lettres.

Les Pays-Bas, qui admettaient les papiers d'affaires partiellement affranchis, frappaient ces objets d'une taxe supplémentaire égale au double du montant de l'insuffisance.

La recommandation des objets de correspondance était en pratique dans les relations entre tous les pays fondateurs de l'Union postale, de même que dans une grande partie des relations que ces pays entretenaient avec d'autres pays du monde. La recommandation était cependant parfois restreinte aux lettres; c'était le cas, notamment, dans les rapports avec la Russie.

De même que les taxes d'affranchissement, le droit de recommandation était très variable. La plupart des pays en avaient plusieurs. Les droits de recommandation les plus ordinairement appliqués étaient ceux de 20 pfennig en Allemagne, de 10 kreuzer en Autriche et en Hongrie, de 20 centimes en Belgique, de 16 öre au Danemark, de 8 cents aux Etats-Unis d'Amérique, de 50 centimes en France, de 4 pence dans la Grande-Bretagne, de 4 et de 6 skilling en Norvège, de 10 cents dans les Pays-Bas, de 100 reis au Portugal, de 7 copecks en Russie, de 25 centimes en Roumanie et en Suisse, et de 18 öre en Suède. En Egypte, le droit de recommandation était de 25 ou de 50 centimes, et dans le Luxembourg de 2 silbergros, de 20 ou de 30 centimes. D'après une convention conclue en 1870, le droit de recommandation fixé en Grèce pour les correspondances à destination de la Grande-Bretagne était de 70 lepta, et pour celles à destination des pays auxquels la Grande-Bretagne servait d'intermédiaire, de 1 drachme 60 lepta.

Le droit de recommandation n'était pas toujours fixe, mais augmentait quelquefois avec le poids de la lettre. C'est ainsi que le port d'une lettre recommandée de la France pour le Brésil était fixé à 1 franc 60 centimes par 7½ gr. (le port d'une lettre ordinaire du même poids était de 80 centimes).

Il arrivait aussi que la recommandation n'était valable que jusqu'à un point déterminé. C'était le cas, par exemple, pour les lettres de la Belgique à destination de la colonie britannique de l'Ascension; la recommandation de ces lettres n'était admise que jusqu'à Southampton.

Le conditionnement des lettres recommandées lui-même était soumis à différentes règles. Tandis que certains pays ne leur imposaient aucun mode particulier de fermeture, d'autres pays exigeaient qu'elles fussent scellées tantôt de 2, tantôt de 3 et tantôt de 5 cachets.

Les dispositions qui régissaient la responsabilité des Administrations en cas de perte d'un envoi recommandé étaient déjà assez uniformes dans les relations entre les pays fondateurs de l'Union. Le principe de la responsabilité était admis à quelques exceptions près, et l'indemnité à allouer était fixée à 50 francs ou à une somme à peu près équivalente. Dans les relations entre le Danemark et les Pays-Bas, l'indemnité était fixée à la valeur d'un mark d'argent fin, poids de Cologne.

Pour les échanges directs en dépêches closes, les traités prévoyaient ordinairement la part de responsabilité de l'Administration expéditrice et celle de l'Administration destinataire en cas de perte d'un objet recommandé dans un pays de transit. Dans les relations directes de l'Allemagne, d'une part, avec le Brésil, le Chili, l'Espagne et le Portugal, d'autre part, la perte était supportée par moitié par les Administrations des pays d'origine et de destination. Dans les relations directes du Portugal avec la Belgique, la perte était supportée par le premier de ces pays quand elle avait lieu en Espagne et par le second quand elle avait lieu en France. Dans les relations directes du Portugal avec l'Italie, la perte était supportée par le Portugal lorsqu'elle avait lieu en Espagne.

Le délai fixé pour les réclamations était ordinairement de 6 mois, quelquefois d'un an.

Dans la plupart des relations, la responsabilité ne s'étendait pas aux cas de force majeure.

Les Etats-Unis d'Amérique et la Grande-Bretagne n'assumaient aucune responsabilité du chef des objets recommandés. Le traité conclu entre l'Allemagne et la Grande-Bretagne prévoyait toutefois qu'en cas de perte d'un objet recommandé, l'expéditeur pouvait actionner en justice l'employé des postes coupable.

Dans presque tous les pays d'Europe, l'expéditeur d'un objet recommandé — ou, le cas échéant, d'une lettre chargée — pouvait obtenir un avis de réception de cet objet. La taxe à payer pour obtenir un avis de ce genre était fixée, en Belgique, à 30 centimes quand il s'agissait d'un objet à destination de l'Espagne ou du Portugal, et à 20 centimes quand il s'agissait d'un objet à destination d'un autre pays[1].

---

[1] D'après les déclarations des délégués envoyés au Congrès de Berne, le droit de recommandation et la taxe des avis de réception qu'on percevait, en 1874, dans le service *interne* des Etats représentés à ce Congrès, étaient fixés comme suit:

	Droit de re- commandation centimes	Taxe de l'avis de réception centimes		Droit de re- commandation centimes	Taxe de l'avis de réception centimes
Allemagne	25	25	Italie	30	20
Autriche	25	25	Luxembourg	25	25
Belgique	20	20	Norvège	20	20
Danemark	25	25	Pays-Bas	20	10
Egypte	25	25	Portugal	50	(pas d'avis)
Espagne	50	25	Roumanie	30	10
Etats-Unis d'Amérique	—	—	Russie	40	40
France	50	20	Serbie	20	20
Grande-Bretagne	40	} pas d'avis	Suède	25	17
Grèce	taxe double	} de réception	Suisse	10	20
Hongrie	25	25	Turquie	taxe double	(pas d'avis)

Dans certains pays, la franchise de port n'était pas limitée aux correspondances relatives au service postal; elle s'étendait parfois aussi à la correspondance diplomatique et à celle qui était échangée entre les Souverains et les membres des familles régnantes ou qui concernait l'exploitation des chemins de fer et des télégraphes, l'exécution des traités de commerce et de navigation, etc.

Lorsque les conventions postales ne renfermaient aucune disposition spéciale relative à la franchise de port, les correspondances qui jouissaient de la franchise dans l'un ou l'autre des pays intéressés étaient néanmoins expédiées sans affranchissement; on les livrait comme correspondances affranchies et la part de taxe revenant à l'Office de destination était à la charge du pays d'origine.

En ce qui concerne la réexpédition des objets de correspondance, il était de règle à peu près générale que l'Office réexpéditeur n'avait droit à aucune taxe de ce chef, lorsqu'on lui avait bonifié sa part de taxe ordinaire au moment de l'envoi de l'objet. Les correspondances régulièrement affranchies originaires de l'étranger n'étaient donc généralement pas grevées d'une taxe, en cas de réexpédition dans le pays de destination même. Lorsqu'elles étaient réexpédiées à l'étranger, elles étaient grevées des frais réels de réexpédition. Le pays de destination définitive percevait soit sa propre taxe interne, soit la part de taxe internationale à laquelle il aurait eu droit si la lettre lui avait été directement adressée. Dans le cas où les traités prévoyaient que la réexpédition devait se faire gratuitement, il était toutefois entendu que le pays réexpéditeur devait être remboursé des frais spéciaux que la réexpédition pouvait lui occasionner. Il arrivait aussi que les correspondances réexpédiées d'un pays sur un autre étaient grevées de taxes spéciales au profit de ce dernier pays. C'est ainsi que les lettres originaires de l'étranger réexpédiées du Brésil sur la France supportaient une taxe de 60 centimes par $7\frac{1}{2}$ gr., et les imprimés ainsi que les échantillons, une taxe de 12 centimes par 40 gr. Dans les relations de l'Allemagne avec le Brésil, la réexpédition ne donnait lieu à aucune taxe lorsqu'elle était effectuée à l'intérieur du pays de destination. Si elle avait lieu sur un autre pays, on appliquait la taxe des lettres non affranchies. En outre, le port étranger applicable éventuellement à l'envoi devait être remboursé à l'Office réexpéditeur.

La distribution par exprès était admise par l'Allemagne, l'Autriche, la Belgique, le Danemark, l'Egypte (Alexandrie), la Hongrie, le Luxembourg, le Monténégro, les Pays-Bas, la Roumanie, la Russie, la Serbie, la Suède et la Suisse, mais cependant pas dans toutes les relations de ces pays entre eux.

Certains pays, tels que l'Allemagne, l'Autriche, la Belgique, la Hongrie, les Pays-Bas et la Suisse, se chargeaient de la distribution par exprès de tous les objets de correspondance, tant des cartes postales, des imprimés, des échantillons et des papiers d'affaires que des lettres. Quelques pays, comme le Danemark et l'Egypte, ne faisaient bénéficier que les lettres de cet avantage. Quelquefois aussi, il n'y avait que les lettres recommandées seules qui pouvaient être remises par exprès. C'était le cas pour les envois de l'Autriche à destination du Monténégro, de la Roumanie, de la Russie et de la Serbie.

Dans certains pays (au Danemark et en Suède, par exemple), les correspondances ne pouvaient être distribuées par exprès que dans les localités sièges d'un bureau de poste. La Russie en restreignait la distribution à un nombre déterminé de grandes villes.

Quand les objets à remettre par exprès étaient à destination d'une localité siège d'un bureau de poste, la taxe d'exprès pouvait généralement être acquittée d'avance. Elle s'élevait ordinairement à 30 centimes ou à l'équivalent de cette somme; elle pouvait s'élever aussi à 40 ou à 50 centimes. Lorsque les objets à distribuer par exprès étaient destinés à une localité où il n'existait pas de bureau de poste, la taxe d'exprès était perçue du destinataire.

Les correspondances de la Grande-Bretagne pour l'Allemagne pouvaient être distribuées par exprès; la réciproque n'avait pas lieu.

La perception de taxes ou droits autres que les taxes ou droits d'affranchissement, de recommandation, d'avis de réception, d'exprès, etc., était le plus souvent interdite par les conventions. Certaines de celles-ci cependant ne prévoyaient pas cette éventualité ou ne l'interdisaient que pour les objets recommandés.

Quelques Administrations se réservaient la faculté de percevoir un droit de timbre sur certains objets de correspondance, ainsi qu'une taxe de distribution. D'autres Administrations ne se réservaient que ce dernier droit. La Suède, par exemple, percevait un droit de distribution de 3 öre au maximum. La moitié de ce droit provenant de la remise des correspondances originaires de la France était bonifiée à ce dernier pays.

La Norvège, qui percevait aussi un droit de distribution fixé à 1 skilling au maximum, percevait en outre un droit de remise de 2 skilling pour les lettres adressées poste-restante et un droit de 4 skilling pour le dépôt d'une lettre à la poste après l'expiration des heures de bureau.

Dans la plupart des cas, les taxes d'affranchissement des correspondances étaient partagées entre l'Administration du pays expéditeur et celle du pays de destination[1].

Tantôt le partage avait lieu par moitié; tantôt l'un des Offices avait droit à une part plus forte que l'autre. Il arrivait aussi qu'un pays, non seulement conservait toutes les taxes qu'il percevait du chef des correspondances à destination d'un autre pays, mais recevait encore une part des recettes que ce dernier pays encaissait du chef des correspondances à destination du premier. C'était le cas, par exemple, pour les échanges entre l'Allemagne et le Luxembourg: l'Allemagne conservait sa recette entière, mais le Luxembourg devait bonifier le tiers de la sienne à l'Allemagne.

Dans les relations des Etats-Unis d'Amérique et de la Grande-Bretagne avec les autres pays, chaque Administration conservait la plupart du temps les taxes qu'elle encaissait. Quelquefois, le partage des taxes n'avait lieu que pour une partie des correspondances; dans les relations entre la France et la Suisse, par exemple, les taxes des imprimés et des échantillons n'étaient pas partagées.

Pour les correspondances insérées dans des dépêches directes qui devaient traverser des pays tiers, le partage des taxes entre le pays expéditeur et le pays destinataire avait ordinairement lieu à la pièce sur une base déterminée (le plus souvent par moitié), après déduction des frais de transport à payer aux Offices intermédiaires.

Les décomptes avec les Etats-Unis d'Amérique et la Grande-Bretagne avaient généralement lieu au poids.

Pour les échanges de ces deux pays entre eux, chaque Administration bonifiait à l'autre 10 cents par once de lettres affranchies expédiées et 10 cents par once de lettres non affranchies reçues.

---

[1] Voir annexe III.

Il arrivait que deux Administrations effectuaient leur décompte des taxes partie à la pièce et partie au poids. C'était le cas, par exemple, pour les relations que l'Allemagne entretenait avec la Belgique et les Pays-Bas. Le décompte des taxes afférentes aux correspondances échangées entre les bureaux sédentaires avait lieu *à la pièce;* celui des taxes afférentes aux correspondances échangées entre les bureaux ambulants avait lieu *au poids,* sur la base d'une statistique qui se tenait annuellement pendant quatre semaines.

Les droits de recommandation et d'accusé de réception appartenaient ordinairement à l'Office qui les avait perçus. — Dans les relations entre les Pays-Bas, d'une part, les Etats-Unis d'Amérique et la France, d'autre part, les droits perçus du chef des objets recommandés donnaient lieu à un partage.

Certains traités prévoyaient le changement éventuel du système de décompte adopté. C'est ainsi que dans les relations entre la Suède, d'une part, le Danemark et la Norvège, d'autre part, chaque Administration gardait la totalité des taxes et droits perçus, mais était libre de demander le partage par moitié de ces taxes et droits à partir de l'année suivante. Dans les relations entre la Suède et le Danemark, il ne pouvait toutefois être fait usage de cette faculté que s'il était constaté que les recettes de l'un des deux pays dépassaient d'au moins 20 % celles de l'autre.

L'Office égyptien ne correspondait pas directement avec les autres Offices étrangers, les correspondances de l'Egypte étaient livrées aux bureaux de poste étrangers établis à Alexandrie (bureaux anglais, autrichien, français, hellénique, italien et russe). Les correspondances de toutes catégories donnaient lieu à un décompte mensuel entre ces bureaux et l'Administration égyptienne.

Les correspondances échangées à des taxes modérées dans les limites des rayons limitrophes étaient, en général, soumises à des règles spéciales pour le décompte de ces taxes, quand celles-ci donnaient lieu à un décompte.

Les frais de transit à découvert (territorial ou maritime) s'établissaient généralement à la pièce. Lorsqu'une Administration livrait à une autre Administration des correspondances destinées à être réexpédiées par celle-ci, la première bonifiait ordinairement à la seconde la même part de taxes que pour les correspondances à destination des bureaux de cette dernière Administration, plus les frais de réexpédition ultérieurs. Quand chacune des deux Administrations était autorisée à conserver le montant entier des taxes perçues du chef des correspondances destinées à l'autre, on bonifiait seulement les frais de réexpédition. Les frais de transit à découvert étaient donc aussi nombreux et aussi variés que les taxes des correspondances.

Les frais de transit clos étaient généralement établis au poids. Ils différaient pour les lettres et les autres objets, et quelquefois pour les lettres, les imprimés et les échantillons. Ils étaient presque toujours fixés pour tout le parcours à travers le pays intéressé. Quelquefois, cependant, ils étaient fixés par kilomètres calculés en ligne directe depuis le point d'entrée des correspondances jusqu'au point de sortie[1].

Les frais de transit afférents aux correspondances expédiées en dépêches closes à travers un seul et même pays n'étaient pas toujours uniformes. C'est ainsi que les Pays-Bas bonifiaient à la Suisse, pour les dépêches expédiées en transit clos à travers ce pays, 15 centimes par 30 gr.

---

[1] Voir annexe IV.

de lettres et 75 centimes par kilog. d'autres objets, tandis que la Grande-Bretagne bonifiait à la Suisse, pour le même transit, 10 centimes par 30 grammes de lettres et 50 centimes par kilog. d'autres objets.

Le transit territorial clos était gratuit dans quelques relations: par exemple dans les rapports entre la Belgique et le Grand-Duché de Luxembourg et dans ceux des Etats-Unis d'Amérique, d'une part, et les Pays-Bas et la Suisse, d'autre part.

Dans les relations entre l'Allemagne et la France, le transit territorial clos était également gratuit, avec cette réserve que quand, dans l'un des deux sens, le poids des dépêches closes reçues dépassait, en un trimestre, le poids des dépêches closes livrées, de 100 kilog. au moins pour les lettres et de 500 kilog. au moins pour les autres objets, celle des deux Administrations qui avait effectué le transport le plus important recevait de l'autre, pour l'excédent, 6 fr. par kilog. de lettres et 1 fr. par kilog. d'autres objets. L'Allemagne avait encore des arrangements analogues avec quelques autres pays. En outre, l'Administration des postes d'Allemagne formait avec les Administrations de l'Autriche, de la Hongrie, du Luxembourg, de la Bavière et du Wurtemberg, un seul territoire postal vis-à-vis de l'étranger (Wechselverkehrsgebiet); les correspondances que ces Administrations se livraient mutuellement en transit étaient soumises à des conditions spécialement favorables.

Les frais de transport maritime venaient naturellement s'ajouter, le cas échéant, aux frais de transit territorial en dépêches closes.

Les correspondances non distribuables, mal dirigées ou jouissant de la franchise de port, n'étaient pas, en règle générale, grevées de frais de transit.

Voici, à titre d'exemple, les principales taxes de transit que la Suisse avait à payer en moyenne, en 1873, pour ses expéditions en dépêches closes:

Pays de destination des dépêches	Pays de transit	Taxes moyennes de transit par kilogramme			
		Lettres		Autres objets	
		Fr.	C.	Fr.	C.
Grande-Bretagne	Allemagne et Belgique	11	66	1	13
	France	29	—	1	45
Belgique	Allemagne	6	66	1	—
	France	13	—	1	03
France	Alsace	6	—	1	—
Italie	France	6	66	—	35
Pays-Bas	Allemagne	8	33	1	—
Espagne	France	30	—	1	50
Etats-Unis d'Amérique	Allemagne, Belgique, Angleterre, Océan	15	70	1	83
	Allemagne, Belgique, transport maritime	10	66	—	66

IV

Congrès de Berne. 1874.

Le Congrès, proposé par le gouvernement allemand pour examiner son projet d'union postale, put enfin se réunir le 15 septembre 1874.

L'auteur de ce projet, M. de Stephan[1], s'était trouvé mieux placé que tout autre, par suite de circonstances spéciales, pour se livrer, avec succès, à l'étude d'une œuvre de cette importance. Les inconvénients de la multiplicité et de la diversité des traités postaux internationaux devaient naturellement se faire sentir beaucoup plus fortement dans les relations entre pays voisins, surtout quand il s'agissait de pays de même race, parlant la même langue et ayant de fréquents rapports ainsi que de nombreux intérêts communs. Cela avait été le cas pour les différents Etats allemands, dont la plupart avaient possédé une Administration postale indépendante[2]. Aussi fut-ce en Allemagne qu'on chercha tout d'abord un remède à la complication des relations postales internationales. Déjà en 1850, l'Autriche et la Prusse s'étaient mises d'accord pour la création d'une *union postale austro-allemande*. Cette union ne tarda pas à grouper toutes les Administrations des postes des Etats germaniques. Les avantages de la nouvelle organisation — provenant principalement de l'adoption d'un tarif modéré pour les lettres, établi uniformément pour toute l'Allemagne sur la base d'un petit nombre de distances — se manifestèrent si rapidement et avec une telle évidence qu'on songea presque tout de suite à étendre l'union à d'autres pays. Dans une conférence qui eut lieu à Berlin en 1851, on parla d'une union postale *européenne* «comme d'une institution à laquelle le caractère essentiellement cosmopolite de la poste et les intérêts communs de tous les peuples devaient nécessairement conduire». La Prusse et l'Autriche furent même priées d'entamer des négociations avec les Etats non allemands,

---

[1] Comme cela se produit pour toutes les inventions et toutes les grandes réformes, la paternité de l'Union postale a été revendiquée de divers côtés, notamment par un ancien fonctionnaire des postes danoises, Joseph Michaelsen, qui se serait occupé de la question vers 1859.

Il ne nous a pas été possible de vérifier la part prise par ce dernier à la fondation de l'Union postale. Mais, sans vouloir diminuer ses mérites, nous devons faire remarquer qu'une institution de ce genre ne peut être considérée comme une création absolument personnelle. L'Union postale est née d'un besoin économique universel. C'est lui qui a provoqué la Conférence de Paris de 1863, dont les Etats-Unis d'Amérique prirent l'initiative. Déjà en 1811, un publiciste allemand, Klüber, avait écrit sur ce sujet les lignes suivantes: «La poste devrait, comme les arts et les sciences, être dirigée dans un sens cosmopolite, revêtir un caractère universel. Dans l'intérêt de l'humanité, on devrait la considérer et la traiter comme une institution appartenant au monde civilisé tout entier, car, là où elle n'existe pas, la culture est plongée dans une nuit chaotique. Les liens qui l'unissent au monde intellectuel de toutes les nations civilisées sont si nombreux et si étroits qu'on est forcé de l'envisager comme une institution universelle *(Weltpostanstalt)* lorsqu'on en saisit véritablement la haute valeur.»

L'Union postale est en réalité une création collective. Comme M. de Stephan lui-même l'a dit au Congrès de Vienne, il ne s'agissait que de faire aboutir une idée «qui était dans l'air».

[2] Au commencement du XIXme siècle, il y avait 30 Administrations postales indépendantes sur le territoire de l'Allemagne; vers 1865, il en existait encore 17. Cette situation prit fin, d'abord par la fondation de la Confédération de l'Allemagne du Nord en 1866 et, ensuite, par la constitution de l'Empire germanique en 1871. (Frank: *Histoire des postes allemandes.* — Nouvel annuaire de l'Empire allemand pour 1878.)

dans le but d'arriver à un arrangement commun qui permît d'uniformiser les tarifs, les opérations du transit, les systèmes de manipulation des correspondances, ainsi que les procédés d'expédition. Cette affaire fut toutefois provisoirement ajournée, à cause de certains traités existants dont on désirait, avant tout, connaître les résultats[1].

Si M. de Stephan avait, pour ainsi dire, un modèle d'union postale dans son pays, la tâche qu'il avait entreprise au lendemain de la Conférence de Paris, en s'efforçant de faire passer dans la pratique ce qui, à cette Conférence, n'avait encore été considéré que comme un idéal lointain, n'en présentait pas moins de grandes difficultés. Cette tâche était, en outre, excessivement délicate.

Comme nous l'avons dit, l'union postale austro-allemande ne groupait que tous les membres d'une même famille qui avaient des usages, des mœurs et des intérêts à peu près analogues. En essayant de soumettre d'autres pays à un régime semblable, on devait infailliblement rencontrer des obstacles différents et plus sérieux, provenant, notamment, des diverses façons dont le rôle de la poste était compris, c'est-à-dire suivant que cette institution était envisagée exclusivement comme un service d'utilité publique ou suivant qu'elle était encore considérée, jusqu'à un certain point, comme un service fiscal. De plus, il fallait demander à chaque Administration des sacrifices et des concessions qui pouvaient tout d'abord lui apparaître comme une atteinte à ses principes de souveraineté et d'indépendance. Pour réussir, un projet d'union postale devait donc concilier les diverses opinions qui pouvaient régner sur le rôle de la poste dans les cercles gouvernementaux, et il fallait qu'il se révélât d'emblée comme devant produire de grands résultats d'intérêt général, sans cependant sacrifier les intérêts particuliers d'aucune des Administrations participantes ou, tout au moins, en donnant la certitude que les sacrifices qui pourraient devoir être faits dans le principe seraient rapidement compensés par le développement que l'institution proposée imprimerait au trafic postal. Un projet d'union postale devait, en un mot, constituer une formule assez large pour que le plus grand nombre possible d'Administrations pût y souscrire et, en même temps, assez précise et assez pratique pour donner immédiatement des résultats sérieux.

C'est ce que M. de Stephan a merveilleusement compris, et c'est son grand honneur d'avoir, avec les vues larges d'un esprit supérieur unies au sentiment parfait des nécessités pratiques, élaboré un projet clair, simple et répondant si bien à toutes les exigences que la plupart des gouvernements consultés purent s'y rallier en principe et que ceux dont il paraissait le plus heurter les intérêts ne refusèrent cependant pas d'envoyer des délégués au Congrès de Berne pour l'examiner et le discuter. Ce bon vouloir général, auquel il convient de rendre hommage, n'a pas peu contribué à la réussite du projet de M. de Stephan.

Les points principaux de ce projet, qui se composait seulement de 14 articles, peuvent se résumer comme suit:

1° Conclusion d'une convention s'étendant aux lettres, aux cartes postales, aux journaux et autres imprimés, aux échantillons et aux papiers d'affaires.

2° Droit pour chaque Etat contractant de déterminer à son gré:

a) Le port unique à percevoir dans son service pour toutes les lettres originaires ou à destination des Etats de l'Union, moyennant qu'il ne dépassât pas 3 gros, 4 pence ou 40 centimes pour la lettre simple affranchie, ni 6 gros, 8 pence ou 80 centimes pour la lettre simple non affranchie;

---

[1] Archiv für Post und Telegraphie, 1899, p. 811 s.

b) à un taux uniforme par chaque Etat le prix d'affranchissement des journaux et autres imprimés, des échantillons et des papiers d'affaires, moyennant que ce taux ne fût pas inférieur à ¾ gros, 1 penny ou 10 centimes.

3º Autorisation de percevoir une surtaxe ne devant pas dépasser 2 gros, 2 pence ou 20 centimes par lettre simple, et une surtaxe égale au montant de la taxe ordinaire pour les imprimés, etc., en cas de transport maritime de plus de 300 milles marins.

4º Obligation d'affranchir les cartes postales, assimilées, quant à la taxe, aux lettres ordinaires affranchies.

5º Admission à la recommandation de tous les envois, avec faculté pour les expéditeurs de demander un avis de réception et obligation pour les Administrations de ne pas percevoir des droits de recommandation ni des taxes d'avis de réception plus élevés que pour les correspondances de leur service interne.

6º Fixation à 40 mark, 50 francs ou 2 livres sterling de l'indemnité à payer pour les objets recommandés non parvenus à destination, pour autant que la législation interne admît le principe de la responsabilité.

7º Obligation d'employer des timbres-poste valables dans le pays d'origine pour l'affranchissement des correspondances.

8º Interdiction de percevoir un port supplémentaire pour les objets réexpédiés dans l'intérieur de l'Union, lorsqu'ils ont acquitté la taxe de l'Union.

9º Restriction de la franchise de port aux correspondances relatives au service postal.

10º Suppression du partage des taxes (les taxes restant acquises au pays qui les a perçues).

11º Proclamation de la liberté et de la gratuité du transit, sous réserve du remboursement des frais extraordinaires effectués.

12º Faculté, pour un pays de l'Union qui contracterait un traité avec un pays situé en dehors de l'Union, d'offrir les avantages de la Convention de l'Union pour toute l'étendue de celle-ci, mais à charge de réciprocité.

13º Spécification que la Convention ne doit porter atteinte à la législation interne d'aucun pays, ni fixer une restriction aux droits des parties contractantes de conclure des traités et d'établir des unions plus restreintes en vue d'une amélioration des rapports postaux.

14º Règlement des litiges par jugement arbitral[1].

Comme on le voit, le projet de Convention postale présenté par le gouvernement allemand était conçu dans un esprit éminemment libéral. Il avait, en outre, l'avantage de se restreindre à ce qui est l'essence même de la poste, c'est-à-dire au transport des correspondances ordinaires (lettres, cartes postales, journaux et autres imprimés, échantillons, papiers d'affaires), en tenant compte, pour la fixation des taxes, de la division qui s'était établie dans ces objets insensiblement et par la force naturelle des choses. C'était en quelque sorte la reproduction des résolutions votées à la Conférence de Paris, mais coordonnées, mises en harmonie avec les nouvelles nécessités existantes et dégagées des éléments qu'il y avait avantage à écarter momentanément pour amener facilement l'accord entre les gouvernements intéressés. C'est ce que reconnaissait M. le Conseiller fédéral Borel, chef du Département des postes suisses, lorsque, après avoir souhaité la bienvenue aux membres du Congrès de Berne, au nom du peuple et du gouvernement suisses, il s'exprimait comme suit:

---

[1] Depuis la fondation de l'Union postale, il s'est produit très peu de litiges pour lesquels il a fallu recourir à l'arbitrage.

«Le moment paraît venu de tenter un pas décisif dans la voie ouverte, ou plutôt indiquée par la Conférence internationale de Paris.

«Les propositions formulées par l'Administration des postes de l'Empire allemand tendent à la constitution d'une union postale qui, embrassant tous les pays dans lesquels le service de la poste est régulièrement organisé, développerait, en les généralisant et en leur procurant une application uniforme, les principes proclamés en 1863, et sur lesquels sont basées les nombreuses conventions postales conclues depuis lors.»

Vingt-deux Etats[1] s'étaient fait représenter au Congrès.

Grâce à l'esprit de conciliation de tous les délégués, animés du désir de mener à bien une œuvre dont la nécessité s'imposait de plus en plus, les délibérations aboutirent aux plus heureux résultats. Le 9 octobre, après 14 séances, l'acte constitutif de l'Union postale[2] put être signé. Il devait entrer en vigueur le 1er juillet 1875.

Sauf en ce qui concerne le transit, le Congrès avait pour ainsi dire adopté toutes les propositions présentées par le gouvernement allemand, après leur avoir fait subir quelques modifications de détail. Ce seul fait suffit à prouver avec quel soin et quelle compétence M. de Stephan avait étudié la question.

Voici les principaux points par lesquels la Convention de Berne différait du projet allemand:

1º La taxe de l'Union fut fixée:

a) A 25 centimes pour la lettre simple affranchie, sous réserve de la faculté pour chaque pays, par mesure de transition et pour tenir compte de ses convenances monétaires ou autres, de percevoir une taxe supérieure ou inférieure, moyennant que cette taxe ne dépassât pas 32 centimes et ne descendît pas en dessous de 20 centimes (cette disposition était complétée par la fixation du poids du port simple à 15 gr.[3], avec progression de 15 en 15 gr.);

b) A la moitié de la taxe des lettres affranchies pour les cartes postales;

c) A 7 centimes par port simple pour les imprimés, les échantillons et les papiers d'affaires, avec faculté de percevoir une taxe supérieure ou inférieure, moyennant qu'elle ne dépassât pas 11 centimes et ne descendît pas en dessous de 5 centimes (disposition complétée par la fixation du poids du port simple à 50 gr., avec progression de 50 en 50 gr., et par la limitation du poids à 250 gr. pour les échantillons et à 1000 gr. pour les imprimés et les papiers d'affaires).

2º Le Congrès fixa à la moitié de la taxe générale de l'Union adoptée, d'une part, pour les lettres affranchies, et, d'autre part, pour les imprimés, les échantillons et les papiers d'affaires, la surtaxe autorisée pour les transports maritimes de plus de 300 milles marins.

---

[1] Allemagne, Autriche, Belgique, Danemark, Egypte, Espagne, Etats-Unis d'Amérique, France, Grande-Bretagne, Grèce, Hongrie, Italie, Luxembourg, Norvège, Pays-Bas, Portugal, Roumanie, Russie, Serbie, Suède, Suisse et Turquie. (Voir la liste des délégués à l'annexe I.)

[2] L'institution créée à Berne en 1874 a reçu tout d'abord le nom d'*Union générale des postes*. Au Congrès de Paris (1878), elle a échangé ce nom contre celui d'*Union postale universelle*.

[3] Par mesure d'exception, les Etats qui, à cause de leur régime intérieur, ne pouvaient adopter le type de poids décimal métrique, eurent la faculté d'y substituer l'*once avoirdupois* (28,3465 g.), en assimilant une demi-once à 15 g. et deux onces à 50 g.

3⁰ La proposition de l'Allemagne relative à la suppression du partage des taxes fut complétée par une prescription d'après laquelle il ne pouvait être perçu, dans le pays d'origine comme dans celui de destination, des expéditeurs ou des destinataires, aucune taxe ni aucun droit postal autres que ceux prévus par les articles de la Convention.

4⁰ Le Congrès fixa les frais de transit *territorial* à 2 francs par kilog. de lettres et de cartes postales et à 25 centimes par kilog. d'autres objets; ces frais pouvaient être portés respectivement à 4 francs et à 50 centimes pour un transit de plus de 750 km. sur le territoire d'une même Administration. En ce qui concerne le transit *maritime* dans le ressort de l'Union, la Convention prévoyait la bonification des frais de transport pour les parcours de plus de 300 milles marins.

Toutefois, les membres de l'Union s'engageaient à réduire ces frais dans la mesure du possible et il était entendu qu'on ne pourrait pas réclamer plus de 6 francs 50 centimes par kilog. de lettres et de cartes postales, ni plus de 50 centimes par kilog. d'autres objets. La Convention prévoyait, en outre, que là où le transit, tant territorial que maritime, était gratuit ou soumis à des taxes moins élevées, ces conditions seraient maintenues. Elle prévoyait enfin que les frais de transit seraient payés sur la base d'une statistique à tenir annuellement pendant deux semaines. (Les dispositions précitées ne devaient pas s'appliquer aux services de transport extraordinaires, tels que la Malle des Indes et le chemin de fer de New-York à San Francisco; les expéditions par ces services devaient faire l'objet d'arrangements particuliers).

5⁰ La création d'un Bureau international fut décidée. Ce Bureau, destiné à fonctionner sous la haute surveillance d'une Administration postale désignée par le Congrès[1], fut chargé de coordonner, de publier et de distribuer les renseignements de toute nature intéressant le service international des postes, d'émettre, à la demande des parties en cause, un avis sur les questions litigieuses, d'instruire les demandes de modification au Règlement d'exécution de la Convention, de notifier les changements adoptés, de faciliter les opérations de la comptabilité internationale, de dresser annuellement une statistique générale des opérations de l'Union d'après les renseignements fournis à cet effet par les Administrations, de rédiger un journal spécial en langues allemande, anglaise et française, de participer à la préparation des travaux des Congrès et, en général, de procéder aux études et aux travaux dont il serait saisi dans l'intérêt de l'Union.

6⁰ La Convention laissait aux Administrations non participantes la faculté d'entrer dans l'Union, moyennant déclaration donnée à l'Administration chargée de la gestion du Bureau international, obligation de se soumettre aux règles de l'Union et obtention du consentement des Administrations intéressées[2].

Le Congrès de Berne avait atteint son but. Il avait, en effet, réalisé l'unité de taxe, en ce sens que, si les taxes internationales pouvaient encore varier, dans une certaine mesure, de pays à pays, chaque pays devait cependant percevoir une taxe uniforme pour chaque catégorie de correspondances à destination des autres pays contractants. Il avait, en outre, supprimé le partage des taxes et établi, pour les correspondances, un classement si logique qu'il n'a, pour ainsi dire, pas dû subir de changement depuis lors. Il avait aussi proclamé la liberté du transit et, s'il n'avait pu en décréter la gratuité, il était du moins parvenu à réduire les frais de transit

---

[1] Le Congrès avait fait choix de l'Administration suisse.
[2] Les Conventions et Arrangements de l'Union postale sont complétés par un Règlement qui détermine les mesures d'ordre et de détail nécessaires pour leur exécution.

à un taux très bas et, chose tout aussi importante, il avait adopté, pour la détermination et le décompte de ces frais, un système simple, commode et très pratique, qui ne pouvait plus constituer une entrave à l'échange rapide des correspondances.

Le Congrès de Berne était arrivé à ce magnifique résultat en tenant compte des intérêts de toutes les Administrations. En fixant, par exemple, à 32 centimes pour les lettres et à 11 centimes pour les imprimés, etc., le maximum, et à 20 centimes pour les lettres et à 5 centimes pour les imprimés, etc., le minimum de la taxe à percevoir, il respectait, sous réserve d'unification, toutes les taxes existantes et laissait toute facilité aux Administrations pour arriver à l'adoption des taxes de 25 et de 7 centimes prévues. Sous ce rapport, le Congrès se montra plus libéral encore, dans l'intérêt du public, que le projet de l'Allemagne, qui prévoyait pour les lettres un maximum de 40 centimes et pour les imprimés, etc., un minimum de 10 centimes. La disposition de la Convention qui permettait aux parties contractantes de maintenir et d'établir des unions plus restreintes en vue d'une amélioration *progressive* des relations postales montre aussi que le Congrès n'avait pas plus perdu de vue les exigences des Administrations très avancées que celles des Administrations auxquelles les circonstances ne permettaient pas de procéder immédiatement à de trop grandes réformes. Quant aux Administrations qui étaient atteintes par la réduction des frais de transit, elles devaient trouver une compensation, au point de vue de l'utilité publique, dans les avantages que l'industrie, le commerce et la culture intellectuelle de leurs pays devaient retirer d'un régime postal international uniforme et, au point de vue du Trésor, dans l'augmentation des recettes occasionnée par le développement que le trafic postal allait infailliblement prendre sous l'influence de la nouvelle Convention.

Cela fut si parfaitement compris et apprécié que les quelques délégués qui avaient été envoyés au Congrès de Berne sans être munis de pleins pouvoirs reçurent ceux-ci de leurs gouvernements et furent autorisés à signer la Convention. Il n'y eut qu'une seule exception. La Convention ne fut pas signée par le délégué de la France, mais ce fut uniquement parce que l'affaire devait être soumise à l'Assemblée nationale française et il résultait clairement des paroles prononcées, à la 12e séance du Congrès, par le représentant du gouvernement français, que l'adhésion de la France ne se ferait pas attendre. Elle eut lieu, en effet, le 3 mai 1875, et l'Administration française put exécuter la Convention six mois après sa mise en vigueur par les autres Offices[1].

---

[1] Le Monténégro, qui n'était pas représenté au Congrès de Berne, a exécuté la Convention à partir du 1er juillet 1875. On peut donc considérer comme pays fondateurs de l'Union: l'Allemagne, les Etats-Unis d'Amérique, l'Autriche, la Belgique, le Danemark, l'Egypte, l'Espagne, la France, la Grande-Bretagne, la Grèce, la Hongrie, l'Italie, le Luxembourg, le Monténégro, la Norvège, les Pays-Bas, le Portugal, la Roumanie, la Russie, la Serbie, la Suède, la Suisse et la Turquie (qui comprenait la Bosnie-Herzégovine et la Bulgarie). — Tous ces pays représentaient un territoire d'environ 37,000,000 de kilom. carrés, avec une population d'environ 350,000,000 d'habitants.

Le léger retard apporté par la France à son entrée dans l'Union nécessita l'adoption de quelques dispositions transitoires. Du 1er juillet au 31 décembre 1875, on maintint intégralement le statu quo à l'égard des échanges postaux avec la France pour les taxes, les droits de transit et les déclarations de poids; les Administrations furent autorisées à percevoir une surtaxe sur les correspondances échangées entre les Etats de l'Union, par l'intermédiaire de la France, en compensation des droits de transit à payer à ce dernier pays; enfin, les correspondances échangées entre la France et un pays de l'Union, en transit à découvert par un autre pays de l'Union, furent passibles de bonifications en faveur de l'Office intermédiaire.

ANCIEN BÂTIMENT DE LA DIÈTE SUISSE,
siège du Congrès de Berne de 1874 où fut fondée l'Union postale universelle.

V

Conférence de Berne. 1876.

Les fondateurs de l'Union avaient sagement compris que leur œuvre n'était pas quelque chose de définitif et d'immuable, mais une institution qu'il fallait étendre et perfectionner pour qu'elle se maintînt constamment au niveau du progrès moderne. C'est la tâche à laquelle ils se sont immédiatement voués et leurs successeurs ont montré le même zèle qu'eux pour développer l'œuvre de Berne. Les premiers résultats du nouveau régime postal furent d'ailleurs si concluants qu'un an à peine s'était écoulé depuis la mise à exécution de la Convention, lorsqu'il fallut convoquer une nouvelle réunion pour discuter les conditions de l'entrée de nouveaux pays dans l'Union.

Cette réunion fut provoquée par une déclaration d'accession formulée, le 15 novembre 1875, par l'Inde britannique, en conformité des dispositions de l'article 17 du traité de Berne. L'Administration des postes suisses, se conformant aux prescriptions du § 4 dudit article, invita aussitôt l'Office indien, ainsi que les Offices de tous les pays ayant des conventions postales ou des relations directes avec l'Inde, c'est-à-dire l'Allemagne, l'Autriche, l'Egypte, la France, la Grande-Bretagne, la Hongrie et l'Italie, à se faire représenter, à Berne, à une Conférence fixée au 17 janvier 1876[1], à l'effet d'établir l'entente préalable, exigée par l'article susmentionné, au sujet de la question des frais de transport maritime que soulevait la déclaration de l'Inde. Les autres Administrations qui avaient pris part au traité de Berne furent informées que cette Conférence allait avoir lieu et qu'elles avaient la faculté de s'y faire représenter si elles le jugeaient convenable. Outre les Administrations mentionnées ci-dessus, les Administrations de la Belgique, de l'Espagne, de la Norvège, des Pays-Bas et de la Suède répondirent à l'appel de l'Office de Suisse et envoyèrent des délégués à la Conférence. L'Administration des Etats-Unis d'Amérique ne crut pas devoir envoyer un délégué, mais elle fit connaître qu'elle voyait avec satisfaction l'arrangement projeté.

La demande de l'Inde britannique en avait fait surgir d'autres. L'Espagne, la France et les Pays-Bas exprimèrent le désir de voir leurs colonies respectives entrer également dans l'Union. Le Brésil introduisit, en outre, une déclaration d'accession, et la Grande-Bretagne fit savoir qu'une déclaration analogue ne tarderait pas à être faite au nom du Canada et de Terre-Neuve.

La Conférence de Berne revêtait par ce fait une importance considérable. Il s'agissait, en effet, d'étendre aux parties les plus éloignées du globe les bienfaits de l'Union postale, qui avaient été limités jusque-là à l'Europe, à l'Egypte, aux Etats-Unis d'Amérique, à l'Algérie,

---

[1] La Conférence a été ouverte par M. Numa Droz, Conseiller fédéral, suppléant du chef du Département des postes suisses.

à la Russie d'Asie, aux possessions turques en Asie et en Afrique et aux possessions ou établissements espagnols du nord de l'Afrique. Pour cela, il était nécessaire de discuter la question des frais de transit maritime afférents aux plus longs parcours et il fallait arriver à fixer ces frais à un taux convenable, afin de ne pas devoir rompre l'unité et la modicité des taxes qui avaient été établies par le Congrès de Berne et qui constituaient la base fondamentale de l'Union.

En conséquence de ce qui précède, la Conférence de Berne eut à délibérer sur les propositions suivantes:

1⁰ Demande de l'Administration indienne, pour l'admission de l'Inde britannique dans l'Union postale.

2⁰ Projet de l'Administration allemande, tendant à classer en quatre groupes les pays d'outre-mer qui ne faisaient pas encore partie de l'Union et, en prévision de l'entrée de ces pays dans l'Union, à fixer les prix de transport maritime, applicables aux correspondances à destination ou originaires de chacun des quatre groupes, aux taux respectifs de 6 francs 50 centimes, 25 francs, 40 francs et 60 francs par kilog. de lettres et de 50 centimes, 1 franc, 1 franc et 2 francs par kilog. d'imprimés, etc.

3⁰ Demande de la France pour l'entrée des colonies françaises dans l'Union, accompagnée d'un projet tendant à appliquer d'une manière générale à tous les points du globe les dispositions du traité de Berne et impliquant, en conséquence, une taxe de mer uniforme de 6 francs 50 centimes par kilog. de lettres et de 50 centimes par kilog. d'imprimés, etc.

4⁰ Amendement transactionnel formulé par l'Allemagne et ayant pour objet de substituer aux prix de 6 francs 50 centimes et de 50 centimes, proposés par la France, les prix de 25 francs pour les lettres et de 1 franc pour les imprimés, etc.

5⁰ Demandes des Pays-Bas et de l'Espagne pour l'admission de leurs colonies dans l'Union postale; à ces demandes vint s'ajouter, pendant la session de la Conférence, une déclaration par laquelle le gouvernement brésilien faisait part de son intention de se rallier également à l'Union.

Les délibérations de la Conférence furent difficiles et laborieuses; elles durèrent jusqu'au 27 janvier. D'une part, la gravité et la complexité des questions soulevées, et, d'autre part, le fait que certaines Administrations n'étaient pas préparées au développement de l'Union dans les limites où on voulait l'étendre, ne permirent pas d'aboutir immédiatement à un résultat complet. L'accord ne put se faire que sur les propositions concernant l'Inde britannique et les colonies françaises d'Asie, d'Afrique, d'Amérique et d'Océanie, dont l'entrée dans l'Union fut fixée au 1ᵉʳ juillet 1876.

La Conférence abrogea les taxes variées en vigueur pour les pays susmentionnés et introduisit, à leur égard, une tarification uniforme, conforme au tarif fixé par la Convention de Berne, avec cette différence que les maxima des surtaxes prévues pour couvrir les frais de transport maritime de plus de 300 milles, au lieu d'être restreints à la moitié des taxes générales de l'Union, furent fixés à 32 et à 11 centimes. La Conférence décida, en outre, que, du chef du transport maritime des correspondances échangées entre ces pays et les autres pays de l'Union, l'Administration expéditrice paierait, pour les parcours de plus de 300 milles marins, à l'Administration ou aux Administrations pourvoyant au transport, une bonification:

1⁰ De 25 francs par kilog., poids net, de lettres et de cartes postales, et

2⁰ de 1 franc par kilog., poids net, d'imprimés, d'échantillons et de papiers d'affaires.

L'accession de l'Inde britannique et des colonies françaises représentait, pour le territoire de l'Union, un accroissement de plus de 80,000 lieues carrées, avec une augmentation d'environ 250 millions d'habitants. En outre, l'Océanie, la seule des parties du monde qui était restée à l'écart de l'Union, y voyait admettre quelques-unes de ses îles.

On voit que, pour incomplet qu'il fût, le résultat de la Conférence de Berne n'en avait pas moins une immense portée, et c'est à juste titre que M. Heer, Conseiller fédéral suisse et Président de la Conférence, félicitait les membres de celle-ci du résultat auquel ils avaient abouti, en ajoutant «qu'un pas en avant avait été fait, que l'espoir de comprendre l'univers entier dans l'Union postale s'agrandissait et que l'œuvre de la Conférence était un nouveau jalon posé sur la voie qui devait certainement conduire, dans un avenir prochain, à la réalisation de cette grande idée».

Ces prévisions ne tardèrent pas à s'accomplir. En 1877, le Brésil, le Japon, la Perse, neuf colonies britanniques (Bermudes, Ceylan, Guyane britannique, Hong-Kong, Jamaïque, Laboan, Maurice, Straits-Settlements et Trinité) et toutes les colonies appartenant au Danemark, à l'Espagne, aux Pays-Bas et au Portugal entrèrent dans l'Union. La colonie britannique de l'île de Malte en faisait déjà partie depuis 1875 et celle de Gibraltar depuis 1876.

VI

Congrès de Paris. 1878.

Aux termes de la Convention de Berne, un Congrès de plénipotentiaires des pays participant au traité postal devait se réunir tous les trois ans, en vue de perfectionner le système de l'Union, d'y introduire les améliorations jugées nécessaires et de discuter les affaires communes. La première réunion devait avoir lieu à Paris en 1877; mais elle fut reportée à l'année suivante[1].

La tâche de préparer les travaux relatifs aux Congrès était dévolue par le Règlement d'exécution de la Convention à l'Administration du pays où la réunion devait avoir lieu et au Bureau international.

Conformément à cette disposition, l'Administration française, assistée du Bureau international, élabora un avant-projet de Convention et de Règlement pour le Congrès de Paris. Le 7 juin 1877, ce projet fut soumis aux Administrations de l'Union pour leur permettre de produire, en temps utile, leurs remarques et leurs observations. Après que celles-ci eurent été recueillies, l'avant-projet fut modifié conformément aux vues exprimées par la majorité des Administrations et il servit alors de base définitive aux délibérations du Congrès.

En présentant ce travail, l'Office de France et le Bureau international faisaient remarquer «qu'ils avaient respecté les principes et même, autant que possible, la forme des actes en vigueur, attendu qu'il s'agissait, non d'effacer ceux-ci, mais de les reviser.» Ils ajoutaient qu'ils s'étaient uniquement inspirés de l'expérience acquise par une pratique de trois années, ainsi que des vœux formulés par la majorité des Administrations.

Voici les principales améliorations prévues dans le projet de Convention:

1° Fixation uniforme des frais de transport maritime, pour les parcours de plus de 300 milles marins, à 6 francs 50 centimes par kilog. de lettres et de cartes postales et à 50 centimes par kilog. d'autres objets (La Conférence de Berne avait fixé ces frais respectivement à 25 francs et à 1 franc pour les relations avec l'Inde britannique et les colonies françaises). Aux réserves qui existaient déjà au sujet des frais de transport maritime et que nous avons mentionnées plus haut, le projet proposait d'ajouter que la gratuité ne serait acquise pour les transports maritimes ne dépassant pas 300 milles marins que dans le cas où l'Administration intéressée toucherait l'indemnité afférente au transport territorial; dans le cas contraire, le parcours maritime de 300 milles marins ou de moins de 300 milles marins serait rétribué au taux du transport territorial (2 francs par kilog. de lettres et de cartes postales et 25 centimes par kilog. d'autres objets, sans égard à la longueur du parcours).

---

[1] Le Congrès de Paris a été ouvert par M. Léon Say, Ministre des finances de France.

2⁰ Fixation des taxes de l'Union à 25 centimes par 15 gr. pour les lettres en cas d'affranchissement et à 50 centimes dans le cas contraire, à 10 centimes pour les cartes postales et à 5 centimes par 50 gr. pour les autres objets, avec faculté d'ajouter, le cas échéant, une surtaxe équivalente aux frais de transport maritime, mais ne pouvant toutefois pas dépasser, par port simple, 10 centimes pour les lettres et 5 centimes pour les autres objets.

3⁰ Détermination d'une limite de dimension pour les échantillons (20 centimètres) et pour les imprimés et les papiers d'affaires (40 centimètres).

4⁰ Etablissement d'un droit fixe uniforme (25 centimes) à percevoir en sus du prix d'affranchissement ordinaire, pour la recommandation de tout objet de correspondance et fixation à 20 centimes du port des avis de réception.

5⁰ Obligation pour chaque pays de l'Union d'admettre la responsabilité en matière d'objets recommandés, même dans le cas où cette responsabilité ne serait pas inscrite dans la législation intérieure.

6⁰ Indication dans le texte de la Convention des équivalents des taxes de l'Union à adopter par les pays qui n'ont pas le franc pour unité monétaire.

7⁰ Introduction dans la Convention d'une clause stipulant que l'emploi d'un timbre-poste frauduleux est passible des peines édictées par la législation du pays d'origine, avec indication, dans le Règlement d'exécution, des mesures à prendre pour la constatation des délits.

8⁰ Introduction également d'une clause réservant le droit ,pour les pays où la loi en dispose ainsi, de percevoir une surtaxe du chef des lettres déposées dans les bureaux de poste entre l'heure fixée pour la clôture des dépêches et celle du départ effectif des courriers.

9⁰ Admission dans l'Union d'un Etat n'en faisant pas encore partie sur la simple notification diplomatique de la demande du nouvel adhérent.

Les deux propositions les plus importantes étaient celles qui concernaient les taxes et les frais de transport maritime.

La première tendait à faire disparaître la faculté que le Congrès de Berne, dans un but de conciliation et afin de faire entrer le plus grand nombre possible de pays dans l'Union, avait laissée aux Etats contractants de fixer leurs taxes aux taux qui leur convenaient, sous réserve de les maintenir entre un minimum et un maximum déterminés. D'après ce système, deux pays de l'Union pouvaient fixer la taxe des lettres, l'un à 20 centimes et l'autre à 32 centimes[1]. Il en résultait qu'une lettre pouvait payer 20 ou 32 centimes pour un seul et même parcours, suivant

---

[1] La taxe de 25 centimes avait été adoptée pour les lettres, avec de légères différences dues à la diversité des monnaies, en *Allemagne*, en *Autriche*, en *Belgique*, en *Espagne*, aux *Etats-Unis d'Amérique*, dans la *Grande-Bretagne*, en *Hongrie*, au *Luxembourg*, au *Monténégro*, aux *Pays-Bas*, en *Roumanie*, en *Suisse* et en *Turquie*. — Au *Danemark*, en *Norvège* et en *Suède*, la taxe des lettres avait été fixée à 27, 7 centimes à peu près; au *Portugal*, à 27,9 centimes environ; en *France*, en *Italie* et en *Grèce*, à 30 centimes; en *Russie*, à 32 centimes; et en *Serbie*, à 20 centimes. L'Egypte avait fixé la taxe des lettres à 1½ piastres (37½ centimes), mais cette somme comprenait la surtaxe pour frais de transport maritime (12½ centimes).

La taxe des cartes postales avait été fixée à 10 centimes en *Belgique*, en *Espagne*, aux *Etats-Unis d'Amérique*, aux *Pays-Bas*, en *Roumanie*, en *Serbie*, en *Suisse* et en *Turquie*. Ces pays avaient fait bénéficier le public de la faculté laissée par la Convention d'arrondir les fractions. Dans les autres pays de l'Union qui faisaient usage des cartes postales, la taxe adoptée représentait exactement la moitié de celle de la lettre simple affranchie.

qu'elle était expédiée dans un sens ou dans l'autre. Le public, qui n'était pas initié aux raisons qui avaient obligé les membres du Congrès à adopter une telle mesure, n'en voyait naturellement que le caractère anormal et, sous ce rapport, le nouveau régime n'avait pas manqué de soulever des critiques.

La proposition concernant les frais de transit était également inspirée par le désir d'uniformiser le plus possible les règles de l'Union; elle avait en outre pour objet de faciliter le maintien des taxes générales à des taux modérés.

Cette dernière proposition ne fut pas adoptée. Le Congrès s'arrêta à une mesure transactionnelle qui, tout en ménageant davantage les intérêts de certaines Administrations, lui parut suffisante pour produire les principaux résultats que les auteurs du projet de Convention avaient eu en vue.

Les frais de transport maritime furent, en conséquence, fixés à 15 francs par kilog. de lettres et de cartes postales et à 1 franc par kilog. d'autres objets; les conditions existantes furent maintenues là où ce transport était déjà gratuit ou soumis à des conditions plus avantageuses. En outre, le prix de 6 francs 50 centimes par kilog. de lettres et de cartes postales fut, partout où il existait, réduit à 5 francs. Comme le demandait le projet, les Administrations qui effectuaient des transports maritimes ne dépassant pas 300 milles marins obtinrent la faculté de se faire rétribuer aux taux du transit territorial quand elles n'avaient rien à réclamer de ce dernier chef.

La proposition concernant les taxes eut un meilleur sort que celle qui se rapportait au transit maritime. Les taxes indiquées dans le projet de Convention furent adoptées. Il fut toutefois décidé que le minimum de la taxe des papiers d'affaires serait fixé à 25 centimes et le minimum de la taxe des échantillons à 10 centimes. En outre, les Administrations des pays contractants furent autorisées à percevoir, en sus des taxes ordinaires, pour les envois soumis à des frais de transit maritime de 15 francs par kilog. de lettres et de cartes postales et de 1 franc par kilog. d'autres objets, une surtaxe ne pouvant pas dépasser 25 centimes par port simple pour les lettres, 5 centimes par carte postale et 5 centimes par 50 gr. ou fraction de 50 gr. pour les autres objets. Par mesure de transition, lesdites Administrations reçurent aussi l'autorisation de percevoir une surtaxe jusqu'à concurrence de 10 centimes par port simple pour les lettres soumises à des frais de transit maritime de 5 francs par kilog.

Le Congrès limita les dimensions des échantillons à 20 cm. de longueur sur 10 de largeur et 5 d'épaisseur, et il éleva le poids maximum des papiers d'affaires et des imprimés de toute nature à 2 kilog. Il fixa le port de l'avis de réception à 25 centimes au maximum et le droit fixe de recommandation à 25 centimes au maximum pour les Etats européens et à 50 centimes au maximum pour les autres pays.

Pour les imprimés, les échantillons et les papiers d'affaires, la *Belgique*, la *France*, la *Grèce*, le *Luxembourg*, les *Pays-Bas*, la *Serbie* et la *Suisse* avaient adopté la taxe de 5 centimes par 50 grammes. En *Allemagne*, cette taxe était de 6,25 centimes; en *Italie*, de 7 centimes; en *Autriche*, en *Hongrie* et dans le *Monténégro*, de 7,5 centimes; en *Russie*, de 8 centimes; au *Danemark* et en *Suède*, de 8,3 centimes; en *Portugal*, de 8,4 centimes; en *Norvège*, de 9,2 centimes; en *Espagne*, aux *Etats-Unis*, dans la *Grande-Bretagne* et en *Roumanie*, de 10 centimes; en *Egypte*, de 12 ½ centimes (y compris la surtaxe maritime: 3 ½ centimes). Aux *Etats-Unis* et dans la *Grande-Bretagne*, le port des journaux était calculé par 4 onces et par numéro.

C'est surtout à cause de l'élévation de leur tarif interne que certains pays avaient adopté pour leurs taxes internationales les maxima, ou à peu près, autorisés par la Convention. Dans plusieurs cas, le tarif interne a dû être réduit pour être mis en harmonie avec le tarif de l'Union. C'est encore là un des avantages que le public a retiré de cette institution (Voir annexe V. — Taxes de l'Union sous le régime de la Convention de Berne.)

La proposition concernant les équivalents des taxes de l'Union fut prise en considération; toutefois, ces équivalents ne furent pas mentionnés dans la Convention, comme on l'avait demandé, mais bien dans le Règlement.

Le Congrès ne rendit pas obligatoire la responsabilité en matière d'objets recommandés pour les pays hors d'Europe dont la législation intérieure était contraire à ce principe; il n'adopta pas non plus la mesure proposée pour la répression de l'emploi des timbres-poste frauduleux.

On ne consigna pas enfin dans la Convention le droit de percevoir une surtaxe sur les lettres déposées dans les bureaux de poste entre l'heure fixée pour la clôture des dépêches et celle du départ effectif des courriers; on reconnut toutefois que les Administrations étaient libres de procéder à cet égard comme il leur convenait, attendu que la taxe en question ne devait pas être considérée comme une taxe postale proprement dite, mais plutôt comme un droit analogue à celui qui se rapporte au retrait des lettres à la poste et moyennant lequel le public est admis à bénéficier d'un service spécial créé uniquement dans son intérêt.

La Convention de Paris, qui, par suite surtout des mesures prises au sujet des taxes et des frais de transit maritime, donnait à l'Union un caractère de stabilité définitive, fut ratifiée par 38 pays ou groupes de colonies. Aux Etats qui faisaient déjà partie de l'Union étaient venus s'ajouter le Mexique, le Pérou et le Salvador. Les Républiques du Honduras et de Libéria donnèrent, en outre, leur adhésion et purent exécuter la Convention dès sa mise à exécution (1er avril 1879). — La République Argentine était entrée dans l'Union le 1er avril 1878, le Dominion du Canada le 1er juillet de la même année et les colonies britanniques de la Côte d'Or, des îles Falkland, de Gambie, du Honduras, de Lagos, de Sierra-Leone et de Terre-Neuve le 1er janvier 1879. Au moment de la mise à exécution du nouveau traité, le territoire de l'Union avait une étendue d'environ 76 millions de kilomètres carrés et une population d'environ 763 millions d'habitants. En quatre ans, l'importance de l'Union postale avait, par conséquent, plus que doublé.

L'activité du Congrès de Paris ne se borna pas à la revision de la Convention de Berne.

Comme nous l'avons fait remarquer, le projet de Convention postale présenté au Congrès de Berne par l'Administration allemande était restreint aux correspondances proprement dites. C'était une sage mesure qui avait pour but de faciliter la conclusion du traité en le rendant accessible à tous les pays, quelque peu développées que fussent leurs postes. Toutefois, si l'Allemagne n'avait pas cru devoir étendre les avantages de son projet à des services spéciaux, comme ceux des valeurs déclarées et des mandats, que certaines Administrations possédaient déjà depuis longtemps, elle n'avait pas renoncé à l'idée de les faire bénéficier, eux aussi, d'un régime international uniforme et elle avait eu soin d'inscrire dans son projet «que les services des lettres avec valeur déclarée et des mandats feraient l'objet d'arrangements ultérieurs entre les divers Etats ou groupes d'Etats de l'Union». Cette disposition fut reproduite dans la Convention, et au Congrès de Berne même les délégués de l'Autriche et de la Hongrie déclarèrent que les Administrations autrichienne et hongroise étaient disposées à négocier avec l'Allemagne, l'Italie et la Suisse pour l'introduction du service des mandats sur des bases communes.

En 1876, tous les pays de l'Union, à l'exception de l'Egypte, de l'Espagne, des Etats-Unis d'Amérique, de la Grande-Bretagne, de la Grèce, du Portugal et de la Turquie, entretenaient un échange de lettres avec valeur déclarée avec d'autres pays. Toutefois, il existait entre les divers arrangements, de grandes différences, qui portaient à la fois sur le port, le droit d'assurance et le maximum de déclaration. En outre, tandis que quelques pays traitaient ces envois comme objets de la poste aux lettres, d'autres — notamment ceux où il existait un service de messageries exploité par l'Etat — les traitaient comme articles de messageries. L'affranchissement des valeurs déclarées était généralement obligatoire dans les pays où il n'y avait pas de messageries de l'Etat et facultatif dans les autres. Les dispositions relatives au maximum de poids et à la garantie présentaient aussi beaucoup de variété. Enfin, les difficultés auxquelles donnaient lieu le calcul et le décompte des taxes, ainsi que la multiplicité des formalités réglementaires, empêchaient le développement du transit dans les pays où le système des messageries était en vigueur et le comprimaient entièrement, sauf de rares exceptions, dans les pays où les messageries n'existaient pas comme institution de l'Etat (Voir annexe VI. — Tableau indiquant la situation du service international des valeurs déclarées en 1876).

En 1876, tous les pays de l'Union, à l'exception de l'Espagne, de la Grèce, du Monténégro, du Portugal, de la Roumanie, de la Russie, de la Serbie et de la Turquie, échangeaient également des mandats internationaux. De même que pour les valeurs déclarées, les dispositions des arrangements relatifs aux mandats internationaux présentaient entre elles des différences radicales, principalement au point de vue du maximum et de la taxe des titres (voir annexe VII. — Tableau indiquant la situation du service international des mandats de poste en 1876).

Après le résultat obtenu par le traité de Berne, il était tout naturel qu'on se préoccupât d'étendre le plus vite possible les bienfaits de l'Union à tous les objets qui étaient du ressort de la poste, et en premier lieu aux valeurs déclarées et aux mandats. Aussi l'Administration française et le Bureau international ne manquèrent-ils pas de préparer, pour le Congrès de Paris, des avant-projets de traités concernant les valeurs déclarées et les mandats. Ces travaux furent minutieusement discutés et les délégués de l'Allemagne, de l'Autriche, de la Belgique, du Danemark, de l'Egypte, de la France, des colonies françaises, de la Hongrie, de l'Italie, du Luxembourg, de la Norvège, des Pays-Bas, du Portugal, de la Roumanie, de la Suède et de la Suisse signèrent un Arrangement concernant le service des mandats. Les mêmes délégués, plus ceux de la Russie, de la Serbie, des colonies danoises et des colonies portugaises, signèrent également un Arrangement concernant l'échange des valeurs déclarées.

Les principales dispositions de ces nouveaux Actes peuvent se résumer comme suit:

Valeurs déclarées. — 1º Les pays contractants sont autorisés à échanger des lettres contenant des valeurs-papier déclarées, avec assurance du montant de la déclaration (Ce montant peut être limité, mais pas à moins de fr. 5000 par lettre).

2º Indépendamment du paiement des frais de transit prévus par la Convention principale, l'Administration du pays d'origine est redevable, à titre de droit d'assurance, envers l'Administration du pays de destination et, le cas échéant, envers chacune des Administrations participant au transit territorial avec responsabilité, d'un droit proportionnel de 5 centimes par 200 francs ou fraction de 200 francs déclarés. En outre, s'il y a des transports par mer donnant lieu à la rétribution spéciale prévue par la Convention principale et susceptibles d'engager la responsabilité des Offices intéressés, il doit être payé à chacun de ces Offices un droit maritime d'assurance de 10 centimes par chaque somme de 200 francs ou fraction de 200 francs déclarés.

3⁰ La taxe des lettres contenant des valeurs déclarées se compose: a) du port et du droit fixe applicables à une lettre recommandée du même poids et pour la même destination (port et droit acquis en entier à l'Office expéditeur) et b) d'un droit proportionnel d'assurance calculé, par 200 francs ou fraction de 200 francs déclarés, à raison de 10 centimes pour les pays limitrophes ou reliés entre eux par un service maritime direct, et à raison de 25 centimes pour les autres pays, éventuellement avec addition, dans l'un et l'autre cas, du droit d'assurance maritime mentionné plus haut. Toutefois, comme mesure de transition, il est réservé à chacune des parties contractantes, pour tenir compte de ses convenances monétaires ou autres, la faculté de percevoir un droit autre que celui indiqué ci-dessus, moyennant que ce droit ne dépasse pas $\frac{1}{2}\%$ de la somme déclarée.

4⁰ Sauf en cas de réexpédition sur un pays contractant autre que le pays de destination, les lettres avec valeur déclarée ne peuvent être frappées, à la charge des destinataires, d'aucun droit postal autre que celui de remise à domicile.

5⁰ Les lettres avec valeur déclarée peuvent, comme les lettres recommandées et aux mêmes conditions que celles-ci, donner lieu à une demande d'avis de réception.

6⁰ Il est interdit de déclarer une valeur supérieure à la valeur réelle.

7⁰ Sauf le cas de force majeure, si une lettre contenant des valeurs déclarées vient à se perdre ou à être spoliée, l'expéditeur ou, sur sa demande, le destinataire a droit à une indemnité égale à la valeur déclarée (En cas de perte partielle, la responsabilité est limitée au montant réel de la perte).

8⁰ Chaque pays conserve le droit d'appliquer aux lettres contenant des valeurs déclarées, à destination ou provenant d'autres pays, ses lois ou règlements intérieurs, en tant qu'il n'y est pas dérogé par l'Arrangement. En outre, celui-ci ne porte pas restriction au droit des parties contractantes de maintenir et de conclure des arrangements spéciaux, ainsi que de maintenir et d'établir des unions plus restreintes en vue de l'amélioration du service des valeurs déclarées.

Mandats. 1⁰ Les pays contractants sont autorisés à échanger entre eux, par la voie de la poste, des mandats d'un montant ne dépassant pas 500 francs.

2⁰ La taxe générale à payer par l'expéditeur est fixée à 25 centimes par 25 francs ou fraction de 25 francs. Toutefois, il est permis de percevoir au minimum 50 centimes pour tout mandat n'excédant pas 50 francs.

3⁰ L'Administration qui délivre les mandats doit payer à celle qui les acquitte la moitié de la taxe perçue.

4⁰ Les mandats et les acquits donnés sur les mandats, de même que les récépissés délivrés aux déposants, ne peuvent être soumis, à la charge des expéditeurs ou des destinataires des fonds, à un droit ou à une taxe quelconque, en sus de la taxe susmentionnée, sauf toutefois le droit de factage pour le paiement à domicile.

5⁰ Les sommes converties en mandats de poste sont garanties aux déposants jusqu'après paiement aux destinataires et les montants non réclamés par les ayants droit dans les délais fixés par les lois ou règlements du pays d'origine sont acquis à l'Administration qui a délivré les mandats.

6⁰ L'Arrangement ne porte pas restriction au droit des parties contractantes de maintenir et de conclure des arrangements spéciaux, ainsi que de maintenir et d'établir des unions plus restreintes en vue de l'échange des mandats par voie télégraphique et, en général, de l'amélioration du service des mandats de poste internationaux.

Le Congrès de Paris s'occupa encore d'une autre question spéciale.

Dans l'avant-projet de Convention primitif, l'Administration française avait cru devoir ajouter après «échantillons de marchandises» les mots «ou menus objets». Cette addition était justifiée de la manière suivante dans l'exposé des motifs: «Chaque jour de nouvelles difficultés surgissent, soit dans les rapports du public avec les Administrations, soit dans les rapports entre Administrations, sur la définition de l'échantillon. Tel objet est admis dans un pays et refusé dans un autre. Ici, on repousse un article sans valeur, uniquement parce qu'il est entier et on en exige la détérioration ou lacération; là, au contraire, ce même article passe sans observation, par la raison qu'il n'est sujet à aucun droit de douane. Cette dernière doctrine paraissant la plus logique et la plus conforme à l'esprit libéral de l'Union, qui ne saurait refuser au commerce des facilités compatibles avec les exigences du service, on a pensé que, sous la double réserve d'une limite de poids de 300 gr.[1] et de la prohibition des articles sujets aux droits de douane, il y aurait une simplification, profitable à tout le monde, à étendre la qualification d'échantillons aux menus objets, même entiers et non détériorés».

Cette opinion ne fut pas partagée par la majorité des Offices qui, déjà avant le Congrès, se montra opposée à toute extension du régime des échantillons. La proposition française fut, pour cette raison, écartée du projet de Convention, mais elle fut reprise au Congrès, par la délégation allemande, sous une autre forme.

Il s'agissait cette fois de créer un *service spécial* qui devait aboutir au but visé par l'Administration française, sans présenter les inconvénients qu'on avait trouvés dans la première proposition. L'Administration allemande avait fait élaborer dans ce sens un projet d'arrangement, qui fut distribué aux membres du Congrès. Aux termes de ce document, les pays contractants devaient avoir le droit de s'expédier mutuellement des menus objets sans déclaration de valeur jusqu'à concurrence de 3 kilog., pour lesquels on fixerait des prix de port constituant une rétribution juste et rationnelle du service rendu, ce qui n'aurait pas été le cas si l'on avait assimilé ces objets aux échantillons.

Le projet de l'Allemagne reçut l'adhésion immédiate des Etats-Unis d'Amérique, de l'Autriche, de la Hongrie et du Portugal. Les délégations des autres Etats se déclarèrent dans l'impossibilité de se prononcer, les unes parce qu'elles n'avaient pas d'instructions de leurs gouvernements à ce sujet, et les autres parce que le service des menus objets n'existait pas dans

---

[1] Limite de poids indiquée pour les échantillons dans l'avant-projet primitif et qui ne fut pas reproduite dans le projet soumis aux délibérations du Congrès.

leurs pays. L'utilité de la mesure proposée ayant toutefois été généralement reconnue, le projet d'Arrangement fut renvoyé par le Congrès au Bureau international avec mission pour celui-ci de l'étudier et de provoquer, le cas échéant, la réunion d'une Conférence.

Médaille frappée à l'occasion du Congrès de Paris de 1878.

PALAIS BOURBON, siège du Congrès de Paris 1878.

VII

Conférence de Paris. 1880.

Conformément à la décision du Congrès de Paris, le Bureau international soumit, le 6 mai 1879, le projet de l'Allemagne, légèrement modifié, aux Administrations de l'Union, en les priant de faire connaître si elles étaient disposées à se faire représenter à une Conférence pour discuter ce projet et, dans l'affirmative, d'indiquer les modifications et les dispositions nouvelles qu'elles pouvaient se trouver dans le cas de proposer.

Pour mieux faire ressortir la haute utilité qu'il y avait à conclure un arrangement sur les bases indiquées par l'Allemagne, le Bureau international avait cru devoir exposer brièvement la situation du service des messageries postales dans les relations internationales, telle qu'elle existait à cette époque.

Les Offices postaux de l'Union qui avaient en ce moment dans leurs attributions le transport des messageries étaient ceux de l'Allemagne, de l'Autriche, du Danemark, de la Hongrie, du Luxembourg, du Monténégro, de la Norvège, de la Roumanie, de la Russie, de la Serbie, de la Suède et de la Suisse. L'échange des petits colis entre ces différents pays était, en règle générale, régi par des conventions conclues par chaque Administration avec les Administrations des Etats limitrophes; mais les dispositions de ces conventions s'étendaient également aux relations que les Etats contractants entretenaient avec d'autres pays dont les Administrations postales possédaient le service des colis.

L'échange des envois de messagerie entre les pays où il existait un service postal de colis et ceux où la poste ne s'occupait pas de ce service, était assuré au moyen d'arrangements conclus avec des entreprises de transport privées ou gouvernementales. Des arrangements de cette nature avaient été conclus:

1º Pour le transport des petits colis à destination des Pays-Bas: entre l'Allemagne et la Compagnie générale de transport Van Gend et Loos, à Rotterdam;

2º pour le transport des petits colis à destination de la Belgique: entre l'Allemagne et l'Administration des chemins de fer de l'Etat belge;

3º pour le transport des petits colis à destination de la France:

a) entre l'Allemagne et la Compagnie des chemins de fer français de l'Est et l'Administration des chemins de fer de l'Etat de Belgique,

b) entre la Suisse et la Société des messageries nationales, à Paris;

4º pour le transport des petits colis à destination de la Grande-Bretagne et de l'Irlande:

a) entre l'Allemagne et l'Agence continentale anglaise, à Londres, la Société Elkan et Cie, à Hambourg, et la Compagnie générale de transport Van Gend et Loos, à Rotterdam, *b)* entre la Suisse et la Société des messageries nationales, à Paris;

5° pour le transport des petits colis à destination de l'Italie:

a) entre la Suisse et la Compagnie des chemins de fer de la Haute-Italie,

b) entre l'Autriche et la Compagnie des chemins de fer italiens précitée.

Le transport des petits colis à destination des pays européens autres que ceux mentionnés ci-dessus était effectué, savoir:

Lorsqu'il s'agissait d'envois pour la Grèce ou pour la Turquie, par l'intermédiaire des postes autrichiennes et préférablement par la voie du Lloyd autrichien;

lorsqu'il s'agissait d'envois pour l'Espagne et le Portugal, par l'intermédiaire de certaines des compagnies de chemins de fer et entreprises de transport désignées ci-dessus sous les numéros 3 et 4.

La taxe des paquets se composait, en règle générale, des différentes sommes perçues, d'après les tarifs respectifs, par chacune des Administrations postales et entreprises qui participaient au transport. Le calcul de cette taxe étant souvent très compliqué, plusieurs Administrations avaient introduit, dans leurs rapports réciproques, une taxe uniforme pour tous les paquets dont le poids n'excédait pas 5 kilog. A cet effet, des conventions avaient été conclues:

a) Entre l'Allemagne, d'une part, et l'Autriche et la Hongrie, d'autre part;

b) entre l'Allemagne et la Belgique, le Danemark et la Suisse;

c) entre l'Autriche et la Hongrie, d'une part, et la Suisse, d'autre part.

Dans les rapports entre l'Allemagne et l'Autriche et la Hongrie, la taxe unique pour les paquets précités était de 50 pfennig (62½ centimes), tandis que dans les rapports entre l'Autriche et la Hongrie, d'une part, et la Suisse, d'autre part, ainsi que dans ceux entre l'Allemagne, d'une part, la Belgique, le Danemark et la Suisse, d'autre part, cette taxe était fixée à 1 franc. Les paquets de et pour la Belgique ne pouvaient être affranchis jusqu'à destination, moyennant le paiement de la taxe uniforme, que lorsqu'ils émanaient ou étaient à destination de localités belges desservies par les chemins de fer de l'Etat.

L'adoption de la taxe uniforme avait imprimé un vigoureux essor à l'échange des petits colis. Dans les relations entre l'Allemagne (moins la Bavière et le Wurtemberg) et la Suisse, où cette taxe avait été introduite à partir du 1er février 1877, le nombre des paquets sans déclaration de valeur s'était élevé:

		Envois de l'Allemagne pour la Suisse.	Envois de la Suisse pour l'Allemagne.
en 1875,	à	146,862	58,122
en 1876,	à	170,100	64,200
en 1877,	à	219,800	81,800

En dehors des Administrations postales européennes, il n'y avait que celle de l'Inde britannique qui participait à l'échange international des petits colis. L'Office indien avait conclu à cet effet des arrangements avec l'Allemagne, l'Autriche et la Hongrie. Les paquets étaient acheminés par la voie de Trieste et au moyen des paquebots du Lloyd autrichien.

Le transport des paquets à destination de tous les autres pays d'outre-mer avait lieu par l'intermédiaire d'entreprises privées et notamment par l'Agence continentale anglaise, à Londres, et la Société Elkan et Cie, à Hambourg.

La proposition faite par le Bureau international de tenir une Conférence pour discuter les termes d'un arrangement international relatif aux «menus objets», — expression qui fut remplacée par celle de «petits colis» puis par celle de «colis postaux» — fut favorablement accueillie. Cette Conférence eut lieu à Paris du 9 octobre au 3 novembre 1880. Tous les pays d'Europe (à l'exception de la Grèce) plus le Canada, l'Egypte, l'Inde britannique et la Perse[1], s'y firent représenter. La réalisation du projet de l'Allemagne rencontrait un grand obstacle dans le fait que — comme on a pu le voir par ce qui précède — dans la plupart des Etats, la poste ne se chargeait pas du transport des paquets de messagerie. Ce service était abandonné aux compagnies de chemins de fer et autres entreprises de transport. Il fallait donc, ou qu'une entente préalable intervînt entre ces entreprises et les Offices postaux intéressés, ou que ces derniers se décidassent à organiser un service spécial de petits colis. En outre, deux tendances s'étaient fait jour au sujet de l'économie générale de l'arrangement à conclure. L'une visait à accentuer le principe de l'uniformité posé dans le projet, en augmentant, par l'élévation du maximum de poids et par l'abaissement des taxes, les avantages qu'il offrirait pour le public; l'autre envisageait cette uniformité comme irréalisable pour le moment et s'efforçait d'y substituer un tarif échelonné d'après les distances et suivant le poids des colis à partir de 1 kilog. ou de $\frac{1}{2}$ kilog.

Dans ces conditions, il importait de s'inspirer de la pratique suivie au Congrès de Berne, où l'on s'était trouvé également en présence de tendances et d'intérêts opposés; il fallait ici aussi faire preuve de conciliation, et, comme le faisait remarquer un délégué, «se borner, pour le moment, à jeter les bases d'un arrangement assez large pour être admis par tous». Ce fut le parti auquel on s'arrêta. Après de longues discussions, où rien ne fut négligé pour donner satisfaction à toutes les exigences des Offices représentés, tout en respectant le plus possible les principes fondamentaux de l'Union postale, on finit par élaborer une Convention qui put être acceptée par les délégués de 19 pays[2] et dont nous résumons ci-dessous les principaux points:

1° Les pays contractants sont autorisés à s'expédier mutuellement, sous la dénomination de *colis postaux*, des colis sans déclaration de valeur, jusqu'à concurrence de 3 kilog.

2° La liberté du transit est garantie sur le territoire de chacun des pays adhérents.

3° L'Administration du pays d'origine doit payer à chacune des Administrations participant au transit territorial un droit de 50 centimes par colis. En outre, en cas de transport maritime, il doit être payé, le cas échéant: 25 centimes pour tout parcours n'excédant pas 500 milles marins; 50 centimes pour les parcours de 500 à 1000 milles marins; 1 franc pour les parcours de 1000 à 3000 milles marins; 2 francs pour les parcours de 3000 à 6000 milles marins; 3 francs pour les parcours de plus de 6000 milles marins.

4° L'affranchissement des colis est obligatoire et la taxe se compose d'un droit comprenant, pour chaque objet, autant de fois 50 centimes qu'il y a d'Offices participant au transport territorial, avec addition, le cas échéant, du droit maritime. Chaque pays contractant a, en outre, la faculté d'appliquer aux colis provenant ou à destination de ses bureaux une surtaxe de 25 centimes, qui peut être élevée à 50, à 75 centimes ou à 1 franc, par certains pays.

---

[1] Un représentant des Etats-Unis d'Amérique a assisté à la Conférence à la demande du Ministre de ce pays, à Paris.

[2] Ceux de l'Allemagne, de l'Autriche, de la Belgique, de la Bulgarie, du Danemark, de l'Egypte, de l'Espagne, de la France, de la Hongrie, de l'Italie, du Luxembourg, du Monténégro, de la Norvège, du Portugal, de la Roumanie, de la Serbie, de la Suède, de la Suisse et de la Turquie.

5⁰ L'Office expéditeur doit bonifier pour chaque colis: à l'Office destinataire, 50 centimes[1], avec addition, s'il y a lieu, des surtaxes susmentionnées; éventuellement, à chaque Office intermédiaire, les droits indiqués ci-dessus sous chiffre 3⁰.

6⁰ Il peut être perçu du destinataire, pour le factage et pour l'accomplissement des formalités en douane, un droit dont le montant total ne doit pas dépasser 25 centimes par colis. La perception de tout droit postal autre que ceux prévus par la Convention est interdite.

7⁰ Il est interdit également d'insérer des lettres dans les colis.

8⁰ Sauf le cas de force majeure, la perte ou l'avarie d'un colis postal donne lieu au paiement d'une indemnité correspondant au montant réel de la perte ou de l'avarie. Cette indemnité ne peut toutefois pas dépasser 15 francs.

9⁰ La législation intérieure de chaque pays contractant demeure applicable en tout ce qui n'est pas prévu par la Convention, et celle-ci ne porte pas restriction au droit des parties contractantes de maintenir et de conclure des conventions spéciales, ainsi que de maintenir et d'établir des unions plus restreintes, en vue de l'amélioration du service des colis postaux.

Dans un protocole faisant suite à la Convention, il était dit, en outre, que tous les pays adhérents où la poste ne se chargeait pas en ce moment du transport des petits colis avaient la faculté de faire exécuter les clauses du traité par les entreprises de chemin de fer et de navigation et que les Offices postaux de ces pays devaient servir d'intermédiaire pour toutes les relations desdites entreprises avec les Administrations postales des autres pays contractants et avec le Bureau international.

---

[1] Avant l'adoption de la Convention de Paris concernant les colis postaux, les taxes perçues du chef de ces objets étaient, en général, partagées inégalement entre les Offices expéditeur et destinataire. Comme c'était le cas pour les objets de correspondance avant la fondation de l'Union postale, on tenait compte de l'importance des prestations que chaque pays était sensé effectuer, d'après son étendue ou sa situation. C'est ainsi que pour les colis jusqu'au poids de 5 kg., échangés entre l'Allemagne, d'une part, la Suisse, la Belgique et le Danemark, d'autre part, la taxe était partagée de manière que l'Allemagne recevait 60 centimes, et chacun des autres pays 40 centimes. (Documents de la Conférence de 1880, p. 59.)

VIII

Congrès de Lisbonne. 1885.

Le Congrès de Paris avait désigné Lisbonne pour siège du Congrès suivant. Celui-ci eut lieu en 1885.

Entre temps, l'Union postale n'avait pas cessé de se développer. La Bulgarie, qui faisait déjà partie de l'Union par suite de l'accession de la Turquie, avait notifié son adhésion personnelle à la Convention de Paris en 1879. Les colonies britanniques d'Antigoa, de Dominique, de Montserrat, de Nevis, de St-Christophe et des Iles Vierges étaient également entrées le 1er juillet de la même année; les Républiques Dominicaine, de l'Equateur, de l'Uruguay et du Venezuela, ainsi que la colonie britannique des îles Bahamas, en 1880; le Chili, les Etats-Unis de Colombie, le Guatemala, Haïti, le Paraguay et les colonies britanniques de la Barbade, de Grenade, de Ste-Lucie, de St-Vincent, de Tabago et des îles Turques, en 1881; Hawaï et Nicaragua, en 1882; et Costa-Rica, en 1883.

Le Congrès de Lisbonne, qui siégea du 4 février au 21 mars[1], abolit la surtaxe spéciale de 10 centimes, dont la perception était autorisée pour les lettres soumises à des frais de transit maritime de 5 francs par kilog.

Il généralisa l'emploi des cartes postales-réponse, dans ce sens que les pays mêmes qui n'en émettaient pas se virent tenus de renvoyer les cartes-réponse reçues des autres pays.

Il limita la dimension des imprimés et des papiers d'affaires à 45 centimètres.

Il accorda aux expéditeurs, pour autant que la chose fût admise par la législation interne des pays intéressés, la faculté de faire retirer du service les objets de correspondance ou d'en faire modifier les adresses, aussi longtemps que ces objets ne se trouvaient pas en la possession des destinataires.

Il introduisit le service de distribution par exprès, dans les relations entre les Offices qui étaient à même de l'exécuter; il fixa à 30 centimes la taxe spéciale à payer d'avance de ce chef par les expéditeurs et il autorisa les Administrations destinataires à percevoir une taxe complémentaire pour la distribution des objets exprès destinés à des localités non pourvues d'un bureau de poste.

Il autorisa l'expédition par la voie de la poste des matières d'or et d'argent, des pierreries, des bijoux et autres objets précieux dans les relations entre pays dont la législation n'interdisait pas expressément l'expédition de ces objets[2].

---

[1] Le Congrès de Lisbonne a été ouvert par M. José Vicente Barbosa du Bocage, Ministre des Affaires étrangères du Portugal.

[2] L'expédition de ces objets par la poste avait été interdite, d'une manière générale, par les Congrès de Berne et de Paris.

Le Congrès prit, en outre, à l'égard des correspondances ordinaires, une série de mesures de détail destinées à favoriser le public ou à simplifier les rapports entre les Administrations postales. Il autorisa, notamment, l'emploi des cartes postales émanant de l'industrie privée; il étendit la catégorie des objets à traiter, soit comme imprimés, soit comme papiers d'affaires; et il décida que la statistique du transit ne serait plus tenue qu'une fois tous les 3 ans, pendant 28 jours.

Le Congrès de Lisbonne eut la satisfaction de compter au nombre des adhérents à l'Union postale deux nouveaux pays, la Bolivie et le Siam, dont les délégués signèrent la Convention principale. Le Siam entra dans l'Union le 1er juillet 1885 et la Bolivie, à la date de la mise à exécution des Actes de Lisbonne, c'est-à-dire le 1er avril 1886. L'Etat indépendant du Congo, qui n'était pas représenté à Lisbonne, entra également dans l'Union le 1er janvier 1886.

Le Congrès discuta aussi les conditions que les colonies britanniques de l'Australasie, du Cap et de Natal mettaient à leur entrée dans l'Union et il aboutit à une solution qui permettait d'espérer l'accession prochaine de ces vastes et importants territoires.

En ce qui concerne *le service des lettres avec valeur déclarée*, le Congrès de Lisbonne ne prit qu'une seule décision importante: il éleva de 5000 francs à 10,000 francs le montant au-dessous duquel les Administrations ne pouvaient pas fixer le maximum de la déclaration de valeur.

L'Arrangement concernant *le service des mandats de poste* fut complété par trois dispositions qui permettaient:

1° D'obtenir désormais un avis de paiement en acquittant un droit fixe égal à celui des avis de réception;

2° d'expédier des mandats télégraphiques moyennant paiement de la taxe ordinaire des mandats de poste et de la taxe du télégramme (ces mandats bénéficient des règles ordinaires applicables aux télégrammes);

3° d'écrire, sur le coupon des mandats-cartes, des communications pour le destinataire.

Le service des colis postaux donna lieu à l'adoption d'une série de mesures importantes.

Le maximum de poids des colis fut élevé à 5 kilog. et les envois exclus précédemment en raison de leurs dimensions furent admis à l'expédition comme colis encombrants[1]. Les colis purent porter une déclaration de valeur dont le maximum ne pouvait être fixé au-dessous de 500 francs. Ils purent également être grevés de remboursement jusqu'à concurrence de 500 francs. Chaque pays conservait toutefois la faculté de maintenir l'ancien régime dans ses relations avec les autres pays.

Pour les colis encombrants, les bonifications relatives au transit furent augmentées de 50% et, pour les colis avec valeur déclarée, l'Administration du pays d'origine fut rendue redevable, à titre de droit d'assurance, envers chacune des Administrations participant au transit

---

[1] Aux termes de la Convention de Madrid sont considérés comme colis encombrants:

a) Les colis dépassant 1 m. 50 cm. dans un sens quelconque;

b) les colis dépassant dans un sens, 1 mètre et, dans un autre sens, 50 centimètres;

c) les colis qui, par leur forme, leur volume ou leur fragilité, ne se prêtent pas facilement au chargement avec d'autres colis ou qui demandent des précautions spéciales, tels que plantes et arbustes en paniers, cages vides ou renfermant des animaux vivants, boîtes à cigares vides ou autres boîtes en fardeaux, meubles, vannerie, jardinières, voitures d'enfants, rouets, vélocipèdes, etc.

Les Administrations qui assurent des transports par mer ont la faculté de considérer comme encombrant tout colis qui emprunte ces transports et dont le volume dépasse 55 décimètres cubes, ou dont une des dimensions est supérieure à 1 m. 25.

(Ces dispositions étaient un peu différentes sous le régime des Conventions antérieures.)

territorial ou maritime avec responsabilité, d'un droit proportionnel égal à celui perçu pour les lettres.

Les colis encombrants furent soumis à une taxe additionnelle de 50% et, pour les colis avec valeur déclarée, on ajouta un droit d'assurance égal à celui qui s'applique aux lettres avec valeur déclarée.

Les colis grevés de remboursement furent soumis à un droit spécial qui ne peut pas dépasser 2% de la somme à encaisser, mais dont l'Administration du pays d'origine est autorisée à fixer le minimum à 20 centimes. Ce droit doit être partagé entre l'Office expéditeur et l'Office destinataire.

L'expéditeur d'un colis postal reçut la faculté d'obtenir un avis de réception en payant un droit fixe de 25 centimes.

Le maximum de l'indemnité à payer en cas de perte, de spoliation ou d'avarie d'un colis ordinaire fut fixé à 25 francs. Ce maximum fut toutefois maintenu à 15 francs pour les Administrations qui n'admettaient pas les colis d'un poids supérieur à 3 kilog. Pour les colis avec valeur déclarée, le maximum de l'indemnité fut fixé au montant de la valeur indiquée. L'expéditeur d'un colis perdu obtint, en outre, le droit de se faire restituer les frais d'expédition.

Il fut, enfin, interdit de déclarer une valeur supérieure à la valeur réelle des colis et d'expédier des espèces monnayées, des matières d'or et d'argent et d'autres objets précieux dans les colis sans valeur déclarée, à destination des pays qui admettaient la déclaration de valeur.

Le Congrès de Lisbonne eut aussi à s'occuper de plusieurs questions nouvelles et, en première ligne, de l'organisation *d'un service international de recouvrements*.

Le 23 août 1880, l'Administration des postes du Grand-Duché de Luxembourg avait signalé au Bureau international qu'un assez grand nombre de pays de l'Union effectuaient des recouvrements de quittances, factures, billets, traites, etc., dans leur trafic interne et que quelques-uns avaient conclu des arrangements pour l'organisation de ce service dans leurs relations réciproques. Ledit Office ajoutait que la conclusion d'un arrangement international uniforme analogue à ceux qui existaient pour les valeurs déclarées et les mandats ne manquerait pas de rendre de grands services. Le Bureau international s'était empressé de soumettre cette question aux Administrations de l'Union et le Congrès de Lisbonne fut saisi de deux projets d'Arrangement, émanant, l'un, de l'Allemagne, de la Belgique et du Luxembourg et, l'autre, de la France.

Le Congrès arrêta les termes d'un Arrangement, d'après lequel les Administrations des pays contractants s'engagent à admettre à l'encaissement les quittances, factures, billets à ordre, traites et généralement toutes les valeurs commerciales ou autres, payables sans frais, et dont le montant n'excède pas 1000 francs par envoi. Les Administrations peuvent limiter ce service entre un certain nombre de pays contractants et se mettre d'accord pour adopter un maximum plus élevé et pour faire protester les effets de commerce.

La taxe d'un envoi de recouvrement est celle d'une lettre recommandée du même poids et l'Administration chargée de l'encaissement est autorisée à prélever, sur le montant de chaque valeur encaissée, une rétribution de 10 centimes. Cette taxe et cette rétribution ne donnent lieu à aucun décompte. — Les Administrations intéressées ont la faculté de conserver provisoirement le droit d'encaissement en vigueur dans les relations où ce droit est supérieur à 10 centimes.

Les valeurs non recouvrées sont renvoyées au bureau de dépôt, en franchise de port et sans être grevées d'aucun frais, et les sommes recouvrées sont converties en mandat de poste, au profit du déposant, après déduction du droit d'encaissement, de la taxe ordinaire du mandat, et, le cas échéant, des droits fiscaux applicables aux valeurs.

La perte d'une lettre recommandée contenant des effets à recouvrer donne lieu au paiement d'une indemnité de 50 francs et la perte de sommes encaissées, au remboursement intégral de ces sommes.

L'Arrangement ne porte pas atteinte à la législation intérieure des pays contractants, dans tout ce qui n'est pas prévu par cet Acte, et il ne restreint pas le droit des parties de maintenir et de conclure des arrangements spéciaux, ainsi que de maintenir et d'établir des unions plus restreintes, en vue d'améliorer le service des recouvrements internationaux.

Ce nouvel Arrangement fut signé par les délégués de l'Allemagne, de l'Autriche, de la Belgique, de l'Egypte, de la France, de la Hongrie, de l'Italie, de la République de Libéria, du Luxembourg, du Portugal, des colonies portugaises, de la Roumanie et de la Suisse.

L'Administration italienne avait également soumis au Congrès de Lisbonne un projet d'Arrangement concernant *l'introduction de livrets d'identité dans le trafic postal international*. Ce projet, qui avait pour but d'étendre aux relations internationales une mesure qui existait en Italie depuis 1873, fut favorablement accueilli et les délégués de la République Argentine, de la Bulgarie, de l'Egypte, de l'Italie, du Luxembourg, du Paraguay, du Portugal, de la Roumanie, de la Suisse et de l'Uruguay, signèrent un Arrangement aux termes duquel les Administrations postales des pays contractants peuvent délivrer, au prix d'un franc et d'après un modèle déterminé, des livrets destinés à établir l'identité des personnes ayant affaire à la poste. Les envois ordinaires doivent être remis aux titulaires des livrets sur la seule présentation de ceux-ci. Pour les envois à distribuer contre reçu et pour le paiement des mandats de poste, il est délivré une quittance extraite du livret et signée par le porteur.

Le Congrès de Lisbonne eut encore à examiner:

a) un projet d'Instruction concernant la statistique postale dans le ressort de l'Union;

b) un projet d'Arrangement relatif à la publication des annonces d'un pays dans un autre, par l'intermédiaire de la poste;

c) un projet d'Arrangement concernant l'organisation d'un service international de mandats au porteur;

d) un projet d'Arrangement relatif au service international des caisses d'épargne postales;

e) trois projets d'Arrangement relatifs à l'intervention de la poste dans les abonnements aux journaux et publications périodiques.

Le premier de ces projets émanait de l'Allemagne; le second et le troisième, du Portugal; le quatrième, de la France; et les trois derniers, respectivement de l'Allemagne, de l'Autriche et de la Hongrie, et du Portugal.

Seul, le projet relatif à la statistique postale reçut une solution immédiate. Toutefois, on ne jugea pas nécessaire de faire de la chose l'objet d'un acte spécial; on se contenta de modifier et de compléter les dispositions qui existaient déjà à ce sujet dans le Règlement d'exécution de la Convention principale.

Les autres projets ne rencontrèrent pas un nombre suffisant de partisans; ils furent renvoyés au Bureau international avec mission pour celui-ci de les soumettre à une étude complémentaire et de provoquer, le cas échéant, la réunion d'une Conférence.

Dans la suite, les projets d'Arrangements relatifs aux annonces, aux mandats au porteur et aux caisses d'épargne furent provisoirement retirés par leurs auteurs, et le Bureau international n'eut à s'occuper que des trois projets d'Arrangement concernant les abonnements.

PALAIS DE LA COUR SUPREME DE JUSTICE, siège du Congrès de Lisbonne 1885.

IX

Conférence de Bruxelles. 1890.

Les négociations, qui eurent lieu au sujet des projets d'Arrangement relatifs aux abonnements, aboutirent à la réunion d'une Conférence qui s'ouvrit à Bruxelles le 26 juin 1890. Les Administrations de l'Allemagne, de l'Autriche et du Portugal, c'est-à-dire les trois Administrations qui avaient élaboré les projets d'Arrangement pour le Congrès de Lisbonne, s'y firent représenter, ainsi que l'Administration belge, dont le Directeur général, M. Gife, avait, de son côté, rédigé un projet d'Arrangement. Ce fut ce dernier projet qui servit de base aux délibérations de la Conférence. Celle-ci dura jusqu'au 1er juillet; les délégués arrêtèrent les termes d'un projet d'Arrangement définitif que les quatre Administrations précitées présentèrent en commun au Congrès de Vienne.

———

X

Congrès de Vienne. 1891.

Le Congrès de Vienne eut lieu du 20 mai au 4 juillet 1891[1].

Il rendit, entre autres, obligatoire pour tous les pays de l'Union, l'émission de cartes postales avec réponse payée et autorisa l'expédition des cartes postales non affranchies aux mêmes conditions que les lettres non affranchies; il éleva les dimensions des échantillons à 30 cm. de longueur, 20 cm. de largeur et 10 cm. d'épaisseur; il fixa à 30 cm. de longueur sur 15 cm. de diamètre les dimensions des échantillons disposés en forme de rouleau et à 75 cm. de longueur sur 10 cm. de diamètre celles des imprimés et des papiers d'affaires disposés de la même façon; il étendit la catégorie des échantillons et autorisa toute une série d'inscriptions manuscrites sur les imprimés; il autorisa l'acceptation des correspondances recommandées grevées de remboursement jusqu'au montant de 500 francs et décida que les montants seraient envoyés aux destinataires par mandat de poste, après déduction de la taxe des mandats ordinaires et d'un droit d'encaissement de 10 centimes; il réglementa le mode d'affranchissement des correspondances déposées à bord des navires, l'échange des correspondances avec les bâtiments de guerre en station à l'étranger, ainsi que la façon de traiter les envois de la poste aux lettres non ou insuffisamment affranchis qui font retour au pays d'origine par suite de réexpédition ou de mise en rebut. Il fixa les frais du transport maritime en dehors de l'Union à 20 francs par kilog. de lettres et de cartes postales et à 1 franc par kilog. d'autres objets. Les frais de transport territorial doivent être payés d'après les indications du pays de l'Union servant d'intermédiaire. En cas de transport maritime effectué par deux ou plusieurs Administrations, les frais du parcours maritime total, dans le ressort de l'Union et en dehors de l'Union, ne peuvent pas dépasser les sommes de 20 francs et de 1 franc susmentionnées; en outre, les taxes à percevoir dans un pays de l'Union sur les correspondances à destination ou provenant d'un pays étranger à l'Union ne peuvent jamais être inférieures aux taxes normales de l'Union. Le Congrès a décidé aussi que les envois recommandés non ou insuffisamment affranchis seraient à l'avenir transmis sans taxe à leur destinataire, mais que le bureau qui reçoit un envoi dans ces conditions est tenu de signaler le cas à son Administration, afin que celle-ci en informe l'Office du pays d'origine; il a introduit également dans la Convention une disposition d'après laquelle les Administrations de l'Union s'engagent à prendre ou à proposer à leurs législatures respectives les mesures nécessaires pour empêcher la contrefaçon des timbres-poste et l'emploi abusif de timbres-poste contrefaits ou imités. Comme nous l'avons mentionné plus haut, l'Office de France avait déjà présenté une proposition dans ce sens au Congrès de Paris.

---

[1] Le Congrès de Vienne a été ouvert par M. le Marquis de Bacquehem, Ministre du commerce d'Autriche.

Le Congrès de Vienne a chargé le Bureau international de publier et de tenir au courant un dictionnaire alphabétique de tous les bureaux de poste du monde et d'opérer à l'avenir, pour toutes les Administrations qui voudraient emprunter son intermédiaire, la balance et la liquidation des décomptes de toute nature relatifs au service international des postes.

Cette dernière décision a été prise sur la proposition de l'Allemagne. C'est la réalisation d'un principe qui se trouvait déjà implicitement contenu dans le traité de Berne du 9 octobre 1874. D'après l'article 15 de ce traité, le Bureau international avait, en effet, pour mission éventuelle de faciliter les opérations de comptabilité entre les Administrations contractantes. Dès l'année 1876, ce Bureau avait soumis aux Offices intéressés un projet «concernant la création d'un Office central de comptabilité destiné à opérer la balance et la liquidation des décomptes entre toutes les Administrations de l'Union». Le projet de l'Allemagne reposait sur les mêmes principes que le projet du Bureau international, qui n'avait pas reçu de suite; il était toutefois plus simple et ne chargeait pas, comme son devancier, le Bureau international d'encaisser et de payer les sommes résultant de la clôture des comptes. En ce qui concerne la liquidation, le rôle de celui-ci se borne à indiquer les Administrations en faveur desquelles le paiement doit être effectué par l'Administration débitrice, en s'arrangeant autant que possible pour que cette Administration n'ait qu'un ou deux paiements distincts à opérer. Comme M. Fritsch, délégué de l'Allemagne, le faisait remarquer au Congrès, en votant cette mesure, on introduisait dans l'Union postale un système de comptabilité adopté depuis longtemps par la banque et le commerce en Allemagne, en Autriche, aux Etats-Unis d'Amérique, en France, dans la Grande-Bretagne, etc. Outre la simplification qu'il a apportée dans la comptabilité internationale des Administrations, le nouveau service présente l'avantage de réduire considérablement les frais résultant de l'achat et de la vente de traites. Déjà en 1892, c'est-à-dire l'année même de la mise à exécution de la Convention de Vienne, les Offices d'Allemagne, d'Autriche, de Belgique, d'Egypte, de la Grande-Bretagne, de Hongrie, de Norvège, des Pays-Bas, de Roumanie, de Suède et de Suisse ont eu recours au Bureau international pour opérer la balance et la liquidation de leurs décomptes. Comme les services des postes et des télégraphes ne forment qu'une seule Administration dans beaucoup de pays, le Congrès de Vienne a décidé que les décomptes télégraphiques peuvent être indiqués au Bureau international pour entrer dans la compensation des soldes.

Parmi les autres questions importantes soumises au Congrès de Vienne, il y a lieu de mentionner une proposition de l'Autriche et de la Hongrie relative à la conclusion d'un traité principal rédigé sur le modèle de la Convention télégraphique de Saint-Pétersbourg de 1875, ainsi que des propositions des Etats-Unis d'Amérique et du Grand-Duché de Luxembourg concernant la création d'un timbre-poste international ou universel.

La première avait pour but de faire tenir dans un seul acte, qui serait resté autant que possible immuable, les dispositions fondamentales des Conventions et des Arrangements de l'Union postale, de manière à donner plus d'uniformité et de stabilité aux principes sur lesquels repose cette grande institution. Les questions de détail auraient été réunies dans un règlement d'exécution qui, lui, aurait pu être facilement modifié selon les besoins du service.

Cette proposition fut provisoirement écartée, principalement parce que plusieurs délégués la trouvèrent incompatible avec la législation de leurs pays.

Les propositions des Etats-Unis d'Amérique et du Grand-Duché de Luxembourg subirent le même sort[1]. M. de Stephan, dont les paroles furent ratifiées par la majorité des délégués, rappela à ce propos que la question de la création d'un timbre-poste international avait déjà été soulevée aux Congrès de Berne et de Lisbonne et qu'elle était encore, à son avis, prématurée. «La proposition, dit-il, tend à réaliser le dernier idéal. Il se peut qu'un jour l'idée s'accomplisse, car il ne faut jamais désespérer; mais pour en arriver là, il faudrait commencer par l'introduction d'un système monétaire uniforme. Il faudrait, en outre, ce dont on est loin, posséder l'uniformité dans la législation sur la falsification des timbres-poste, dans la législation pénale, dans la jurisprudence, etc. Je crois encore éloigné le jour où l'on pourra songer à la réalisation du projet. Si l'on parvenait à créer le timbre-poste universel, on aurait créé une monnaie internationale, sorte de *bank note* ayant la même valeur partout. L'état actuel des choses serait empiré, car on se trouverait en présence de deux sortes de timbres-poste, et des particuliers pourraient en profiter pour des spéculations. Il est toutefois bon que la question ait surgi et qu'elle ne s'endorme pas et on ne peut qu'être reconnaissant à ceux qui en ont pris l'initiative.»

A la suite du Congrès de Vienne, les colonies britanniques de l'Australasie se décidèrent à entrer dans l'Union. Dès le 1er octobre 1891, celle-ci comptait dans son sein l'Australie méridionale, l'Australie occidentale, les îles Fidji, la Nouvelle-Galles du Sud, la Nouvelle-Guinée britannique, la Nouvelle-Zélande, Queensland, la Tasmanie et Victoria. Le protectorat

---

[1] Les Etats-Unis d'Amérique proposaient l'émission de timbres-poste internationaux de 5, 10, 25 et 50 centimes par les soins du Bureau international, qui les aurait fournis au prix de revient aux Administrations de l'Union. Tous les pays n'auraient pas été obligés de s'en servir, mais ils se seraient engagés à reconnaître comme valablement affranchies les correspondances qui leur seraient parvenues munies de timbres internationaux.

Le Luxembourg proposait de créer des timbres-poste internationaux (ou universels) de 5 et de 25 centimes qui auraient servi dans toute l'Union pour l'affranchissement des correspondances internationales, concurremment avec les timbres émis par chaque pays. Les timbres internationaux n'auraient pas pu servir à l'affranchissement des correspondances du service interne, ni être échangés dans les bureaux de poste contre des espèces ou d'autres timbres. Ils auraient été fabriqués par les soins du Bureau international et vendus au profit de tous les pays de l'Union, entre lesquels le produit de la vente aurait été réparti proportionnellement à l'intervention de chaque pays dans le paiement des frais du Bureau international, ou selon des données statistiques à convenir.

La proposition du Luxembourg a été représentée au Congrès de Washington, où elle a été de nouveau écartée. Entre temps, elle avait fait l'objet d'une enquête, qui avait fourni aux Administrations l'occasion de donner leur avis motivé sur la question.

Tout en paraissant favorable au principe de la création d'un timbre-poste universel, la grande majorité des Administrations prévoit que l'emploi d'un tel timbre donnerait lieu à des inconvénients et à des abus qui seraient loin d'être compensés par les avantages offerts au public, auquel on a déjà donné la carte postale avec réponse payée. Par suite de la différence des monnaies, les taxes ne correspondent pas partout exactement aux taux indiqués dans la Convention; tantôt elles sont un peu supérieures à ces taux et tantôt elles leur sont un peu inférieures. On pourrait acheter des timbres universels dans les pays où ils se vendraient à des prix relativement bas pour les revendre dans les pays où ils coûteraient plus cher. Ces derniers pays seraient ainsi frustrés d'une partie de leurs recettes. Un timbre universel constituerait aussi une sorte de papier-monnaie international. Les dangers de contrefaçon augmenteraient, en même temps qu'il deviendrait plus difficile d'atteindre les coupables, même si la contrefaçon des timbres-poste était réprimée par la législation de tous les pays de l'Union. Les faussaires pourraient en effet écouler leurs timbres partout, tandis qu'actuellement ils ne peuvent s'en débarrasser que dans le pays même dont ils ont contrefait les valeurs. Le champ des investigations policières se trouve donc forcément limité.

Dans le cas où les timbres universels seraient fabriqués et débités par le Bureau international, la répartition de la recette se ferait difficilement. Pour pouvoir prendre comme base de cette répartition le nombre d'unités attribué à chaque Administration dans le paiement des frais du Bureau international, il faudrait, en bonne justice, qu'il existât une corrélation entre la part pour laquelle chaque Administration intervient dans ces frais et la recette qu'elle réalise du chef de la vente des timbres destinés à l'affranchissement des correspondances internationales, ce qui n'existe probablement pas. D'un autre côté, l'établissement de statistiques périodiques pour servir de base aux répartitions, constituerait une complication de nature à nuire à l'expédition rapide des correspondances; ce système irait ainsi à l'encontre d'un des grands buts poursuivis depuis la fondation de l'Union: la simplification des opérations d'échange et de comptabilité.

Différentes propositions préconisant l'emploi de timbres-réponse, de cartes-lettres-réponse et d'enveloppes avec réponse payée n'ont pas non plus été trouvées suffisamment pratiques par la majorité des Administrations.

allemand de Cameroun était entré en 1887 et la Tunisie[1], ainsi que les protectorats allemands de la Nouvelle-Guinée, du territoire de Togo, du territoire de l'Afrique du Sud-Ouest et des îles Marshall, en 1888. Le protectorat allemand de l'Afrique orientale et la colonie britannique de Bornéo du Nord entrèrent également en 1891. La colonie britannique de Natal et du Zoulouland entra le 1er juillet 1892, c'est-à-dire à la date de la mise à exécution des Actes de Vienne, de même que la Bosnie-Herzégovine qui, avant d'être un pays distinct, faisait déjà partie de l'Union, comme cela avait été le cas pour la Bulgarie, par suite de l'adhésion de la Turquie. L'Union avait en ce moment une étendue d'environ 95,500,000 kilomètres carrés avec une population d'environ 989,000,000 d'habitants.

Le Congrès de Vienne a décidé que les droits d'assurance applicables aux lettres avec valeur déclarée, seront dorénavant perçus et bonifiés par 300 francs et non plus par 200 francs.

Sur la proposition de la France et de l'Italie, il a autorisé aussi l'expédition, entre les pays désireux de se charger de ce service, des boîtes contenant des bijoux et autres objets précieux déclarés, avec assurance du montant de la déclaration. Le poids maximum de ces objets a été fixé à 1 kilog.; leurs dimensions, à 30 cm. de longueur, 10 cm. de largeur et 10 cm. de hauteur; et l'épaisseur des parois des boîtes, à 8 millimètres. Les boîtes avec valeur déclarée, qui ne peuvent pas contenir des correspondances, des monnaies ayant cours, des billets de banque ou valeurs au porteur, ni des titres et des objets rentrant dans la catégorie des papiers d'affaires, sont soumises à une taxe de 50 centimes par pays participant au transport territorial et, le cas échéant, de 1 franc par pays participant au transport maritime; les droits d'assurance sont les mêmes que pour les lettres avec valeur déclarée.

Les dispositions de la Convention principale concernant les remboursements, le retrait des correspondances, la modification des adresses et la distribution par exprès ont été étendues aux envois avec valeur déclarée, avec cette réserve que le droit de modification d'adresse ne peut pas s'appliquer aux envois assurés pour une somme supérieure à 500 francs.

Les Administrations désireuses de se charger de la responsabilité en cas de force majeure y ont été autorisées, avec faculté de percevoir de ce chef une surtaxe pouvant s'élever à $\frac{1}{2}\%$ de la valeur déclarée.

Plusieurs améliorations ont aussi été apportées au service des *mandats de poste.* On a supprimé, notamment, la faculté de percevoir une taxe minima de 50 centimes pour tout titre n'excédant pas 50 francs; on a étendu au service des mandats les dispositions de la Convention principale relatives au retrait, au changement d'adresse et à la distribution par exprès; et, on a autorisé, sans supplément de taxe, la réexpédition des mandats ordinaires d'un pays participant à l'Arrangement sur un autre de ces pays.

De même que pour les valeurs déclarées et les mandats, on a appliqué au service des *colis postaux* les dispositions de la Convention principale concernant le retrait, la modification des adresses et la distribution par exprès. En ce qui concerne la distribution par exprès, la taxe spéciale à percevoir de l'expéditeur a toutefois été fixée à 50 centimes; les Administrations se sont aussi réservé le droit de limiter la modification des adresses aux colis dont la valeur déclarée ne dépasse pas 500 francs.

---

[1] Avant l'adhésion de la Tunisie, il y avait à Tunis un bureau français qui était considéré comme appartenant à l'Union.

Les expéditeurs de colis postaux ont obtenu, en outre, la faculté d'insérer une facture ouverte dans leurs envois; de demander, par un avis, le retour immédiat d'un colis tombé en rebut ou sa remise à un autre destinataire, ou de déclarer qu'ils en font abandon; de prendre à leur charge, dans les relations entre les Offices qui l'autorisent, les droits de douane à acquitter par les destinataires, moyennant déclaration préalable au bureau de départ; et d'inscrire sur le coupon du bulletin d'expédition des communications relatives à l'envoi quand la législation du pays d'origine ou de destination ne s'y oppose pas.

Le service des *recouvrements* a été étendu aux coupons d'intérêts et de dividendes et aux titres amortis.

On a abaissé à 50 centimes le prix des *livrets d'identité;* toutefois, les Administrations ont conservé la faculté d'élever ce prix jusqu'au maximum de 1 franc.

Le Congrès de Vienne a adopté, presque sans changement, le projet d'*Arrangement* élaboré à la Conférence de Bruxelles *relatif à l'intervention de la poste dans les abonnements aux journaux et publications périodiques.*

Aux termes de cet Arrangement, les bureaux de poste de chaque pays reçoivent les souscriptions du public aux journaux et ouvrages périodiques publiés dans les divers pays contractants et même, dans certains cas, dans d'autres pays.

Le service international des abonnements s'effectue par l'entremise de bureaux d'échange désignés à cette fin.

Chaque Administration fixe les prix auxquels elle livre aux autres Administrations les publications qu'elle est à même de fournir. Ces prix ne peuvent, dans aucun cas, être supérieurs à ceux qui sont imposés aux abonnés à l'intérieur, sauf addition, pour ce qui concerne les relations entre pays non limitrophes, des droits de transit dus aux Offices intermédiaires. Les droits de transit sont établis d'avance à forfait, en prenant pour base le degré de périodicité combiné avec le poids moyen des journaux.

L'Administration des postes du pays destinataire fixe le prix à payer par l'abonné en ajoutant, au prix de revient, telle taxe, droit de commission ou de factage qu'elle juge utile d'adopter, mais sans que ces redevances puissent dépasser celles qui sont perçues pour ses abonnements à l'intérieur. Elle y ajoute, le cas échéant, le droit de timbre fixé par la législation de son pays.

Les journaux sont, en règle générale, expédiés en paquets munis de l'indication «Abonnements-poste» ou d'une mention équivalente et adressés, soit directement aux bureaux de destination, soit en bloc à des bureaux intermédiaires, suivant le désir des Administrations.

Par cet Arrangement, les éditeurs se sont vus dispensés de mettre leurs journaux sous bande, de tenir une comptabilité pour chacun de leurs abonnés et de correspondre avec ceux-ci; leurs journaux peuvent, en outre, être admis à l'expédition jusqu'au dernier moment. De son côté, la poste se trouve débarrassée du comptage, du timbrage et du triage des journaux; son travail est par conséquent fortement simplifié.

Le nouvel Arrangement a été signé par les délégués de l'Allemagne, de l'Autriche, de la Belgique, du Brésil, de la Bulgarie, de la République de Colombie, du Danemark, de l'Egypte, de la Hongrie, de la République de Libéria, du Grand-Duché de Luxembourg, de la Norvège, de la Perse, du Portugal et des colonies portugaises, de la Roumanie, de la Suède, de la Suisse, de la Turquie et de l'Uruguay.

Les années qui se sont écoulées entre la mise à exécution des Actes du Congrès de Vienne et la réunion du Congrès de Washington ont été marquées par l'entrée dans l'Union de la République Sud-Africaine (1893) et des colonies britanniques du Cap de Bonne-Espérance, de l'Afrique orientale et de Zanzibar (1895), de l'Ascension et de Sainte-Hélène (1896). La colonie britannique de Sarawak est entrée dans l'Union en 1897, c'est-à-dire l'année même du Congrès de Washington.

BÂTIMENT DE L'ASSOCIATION I. R. d'HORTICULTURE, siège du Congrès de Vienne 1891.

XI

Congrès de Washington. 1897.

Le Congrès de Washington, qui a siégé du 5 mai au 15 juin 1897[1], est le premier qui n'a pas eu à s'occuper de l'organisation d'un nouveau service international. Cela ne l'a toutefois pas empêché de présenter autant d'intérêt que ses devanciers; il a été, en effet, saisi de plusieurs questions d'une importance primordiale.

Deux projets concernant le transit des correspondances émanant, l'un, de l'Allemagne, et l'autre, de l'Autriche et de la Hongrie ont remis en discussion un sujet qui n'avait plus été traité sérieusement depuis le Congrès de Berne, à savoir la gratuité du transit.

Dans son projet de Convention, présenté au Congrès de Berne, l'Allemagne avait prévu la gratuité de ce service, en réservant toutefois aux Administrations intéressées le droit de se faire restituer les frais extraordinaires que le transport des dépêches d'un autre Office aurait pu leur occasionner. Cette proposition était une conséquence de la suppression du partage des taxes d'affranchissement et tendait à généraliser le principe de la réciprocité des services rendus en matière de transport des correspondances. Les pays de transit auraient ainsi été traités comme les pays de destination, c'est-à-dire qu'ils n'auraient rien eu à réclamer aux pays expéditeurs. C'eût été la simplification complète des opérations d'échange et la fusion des pays de l'Union en un seul territoire postal véritablement homogène. La proposition de l'Allemagne trouva des partisans, mais elle rencontra aussi des adversaires irréductibles. Ceux-ci firent valoir que certains pays, par suite de leur position géographique, se trouvent dans le cas de rendre beaucoup plus de services que d'autres en matière de transit et qu'ils ont, par conséquent, à supporter de ce chef de fortes dépenses que les autres pays ne connaissent pas. Ils en concluaient qu'il est non seulement juste de les indemniser, mais qu'il est même de l'intérêt de l'Union de le faire, parce que celle-ci a tout avantage à ce qu'on perfectionne et à ce qu'on accélère le plus possible les services de transit. La discussion se termina par un compromis. Les droits de transit furent maintenus, mais on les fixa à un taux très bas; en outre, il fut décidé que leur calcul se ferait sur la base d'une statistique à tenir périodiquement, de manière à réduire le plus possible le travail des bureaux d'échange. Ces dispositions furent complétées, principalement au point de vue du transit maritime, par la Conférence de Berne de 1876 et par le Congrès de Paris de 1878. A partir de cette dernière réunion, elles ne subirent plus que des modifications de détail. Les adversaires des droits de transit n'avaient toutefois pas abandonné leur cause. Au Congrès de Paris même la question avait été de nouveau soulevée, et aux Congrès de Lisbonne et de Vienne, certains pays réclamèrent, les uns, la gratuité du transit territorial, et les autres — les pays de l'Amérique du Sud — la gratuité complète de toute espèce de transit. A Lisbonne et à Vienne,

---

[1] Le Congrès de Washington a été ouvert par M. Gary, Postmaster General des Etats-Unis d'Amérique.

la question ne fit pas l'objet d'une discussion approfondie parce que les colonies britanniques de l'Australasie et du Cap, qui avaient manifesté leur intention d'entrer dans l'Union, subordonnaient leur adhésion, entre autres, au maintien provisoire des droits de transit maritime existants.

Comme ces colonies avaient adhéré depuis quelques années au moment du Congrès de Washington et que le maintien intégral des droits de transit ne semblait plus constituer une condition *sine qua non* pour l'extension de l'Union, l'Allemagne, l'Autriche et la Hongrie avaient jugé le moment opportun pour tenter une réforme en matière de transit.

Le projet de l'Allemagne avait pour but:

a) de supprimer le procédé consistant à payer les droits de transit territorial sur la base de données statistiques et d'après des taux uniformes;

b) de faire décider que le transit territorial ne donnerait plus lieu au paiement d'une indemnité qu'en faveur des pays dont les décomptes, basés sur les deux dernières statistiques, accusaient un excédent de recettes s'élevant, en moyenne, à plus de 50,000 francs par an;

c) de faire allouer à ces pays une indemnité annuelle fixée à forfait égale à l'excédent diminué de 25%, mais au minimum diminué de 50,000 francs. (Le montant de cette indemnité aurait été établi par le Bureau international pour toute la durée des actes du Congrès de Washington);

d) de faire supporter le paiement de l'indemnité exclusivement par les pays qui, d'après les deux dernières statistiques, sont redevables d'une somme annuelle d'au moins 10,000 francs du chef du transit territorial;

e) d'abaisser de 15 francs à 10 francs le droit de transit maritime pour les lettres et les cartes postales;

f) d'opérer le paiement de tous les droits de transit maritime sur la base de données moyennes simplifiées qui ne seraient plus établies que par les bureaux de poste d'échange expédiant et recevant des dépêches closes par voie maritime.

Le projet de l'Autriche et de la Hongrie tendait à la gratuité complète du transit *à découvert* et à la réduction des droits de transit *clos* aux taux suivants, par kilogramme, poids net, de correspondances de toute catégorie:

a) 30 centimes pour les parcours territoriaux et pour les parcours maritimes n'excédant pas 400 milles marins, si l'Administration intéressée n'a pas déjà droit à la rémunération afférente au transit territorial (dans ce dernier cas, le transit maritime aurait été gratuit);

b) 80 centimes pour les parcours maritimes supérieurs à 400 milles marins, mais n'excédant pas 4000 milles marins.

c) 1 franc 70 centimes pour les parcours maritimes supérieurs à 4000 milles marins.

Comme on le voit, il s'agissait dans les deux projets d'alléger fortement les charges des Administrations qui supportent les frais de transit et de simplifier, d'une façon notable, les opérations auxquelles le transit donne lieu. Le projet de l'Allemagne s'annonçait, en outre, comme étant un acheminement vers la gratuité complète du transit territorial.

La discussion de cette importante question prit plusieurs séances. La gratuité des deux transits territorial et maritime fut à nouveau réclamée par les délégués de l'Amérique du Sud. Plusieurs autres délégués, notamment ceux de la Belgique, de la France et de l'Italie, invoquant les dépenses que le transport des correspondances impose à leurs pays, repoussèrent avec énergie le principe de cette gratuité, tout en se déclarant prêts à faire toutes les concessions compatibles avec les intérêts légitimes de leurs Gouvernements. Cette déclaration ouvrait la voie à une entente. Les délégués des Etats qui avaient fait des propositions annoncèrent, de leur côté, qu'ils étaient disposés à discuter tout autre projet qui paraîtrait plus facilement acceptable que les leurs, et l'accord se fit sur de nouvelles dispositions qui conciliaient, dans la limite du possible, tous les intérêts en présence.

Aux termes de ces dispositions, la statistique générale du transit est supprimée; toutefois, les Administrations intéressées ont la faculté de procéder à des statistiques spéciales lorsque les conditions du transit se trouvent considérablement modifiées par suite de l'entrée de nouveaux pays dans l'Union ou lorsqu'il se produit, dans le mouvement des correspondances, une modification importante affectant une période d'au moins six mois. Abstraction faite de ces deux derniers cas, les paiements afférents au transit, tant territorial que maritime, se font d'après les données de la statistique du mois de mai 1896. Les frais afférents au transit territorial, et, le cas échéant, aux parcours maritimes ne dépassant pas 300 milles marins sont réduits de 2 francs par kilog. de lettres et de cartes postales et de 25 centimes par kilog. d'autres objets, respectivement à 1 franc 90 centimes et à $23\frac{3}{4}$ centimes pour les années 1899 et 1900, à 1 franc 80 centimes et à $22\frac{1}{2}$ centimes pour les années 1901 et 1902 et à 1 franc 70 centimes et à $21\frac{1}{4}$ centimes à partir de 1903. Les frais de transit maritime de 15 francs par kilog. de lettres et de cartes postales sont réduits à 14 francs pour les années 1899 et 1900, à 12 francs pour les années 1901 et 1902 et à 10 francs à partir de 1903. Les pays dont les recettes et les dépenses en matière de transit ne dépassent pas ensemble la somme de 5000 francs par an, d'après la statistique de mai 1896, et dont les dépenses excèdent les recettes pour ce transit, sont exonérés de tout paiement de ce chef. Le montant de l'exonération est défalqué de la recette brute totale revenant à tous les autres pays, à titre de droits de transit territorial. En ce qui concerne le transit territorial, le Bureau international est chargé de désigner, d'après les indications des Administrations, les pays à éliminer et de fixer les sommes que les autres pays ont à recevoir ou à payer à partir de 1899. Les décomptes relatifs au transit maritime continuent à être établis directement par les Offices intéressés.

Le Congrès de Washington a décidé, en outre, que les timbres-poste émis dans un but spécial et particulier au pays d'émission, tels que les timbres dits commémoratifs, d'une validité transitoire, ne seront plus valables dans le service international; que les timbres-poste de 25 centimes spécialement destinés à être employés dans le service international doivent, autant que possible, être imprimés en bleu foncé, les timbres de 10 centimes en rouge et les timbres de 5 centimes en vert; que l'Administration du pays d'origine peut percevoir un droit de 25 centimes au maximum du chef des demandes de renseignements concernant les objets recommandés lorsque le déposant n'a pas déjà acquitté la taxe nécessaire pour obtenir un avis de réception; et que les pays de l'Union peuvent se charger des risques dérivant du cas de force majeure en matière d'objets recommandés et ont la faculté de percevoir de ce chef sur l'expéditeur une surtaxe de 25 centimes au maximum. Le Congrès a fixé le montant de la taxe des cartes postales non affranchies au double de la taxe des cartes affranchies; il a élevé le maximum du poids des échantillons à 350 grammes et le maximum du montant des remboursements à 1000 francs, en laissant toutefois aux Administrations la faculté de maintenir l'ancien maximum de 500 francs. Le nombre des objets qui peuvent être expédiés comme imprimés, échantillons ou papiers d'affaires a de nouveau été augmenté.

Parmi les propositions soumises au Congrès de Washington, qui n'ont pas réuni la majorité des voix, il y a lieu de citer celles qui tendaient à élever de 15 à 20 grammes le poids de la lettre simple, à fixer à 10 centimes le minimum de la taxe des papiers d'affaires, à ne plus frapper les lettres insuffisamment affranchies que d'une taxe égale au simple montant de l'insuffisance et à réduire de 30 à 25 centimes la taxe spéciale d'exprès.

La question de l'élaboration d'un traité principal d'Union postale, qui avait été soulevée au Congrès de Vienne, a été reprise au Congrès de Washington par la Norvège et les Pays-Bas; elle a été repoussée pour les mêmes raisons qui l'avaient fait écarter à Vienne. Il en a été de même de la proposition que le Luxembourg présentait pour la seconde fois en vue de la création de timbres universels de 5 et de 25 centimes.

Indépendamment de son intervention dans les décomptes des frais de transit territorial, le Bureau international a été chargé par le Congrès de Washington de la publication de recueils officiels de renseignements d'intérêt général concernant l'exécution des traités postaux internationaux[1].

La Corée et la Chine étaient représentées au Congrès de Washington. Les délégués de la Corée ont signé la Convention principale, que ce pays a exécutée à partir du 1er janvier 1900. La Chine, qui avait demandé que le protocole de la Convention lui restât ouvert, n'a adhéré qu'en 1914.

L'Etat libre d'Orange n'était pas représenté à Washington, mais il a annoncé à ce Congrès sa prochaine adhésion; celle-ci a eu lieu le 1er janvier 1898. Le protectorat allemand de Kiautschou est également entré en 1899 et le protectorat allemand de Samoa en 1900.

Le Congrès de Washington a apporté peu de changements aux actes spéciaux.

Comme pour les envois recommandés, le maximum du montant des remboursements a été porté à 1000 francs pour *les lettres et les boîtes avec valeur déclarée;* le droit de modification d'adresse a été limité aux envois dont la déclaration de valeur ne dépasse pas 10,000 francs (avant, ce maximum était de 500 francs); les expéditeurs ont reçu l'autorisation, dans les relations entre Offices qui se sont mis d'accord à cet égard, de prendre à leur charge les droits non postaux dont les boîtes avec valeur déclarée peuvent être passibles. Pour faciliter l'adhésion de la Grande-Bretagne et des colonies britanniques à l'Arrangement concernant les valeurs déclarées, il a été convenu que les pays qui ont adopté dans leur service interne un maximum de déclaration de valeur inférieur à 10,000 francs ont la faculté de fixer ce même maximum pour leurs échanges internationaux.

Le maximum du montant des *mandats de poste* a été élevé à 1000 francs, avec faculté pour les Administrations de maintenir l'ancien maximum de 500 francs, et la taxe a été réduite.

---

[1] Pour satisfaire à des demandes qui lui avaient été adressées par des Administrations de l'Union, le Bureau international a aussi publié en 1882 un recueil de renseignements sur le régime postal en vigueur dans les pays de l'Union. Ce recueil est périodiquement réimprimé après avoir été mis à jour.

On ne paye plus 25 centimes par 25 francs que pour les sommes qui ne dépassent pas 100 francs; à partir de 100 francs, on paye 25 centimes par 50 francs.

Le maximum du poids des *colis postaux* a été fixé d'une manière générale à 5 kilog. Le protocole laisse toutefois encore à la Bulgarie, à l'Espagne, à la Grèce, à la Turquie et au Venezuela la faculté de n'admettre les colis que jusqu'au poids de 3 kilog.

Il laisse en outre à l'Inde britannique la faculté:

a) de porter à 1 franc le droit du transit territorial;

b) d'appliquer aux colis provenant ou à destination de ses bureaux une surtaxe fixée au maximum à 1 franc 25 centimes par colis;

c) d'appliquer aux colis originaires de ses bureaux un tarif gradué correspondant à différentes catégories de poids, à la condition que la moyenne des taxes revenant à l'Inde britannique ne dépasse pas 1 franc 75 centimes.

En matière de *recouvrements*, le Congrès de Washington a généralisé l'admission à l'encaissement des coupons d'intérêts et de dividendes et des titres amortis, et il a autorisé les Administrations intéressées à faire exercer des poursuites juridiques au sujet des créances.

Les actes concernant *les livrets d'identité et les abonnements aux journaux et ouvrages périodiques* n'ont subi aucun changement notable.

Médaille frappée à l'occasion du Congrès de Washington de 1897.

PALAIS CORCORAN DES BEAUX-ARTS, siège du Congrès de Washington 1897.

XII

25ᵉ Anniversaire de l'Union.

Le 24 mars 1899, le Conseil fédéral suisse adressait la note suivante aux Gouvernements des pays de l'Union postale:

«Monsieur le Ministre,

«Le 9 octobre 1899, l'Union postale universelle, fondée à Berne le 9 octobre 1874, accomplira la vingt-cinquième année de son existence.

«Le Conseil fédéral a été pressenti par une des Administrations de l'Union sur la question de savoir s'il ne conviendrait pas de fêter le vingt-cinquième anniversaire de cette grande institution dans la ville même qui fut son berceau et où réside le Bureau international des postes.

«Dans la pensée que la proposition qui nous était si heureusement suggérée rencontrerait l'assentiment des Etats formant l'Union postale universelle, nous nous sommes déclarés prêts à organiser une fête commémorative et à y convier les Etats de l'Union.

«Nous venons donc prier les Hauts Gouvernements de ces Etats de vouloir bien se faire représenter par des délégués à la réunion projetée, qui aura lieu à Berne le 2 juillet 1900. Cette date ne coïncide pas, il est vrai, avec le jour où le traité postal a été signé. Mais la date anniversaire du 9 octobre 1899 ne nous aurait pas laissé le temps nécessaire pour les préparatifs indispensables de cette réunion. Nous tenions aussi à faire le choix d'une saison plus propice.

«Le programme de cette festivité, qui n'est pas encore définitivement arrêté, comprendra, entre autres, une séance solennelle d'ouverture avec discours et dans laquelle on nommera une commission chargée de référer sur la question d'un monument à élever en souvenir de l'œuvre de 1874, une excursion de deux ou trois jours dans les Alpes, une séance de clôture, où seront discutées la question du monument et d'autres propositions éventuelles.

«Nous aimons à espérer que tous les Etats faisant partie de l'Union postale universelle, et notamment le Haut Gouvernement de ... voudront bien accepter cette invitation et nous communiquer, en temps utile, les noms de leurs délégués.

«Veuillez agréer, Monsieur le Ministre, l'assurance de notre haute considération.

Au nom du Conseil fédéral suisse:

Le Président de la Confédération: (Sé·) Müller.

Le Chancelier de la Confédération: (Sé·) Ringier.»

Cette invitation fut accueillie avec empressement par tous les Etats de l'Union et, le 2 juillet 1900, M. le Conseiller fédéral Zemp, chef du Département des postes et des chemins de fer suisses, ouvrait le Congrès du 25ᵉ anniversaire de la fondation de l'Union postale universelle en présence de délégués venus de tous les coins du monde, auxquels s'était joint le corps diplomatique accrédité auprès du Conseil fédéral suisse.

Après avoir salué cette brillante assistance, M. Zemp retraça dans ses grandes lignes l'histoire merveilleuse de l'Union postale, qui en 25 ans avait fait la conquête du monde, et rendit un hommage ému aux artisans de cette grande œuvre que la mort avait enlevés.

M. Ansault, délégué de la France, doyen d'âge de la réunion et l'un des vétérans du Congrès de Berne, répondit au nom des invités et définit très heureusement la raison d'être de l'Union postale, ainsi que tous les espoirs qu'elle permet d'évoquer.

«Les fondateurs de l'Union postale, dit-il, ont résolu ce problème grandiose que, sans porter atteinte à la souveraineté ni à l'indépendance de chaque Etat, les intérêts généraux de tous ont été satisfaits comme si l'univers entier ne formait qu'un seul et même peuple. Nous connaissions déjà, par exemple, les Etats-Unis d'Amérique et certains esprits ont parfois caressé l'espoir que ce modèle pût donner naissance aux Etats-Unis d'Europe. N'y a-t-il pas même de généreux philosophes pour qui les Etats-Unis du Globe ne seraient politiquement ni une chimère, ni une utopie, depuis que, dans l'ordre économique, semblable rêve est devenu une réalité tangible, grâce notamment à l'Union postale dont la force vitale nous rassemble aujourd'hui? En effet, l'Union postale représente les Etats-Unis du monde entier et sa devise est non pas seulement «*e pluribus unum*», mais bien «*ex omnibus unum*»!

Un événement d'une pareille envergure et d'une si haute portée sociale méritait évidemment d'être commémoré par un monument durable. Sur la proposition de l'Allemagne, le Congrès envisagea l'érection d'un monument commémoratif de la fondation de l'Union postale universelle. L'accord ne pouvait manquer d'être unanime. Un crédit de 200.000 francs fut mis à cet effet à la disposition du Conseil fédéral suisse et il fut décidé que le monument serait placé dans la ville de Berne, où l'Union avait vu le jour.

Le Gouvernement suisse réalisa brillamment le programme qu'il avait annoncé et l'accueil que reçurent ses invités fut digne de l'œuvre qui en avait fourni le prétexte. Aussi, à la fin du Congrès — qui dura du 2 au 5 juillet — le doyen d'âge traduisit-il les sentiments de tous ses collègues lorsqu'il prononça les paroles suivantes:

«N'avais-je pas raison de vous prévenir avant-hier que l'hospitalité helvétique était proverbiale? Aussi suis-je assuré de n'être que le faible, mais fidèle écho des sentiments qui nous animent tous, en proclamant ici de nouveau notre gratitude la plus profonde pour les attentions et les prévenances du Conseil fédéral. Nous ne saurions assez le remercier, en particulier, de la délicatesse de sentiment qui l'a amené à nous réserver des fêtes jusqu'au delà de l'accomplissement de notre mission. En nous retenant ainsi, il a voulu nous épargner le désagrément d'un brusque départ et il s'est ingénié à adoucir l'amertume de notre séparation, par une transition pleine de charmes, qui laissera dans nos cœurs la plus suave impression.»

Puis, faisant allusion à l'enthousiasme qui avait présidé à cette grande et belle fête internationale, unique par son caractère et sa signification, M. Ansault ajoutait avec infiniment d'à propos et de justesse:

«Nous pouvons, sans témérité ni ostentation, nous flatter d'avoir contribué à une nouvelle consécration de l'Union postale universelle, c'est-à-dire d'une institution qui, selon une heureuse expression, «*forme le trait d'union entre tous les membres de la famille humaine*». C'est qu'en effet la fée qui a servi de marraine à l'Union postale n'est autre que l'esprit de solidarité, dont la puissance, après s'être fait jour dans la Conférence de Paris en 1863, s'est définitivement affirmée à Berne en 1874, pour se consolider et se développer dans les Assemblées ultérieures et se traduire aujourd'hui sous la forme d'une manifestation éclatante de la concorde internationale.»

XIII

Congrès de Rome. 1906.

Entre le Congrès de Washington et celui de Rome, qui a siégé du 7 avril au 26 mai 1906[1], le territoire de l'Union postale s'était encore agrandi par suite de l'adhésion des colonies britanniques de la Rhodesia du Sud et du Bechuanaland (1901), de la Nigeria du Sud et du Somaliland (1903) et des colonies italiennes de l'Erythrée et du Benadir (1904). La Crète, Cuba et la République de Panama, qui faisaient déjà partie de l'Union, en leur qualité de dépendances de la Turquie, de l'Espagne et de la Colombie, avaient adhéré, à titre d'Etats indépendants, les deux premières en 1902 et la troisième en 1904.

L'Empire de Chine, qui était représenté au Congrès de Washington s'est également fait représenter à celui de Rome, ainsi que l'Empire d'Ethiopie. La situation de leur service postal ne leur a toutefois pas encore permis de signer l'Acte de l'Union.

Comme nous l'avons fait remarquer plus haut[2], l'Autriche et la Hongrie avaient proposé, au Congrès de Vienne, d'établir un traité principal de l'Union postale sur le modèle de la Convention télégraphique de St-Pétersbourg. L'Administration suisse a présenté un projet analogue au Congrès de Rome. Toutefois, au lieu d'un traité principal, il s'agissait, cette fois, d'une fusion en un seul Acte des sept Conventions et Arrangements qui régissent les diverses branches d'activité de l'Union postale. Ce projet, auquel un bon nombre de délégués étaient favorables en principe, mais qui a aussi rencontré une certaine opposition basée principalement sur le fait que tous les pays de l'Union n'exécutent pas tous les Actes de celle-ci, a été retiré par ses auteurs.

Plusieurs Administrations européennes avaient aussi proposé de supprimer la plupart des exceptions aux règles de l'Union consenties par les Congrès antérieurs, en faveur de certains pays, pour des raisons tirées de leur législation, de leur situation économique ou de leur position géographique. Si ces propositions avaient été admises, l'uniformité aurait régné définitivement dans toutes les relations postales internationales. Mais si quelques-unes de ces propositions ont été acceptées, la plupart ont été rejetées et des exceptions nouvelles ont été consenties. Une fois de plus le code de l'Union a dû se plier aux nécessités de la vie pratique et concilier tous les intérêts. A ce point de vue, le Congrès de Rome s'est trouvé en présence de difficultés sérieuses et ses délibérations ont été plus longues et plus laborieuses que celles des Congrès antérieurs.

Comme d'habitude, c'est l'épineuse et importante question du transit qui a été le plus longuement débattue. Toutes les dispositions qui le concernent ont été remaniées et les frais

---

[1] Le Congrès de Rome a été inauguré par S. Exc. M. Alfredo Baccelli, Ministre des postes et des télégraphes, en présence de Leurs Majestés le Roi et la Reine d'Italie.

[2] Voir page 52.

de transit ont subi de nouvelles réductions. Pour les correspondances échangées en dépêches closes, ils ont été fixés de la manière suivante:

1°) Parcours territoriaux:

a) à 1 franc 50 centimes par kilogramme de lettres et de cartes postales et à 20 centimes par kilogramme d'autres objets, si la distance parcourue n'excède pas 3.000 kilomètres;

b) à 3 francs par kilogramme de lettres et de cartes postales et à 40 centimes par kilogramme d'autres objets, si la distance parcourue est supérieure à 3.000 kilomètres, mais n'excède pas 6.000 kilomètres;

c) à 4 francs 50 centimes par kilogramme de lettres et de cartes postales et à 60 centimes par kilogramme d'autres objets, si la distance parcourue est supérieure à 6.000 kilomètres, mais n'excède pas 9.000 kilomètres;

d) à 6 francs par kilogramme de lettres et de cartes postales et à 80 centimes par kilogramme d'autres objets, si la distance parcourue excède 9.000 kilomètres.

2° Parcours maritimes:

a) à 1 franc 50 centimes par kilogramme de lettres et de cartes postales et à 20 centimes par kilogramme d'autres objets, si le trajet n'excède pas 300 milles marins. Toutefois, le transport maritime sur un trajet n'excédant pas 300 milles marins est gratuit si l'Administration intéressée reçoit déjà, du chef des dépêches transportées, la rémunération afférente au transit territorial;

b) à 4 francs par kilogramme de lettres et de cartes postales et à 50 centimes par kilogramme d'autres objets, pour les échanges effectués sur un parcours excédant 300 milles marins, entre pays d'Europe, entre l'Europe et les ports d'Afrique et d'Asie sur la Méditerranée et la mer Noire ou de l'un à l'autre de ces ports, et entre l'Europe et l'Amérique du Nord. Les mêmes prix sont applicables aux transports assurés dans tout le ressort de l'Union entre deux ports d'un même Etat, ainsi qu'entre les ports de deux Etats desservis par la même ligne de paquebots lorsque le trajet maritime n'excède pas 1.500 milles marins;

c) à 8 francs par kilogramme de lettres et de cartes postales et à 1 franc par kilogramme d'autres objets, pour tous les transports ne rentrant pas dans les catégories indiquées aux alinéas a) et b) ci-dessus.

En cas de transport maritime, effectué par deux ou plusieurs Administrations, les frais du parcours total ne peuvent pas dépasser 8 francs par kilogramme de lettres et de cartes postales et 1 franc par kilogramme d'autres objets; ces frais sont, le cas échéant, répartis entre les Administrations participant au transport, au prorata des distances parcourues, sans préjudice des arrangements différents qui peuvent intervenir entre les parties intéressées.

Quant aux correspondances échangées à découvert, elles ont été soumises, par article et sans égard au poids ou à la destination, aux frais de transit suivants:

lettres	6	centimes pièce;
cartes postales	2½	» »
autres objets	2½	» »

Les prix de transit susmentionnés ne s'appliquent pas aux transports dans l'Union au moyen de services extraordinaires spécialement créés ou entretenus par une Administration sur la demande d'une ou de plusieurs autres Administrations. Les conditions de cette catégorie de transports continuent à être réglées de gré à gré entre les Administrations intéressées.

Le décompte général des frais de transit a lieu sur la base de relevés établis une fois tous les six ans, pendant une période de 28 jours.

Lorsque le solde annuel des décomptes des frais de transit entre deux Administrations ne dépasse pas 1.000 francs, l'Administration débitrice est exonérée de tout paiement.

Les frais totaux de transit maritime dans l'Union et en dehors de l'Union pour les lettres à destination des pays étrangers à l'Union ont été réduits de 20 à 15 francs par kilogramme.

La statistique des frais de transit sera établie une fois tous les six ans pendant les 28 premiers jours du mois de novembre ou de mai alternativement. La statistique de novembre 1907 s'appliquera aux années 1908 à 1913; la statistique de mai 1913 s'appliquera aux années 1914 à 1919 et ainsi de suite.

Sauf entente contraire entre les Administrations intéressées, le décompte général des frais de transit territorial et maritime est établi par le Bureau international.

Une autre question, d'une grande importance, à laquelle le Congrès de Rome a également consacré de nombreuses séances, est celle de l'abaissement de la taxe des lettres internationales. Plusieurs Administrations avaient fait des propositions à ce sujet; la plus radicale était celle de la Nouvelle-Zélande, qui voulait fixer cette taxe à 10 centimes. Ici aussi l'accord s'est fait sur un compromis. La taxe des lettres a été fixée à 25 centimes en cas d'affranchissement, et au double dans le cas contraire, par chaque lettre ne dépassant pas le poids de 20 gr. et à 15 centimes en cas d'affranchissement, et au double dans le cas contraire, par chaque poids de 20 grammes ou fraction de 20 grammes au-dessus du premier poids de 20 grammes[1].

Quelques délégués ayant émis des doutes sur la possibilité de faire accepter immédiatement cette réforme par leurs Gouvernements, le Congrès a laissé aux Administrations qui, pour des raisons financières ou autres, ne seraient pas en mesure d'appliquer immédiatement les nouvelles taxes et la nouvelle échelle de poids, la faculté de s'en tenir provisoirement, sous ce rapport, aux dispositions de la Convention de Washington.

Le Congrès de Rome a aussi cherché le moyen de donner satisfaction au public, qui réclamait depuis longtemps la possibilité d'affranchir la réponse à une lettre internationale. La création d'un timbre-poste universel, qui constituerait l'idéal sous ce rapport, n'étant pas encore possible pour les raisons que nous avons fait connaître[2], on a adopté le « coupon-réponse » présenté par la Grande-Bretagne.

Ce coupon a une valeur de 25 centimes et est débité par les Administrations au prix minimum de 28 centimes, afin d'éviter les spéculations sur le cours du change. Il peut être échangé dans tous les bureaux de poste des pays qui l'adopteront contre un timbre de 25 centimes. Son émission a lieu par les soins du Bureau international qui le fournit aux Administrations au prix d'impression, etc. C'est également le Bureau international qui opère les décomptes et la liquidation.

---

[1] Une once avoirdupois (voir page 26) est maintenant assimilée à 20 gr. pour les lettres; deux onces continuent à correspondre à 50 gr. pour les imprimés, etc.

[2] Voir page 53.

La vogue immense prise par les cartes postales illustrées a également amené le Congrès de Rome à s'occuper de ce nouvel élément de correspondance, au sujet duquel les règles les plus diverses existaient dans les différents Etats de l'Union. Les dispositions de la Convention relatives aux cartes postales ont été améliorées et mises en harmonie avec les exigences actuelles; la passion du public pour les cartes illustrées ne sera plus contrariée par les inconvénients qui résultaient de la différence de régimes entre les divers pays de l'Union.

Le maximum du montant des remboursements a été fixé, d'une manière générale, à 1.000 francs. L'expéditeur d'un envoi de ce genre peut en demander le dégrèvement total ou partiel après l'expédition.

Les lettres ouvertes et les cartes postales de date ancienne, qui ont déjà atteint leur but primitif, peuvent être expédiées comme papiers d'affaires. Les clefs isolées, les fleurs fraîches coupées, les tubes de sérum et les objets pathologiques sont admis comme échantillons.

Le Congrès a aussi donné satisfaction à un vœu émis par la Conférence de La Haye, en décidant que la correspondance relative aux prisonniers de guerre jouira à l'avenir de la franchise de port[1].

Aucun changement de fond n'a été apporté aux actes spéciaux (valeurs déclarées, mandats, colis postaux, recouvrements, livrets d'identité, abonnements aux journaux), mais les quatre premiers ont aussi subi de nombreuses améliorations.

Le droit d'assurance pour le transport territorial des valeurs déclarées a été fixé à autant de fois 5 centimes par 300 francs qu'il y a de pays intéressés dans ce transport.

Le décompte des ports et droits a lieu sur la base de relevés établis tous les ans, pendant les 28 premiers jours du mois de janvier de l'année qui suit celle de la mise en vigueur de l'Arrangement et pendant les 28 premiers jours des mois de mars, mai, juillet, septembre et novembre respectivement dans les années suivantes.

La taxe des mandats a été fixée à 25 centimes par 50 francs; toutefois, la Bulgarie fut autorisée à maintenir l'ancienne taxe. Le maximum de 1.000 francs a été généralisé, avec la réserve que la Bolivie, la Bulgarie, la Colombie, la Grèce et la Turquie peuvent adopter un maximum de 500 francs. Les pays où le service des mandats relève d'une Administration autre que celle des postes peuvent participer à l'exécution de l'Arrangement de Rome.

Les frais de transport maritime des colis postaux ont aussi été réduits. Comme certains pays sont liés par des contrats à long terme avec des compagnies de navigation et ne peuvent appliquer immédiatement les nouveaux droits de transit maritime, ils ont été autorisés à maintenir provisoirement les droits fixés par la Convention de Washington. Le droit de percevoir des surtaxes, d'augmenter les droits de transit, etc., a été consenti en faveur de plusieurs pays pour leur permettre d'exécuter la Convention relative aux colis. La Bolivie seule a conservé la faculté de limiter à 3 kg. le poids de ces objets. Les Administrations qui font porter les frais de douane au compte de l'expéditeur ont été autorisées à percevoir un droit spécial qui ne peut dépasser 25 centimes par colis. L'expéditeur d'un colis postal grevé de remboursement s'est vu conférer le droit de faire annuler ou réduire le montant de ce remboursement.

---

[1] Cette faveur s'étend aux valeurs déclarées, aux mandats et aux colis (à l'exception des colis grevés de remboursement). Elle a été tout particulièrement appréciée pendant la guerre de 1914—1918.

Enfin, il a été octroyé au déposant d'un envoi contenant des valeurs à recouvrer la faculté de faire retirer l'envoi, ou une ou plusieurs des valeurs qu'il contient, et de faire rectifier les indications du bordereau.

Médaille frappée à l'occasion du Congrès de Rome de 1906.

PALAIS COLONNA, siège du Congrès de Rome 1906.

XIV

Inauguration du Monument de l'Union postale. 1909.

Le monument dont l'érection avait été décidée en 1900, lors de la commémoration du 25e anniversaire de l'Union, fit l'objet d'un concours, auquel furent conviés tous les statuaires du monde et qui fut jugé par un jury international. Le choix se porta sur le projet d'un des plus grands artistes contemporains, M. René de Saint-Marceaux, de Paris, qui se pénétra admirablement de l'idée qu'il s'agissait d'incarner.

Au milieu d'un rocher, dont la large base s'accroche solidement au sol et au pied duquel coule une fontaine, une femme assise soutient de sa fine main allongée l'écusson de la ville de Berne; à la pointe du rocher, une colonne de nuage, superbement modelée et qui semble glisser dans le vide, supporte une sphère autour de laquelle cinq femmes, représentant les différentes parties du monde, se passent des lettres.

Le sujet se présentait sous un jour très aride. Une institution telle que l'Union postale peut être appréciée à sa valeur par l'esprit et par la raison. Elle ne parle ni à l'âme, ni à l'imagination. Si l'on avait voulu la symboliser d'une façon trop expressive, on risquait de tomber dans l'emphase et dans l'anecdote. M. de Saint-Marceaux a très heureusement évité l'écueil: son œuvre ne raconte que synthétiquement et dans ses grandes lignes l'histoire de l'Union postale. Le rocher, la figure de l'avant-plan, celles de la sphère indiquent le pays et la ville où elle a pris naissance, ainsi que son rôle général. L'auteur n'a pas appuyé. Il n'a pas dit plus qu'il ne fallait et il a tout dit. Il a respecté le caractère collectif et pour ainsi dire anonyme de l'Union. Il n'y a pas trace d'idéologie dans son œuvre. Il ne s'est pas préoccupé, par exemple, de représenter avec exactitude la ville de Berne. Cela aurait demandé une statue robuste et d'allure plutôt populaire. Au lieu de cela, il nous a donné une élégante figure de femme, pleine de noblesse et de majesté. Sa robe s'étale en plis gracieux; sa tête, d'un port admirable, a une expression d'une sereine énergie; et le bras, qui s'allonge au-dessus de l'écusson bernois, est d'une exquise pureté de lignes. Le modèle a dû être surpris sur l'escalier de marbre d'un palais. La même beauté se retrouve, avec plus de variété, dans les cinq statues de la sphère. Allongées en des attitudes diverses, elle se meuvent littéralement dans l'espace, présentant tour à tour à l'œil charmé le galbe pur de leurs formes nues et le jeu souple et vivant de leurs draperies.

Ce monument, original et imposant, se dresse dans un des plus beaux parcs de Berne. Il se détache sur un fond de vieux arbres, derrière lequel se profile, symbole de force et d'éternité, la majestueuse silhouette des Alpes.

L'inauguration eut lieu le 4 octobre 1909. Des délégués de tous les pays de l'Union, les chefs de mission accrédités auprès du Gouvernement suisse, des délégués du Conseil national, du Conseil des Etats, du Gouvernement cantonal bernois, de la ville de Berne entouraient le

Conseil fédéral suisse, qui n'avait rien négligé pour donner à cette cérémonie tout l'éclat qu'elle méritait.

Des discours furent prononcés au pied du monument et aux fêtes qui suivirent par M. le Conseiller fédéral Forrer, chef du Département des postes et des chemins de fer suisses, M. Mongenast, délégué du Luxembourg, doyen d'âge de la réunion, M. Kraetke, délégué de l'Allemagne, M. Ruffy, directeur du Bureau international de l'Union postale, M. Deucher, Président de la Confédération suisse, M. Alexandre Millerand, délégué de la France et futur Président de la République française, M. le Comte d'Aunay, ambassadeur de France, au nom du Corps diplomatique, et M. René de Saint-Marceaux, auteur du monument.

Tous rendaient hommage à la beauté de l'œuvre et à son caractère symbolique. Tous insistaient aussi sur l'immensité de la tâche accomplie en un quart de siècle et sur les nombreux progrès que l'avenir permettait encore d'entrevoir. M. Ruffy, notamment, au risque — comme il le disait — de contrister quelques ministres des finances «saluait l'application prochaine et universelle du penny-postage, qui règle déjà les relations internationales de plus de vingt pays». Puis, faisant allusion à une invention toute récente, une des plus merveilleuses des temps modernes, l'aéroplane, il laissait espérer «qu'un jour la poste se ferait peut-être dans les airs, par des véhicules légers, pour lesquels il n'y a plus de frontières». Tous les orateurs insistèrent surtout sur le grand exemple que les résultats obtenus par l'Union postale offrent aux peuples, sur l'enseignement qu'on peut tirer d'un tel succès et l'espoir qu'il permet de fonder dans les plus beaux rêves de fraternité et de concorde universelles[1].

---

[1] Un numéro spécial du journal «L'Union postale» (1er novembre 1909) a été consacré à l'inauguration du monument.

XV

Congrès de Madrid. 1920.

Jusqu'au Congrès de Rome, on avait interprété la disposition de la Convention principale qui prévoyait un Congrès tous les 5 ans dans ce sens que ces réunions devaient se tenir de 5 en 5 ans. Cette règle fut rarement observée, notamment parce que les nouveaux actes n'étaient généralement exécutoires qu'un an au moins après le Congrès qui les avait votés et que leur période d'application se trouvait ainsi trop restreinte.

Pour remédier à cette situation, il fut décidé à Rome «qu'un Congrès aurait lieu au plus tard cinq ans après la date de la mise à exécution des Actes conclus au dernier Congrès.»

Les Actes de Rome, ayant été mis à exécution le 1er octobre 1907, le Congrès de Madrid aurait dû se réunir fin 1912 ou dans le courant de 1913.

Les circonstances ne permirent toutefois de le convoquer qu'en septembre 1914.

On avait malheureusement compté sans la guerre qui, en août de cette année, mit aux prises la plupart des pays de l'Europe pour s'étendre insensiblement au monde entier. De toutes les grandes institutions internationales existantes, l'Union postale universelle fut une des plus cruellement atteinte. Du jour au lendemain, l'échange international des correspondances se trouva interrompu ou complètement bouleversé.

Même dans ces années tragiques cependant, la poste parvint encore à jouer un grand rôle; et c'est avec raison que S. M. le Roi d'Espagne dans l'éloquent discours qu'il a prononcé à l'inauguration du Congrès de Madrid[1], a pu dire «que quand le fléau de la terrible guerre s'acharna sur notre génération, c'est grâce à la poste que des missions d'amour et de pitié ont pu être accomplies.»

Après l'armistice, en novembre 1918, les relations postales se rétablirent petit à petit. Seulement, le régime économique de tous les pays du monde s'était entièrement transformé et l'Union postale universelle qui, avant la guerre, était arrivée à un remarquable degré de perfection, devait maintenant compter avec des difficultés qui allaient l'obliger à revenir en arrière. La nécessité de réunir rapidement le Congrès s'imposait. Mais il fallait reprendre toutes les propositions qui avaient été présentées en vue de la réunion de 1914 et dont la plupart n'étaient plus en situation. Les Administrations se mirent immédiatement à l'œuvre et le Congrès de Madrid put enfin avoir lieu en octobre 1920.

Les propositions nouvelles qu'on s'était trouvé dans la nécessité de formuler ne comportaient pas moins de 5 importants suppléments. En y ajoutant celles qui furent présentées au

---

[1] Le Congrès de Madrid a été inauguré par Sa Majesté le Roi Alphonse XIII, en présence de Sa Majesté la Reine d'Espagne et de Son Exc. M. le Comte de Bugallal, Ministre de la Gobernación.

Congrès même, on se vit en présence du chiffre formidable de 2248 propositions, alors qu'à Rome, il n'y en avait eu que 798.

Le Congrès de Madrid fut par conséquent extrêmement laborieux. Il dura 61 jours et tint 77 séances. Celui de Rome avait siégé 50 jours et tenu 49 séances.

La formidable crise monétaire devant laquelle le monde s'est trouvé au lendemain de la guerre et qui devait rendre si difficile le rétablissement des rapports commerciaux entre les peuples constituait aussi un gros obstacle au fonctionnement de l'Union postale. Cette question dominait en réalité toutes les autres et c'est à sa solution que s'appliquèrent en premier lieu les efforts des délégués réunis à Madrid.

La sous-commission, constituée à cette fin, examina le problème aux trois points de vue suivants:

1º) Dans quelle monnaie les droits de transit devront-ils être fixés à l'avenir?

2º) Sur quelle base et de quelle manière sera déterminée la valeur de l'étalon choisi?

3º) Les décisions prises par le Congrès auront-elles un effet pour l'avenir seulement, ou pourront-elles s'appliquer également aux comptes de liquidation déjà réglés ou restant encore à régler?

L'accord s'établit rapidement sur le *premier point*, qui avait fait l'objet d'une étude très fouillée de l'Administration suédoise. Il était d'évidence même que pour qu'il y eût équivalence de charges entre les pays de l'Union, il fallait qu'elles fussent partout calculées sur la base d'un étalon fixe et durable, lequel ne pouvait être que l'étalon-or. C'est pourquoi il fut unanimement décidé, dès la première séance de la sous-commission, «que la rémunération des frais de transit devait se baser sur l'or, sous les espèces du franc-or et qu'ainsi le solde des dé-comptes des frais de transit serait exprimé en francs-or».

Pour le *second point*, deux thèses se trouvaient en présence. La première émanait de la délégation suédoise. Celle-ci estimait «qu'il devait appartenir à l'Office débiteur et à l'Office créditeur de se mettre d'accord entre eux pour la transformation du franc-or en toute autre monnaie».

Ceci soulevait une objection: que se passerait-il dans le cas où les Offices ne s'entendraient pas entre eux?

L'autre thèse, présentée par la délégation française et basée sur le même principe que celle de la Suède, écartait l'objection en ne prévoyant qu'un étalon unique et en prenant pour base de calcul le cours de la devise du pays remplissant les trois conditions suivantes: 1º) change le plus élevé; 2º) liberté du commerce de l'or; 3º) facilité d'échange des billets à vue contre de l'or. Ces trois conditions se trouvant réunies aux Etats-Unis d'Amérique, la délégation française proposait de fixer la valeur du franc-or à 10.000:51.825 de la valeur du dollar américain, sous réserve que, au cas où l'une des trois conditions susindiquées ne serait plus remplie aux Etats-Unis d'Amérique, le franc-or serait défini par rapport à la monnaie de tout autre pays qui remplirait ces trois conditions et qui serait désigné par l'Office créditeur à l'Office débiteur.

Les partisans des deux thèses défendaient énergiquement leurs points de vue et l'accord paraissait devoir s'établir difficilement quand la délégation belge proposa de les concilier en adoptant le texte français avec la réserve «que l'Office débiteur et l'Office créditeur pourraient toujours s'entendre entre eux pour choisir un autre étalon.» Cette suggestion, qui donnait satisfaction aux deux délégations, rencontra l'assentiment de la sous-commission.

Le *troisième point* donna lieu à une discussion de principe. Une partie des membres de la sous-commission était d'avis que le Congrès avait le droit de donner une interprétation aux mots «francs effectifs» contenus dans la Convention de Rome. L'autre partie estimait que le Congrès de Madrid avait seulement qualité pour décider de *l'avenir* et nullement du *passé*. Pour tenir compte des scrupules de ces derniers, il ne fut pas pris de résolution nette; on se borna à émettre un simple vœu, estimant que la haute portée morale que lui conféraient les circonstances, ne manquerait pas de le rendre efficace. Les mots «francs effectifs» contenus dans les Actes de Rome furent en conséquence interprétés comme ayant aussi la signification de «francs-or».

Il est à peine besoin d'insister sur l'importance de ces décisions. Ici encore l'Union postale se montrait à la hauteur de la situation, affirmait une fois de plus son sens pratique et donnait au monde un nouvel et grand exemple en réalisant rapidement l'unité dans le domaine où la guerre avait jeté le plus de désordre. Aussi, est-ce avec une légitime fierté que les auteurs du rapport de la sous-commission ont pu écrire «qu'à une heure où apparaît l'extrême gravité de la situation générale dans les finances publiques du monde et de l'Europe en particulier, à une heure où le crédit international, lui-même, parîat si ébranlé, et où, plus que jamais, les hommes avertis sont convaincus de la nécessité de rétablir au plus tôt de bonnes finances pour remédier à cette terrible situation, ce serait pour le Congrès de Madrid un mérite inoubliable que d'avoir fait le premier pas dans cette voie en imposant, pour leurs règlements futurs, l'emploi d'une monnaie saine à toutes les nations.»

Au Congrès de Rome, la délégation de la Nouvelle-Zélande avait proposé d'abaisser à 10 centimes la taxe internationale des lettres. L'Assemblée avait reculé devant une mesure aussi radicale, mais elle avait néanmoins réduit cette taxe, d'une part, en portant à 20 grammes le poids du port simple et, d'autre part, en fixant à 15 centimes le supplément à payer pour chaque excédent de 20 grammes. Les délibérations auxquelles cette question avait donné lieu laissaient en outre l'impression qu'une réduction plus importante serait réalisée au Congrès suivant et que la taxe de 10 centimes (le penny-postage) — dont M. Ruffy avait salué le prochain avènement à l'inauguration du monument de l'Union postale — ne tarderait pas à se faire accepter. Après le Congrès de Rcme, plusieurs Administrations l'avaient déjà introduite dans leurs relations réciproques et elle figurait de nouveau dans les propositions formulées, avant 1914, en vue du Congrès de Madrid.

C'est ici surtout qu'il fallut tenir compte des événements. Les Administrations atteintes par la guerre, non seulement ne pouvaient plus souscrire à des réductions de taxes, mais les anciennes elles-mêmes étaient devenues insuffisantes pour couvrir désormais leurs frais d'exploitation. Elles réclamèrent en conséquence un relèvement des tarifs. Cette demande donna lieu à de longs débats. La guerre avait creusé un abîme entre les situations économiques des divers pays. Si les Etats atteints par le cataclysme ne pouvaient plus se contenter des taxes existantes, les autres avaient au contraire intérêt à les conserver. Pour donner satisfaction à tout le monde, pour ne pas compromettre l'Union, il fallait trouver un tarif d'une grande souplesse. Ce fut une des tâches les plus délicates et les plus ardues du Congrès. Mais la bonne volonté, jointe à l'esprit de conciliation qui a toujours été la caractéristique de ces réunions, en vint à bout: nominalement, l'unité de taxe fut maintenue, mais elle fut généralement portée au double de l'ancienne. Par une disposition insérée au Protocole, chaque pays de l'Union *qu'il eût ou non le franc pour unité monétaire*, obtint toutefois «la faculté de fixer dans sa monnaie intérieure, d'accord avec l'Administration des postes suisses, les équivalents des taxes prévues par la nouvelle Convention.»

«Ces équivalents — ajoute le Protocole — ne peuvent pas être supérieurs au montant des taxes fixées par la Convention, ni inférieurs au montant des taxes qui étaient en vigueur le 1er octobre 1920; ils pourrront cependant subir des modifications correspondant à la hausse ou à la baisse de la valeur de la monnaie légale du pays considéré, à condition de ne pas descendre en dessous des taxes adoptées lors de la mise à exécution de la Convention de Rome.»

Le Congrès fixait ainsi un minimum et un maximum entre lesquels chaque pays pouvait établir et faire varier ses taxes pour les mettre en harmonie avec ses besoins financiers et les oscillations que pouvait subir la valeur de sa monnaie sous l'influence de l'instabilité économique dans laquelle la guerre avait plongé le monde. En fait, il reprenait le principe qui avait été adopté au Congrès de Berne et qui avait rendu possible la constitution de l'Union postale. Ainsi que nous l'avons rappelé au début de cette étude[1], les taxes des lettres et des imprimés, échantillons et papiers d'affaires fixées en 1874, à 25 et à 7 centimes pouvaient cependant varier, la première, entre 20 et 32 centimes et, la seconde, entre 5 et 11 centimes.

La question du transit, qui, depuis l'existence de l'Union, a donné lieu à chaque Congrès à de vifs débats, ne pouvait manquer de revenir sur le tapis. Après avoir été longuement discutée en sous-commission, elle a fait l'objet d'un examen approfondi par la première Commission et par le Congrès. Le maintien de la rémunération du transit fut âprement combattu par de nombreux délégués, notamment par ceux d'Amérique. Les délégués de Belgique, de France et de Grande-Bretagne la défendirent non moins énergiquement. Après avoir, entre autres, rappelé les concessions faites dans ce domaine dans les Congrès précédents, ils insistèrent spécialement sur le point qu'une réforme aussi radicale, qui avait été jugée impossible jusque là, était moins réalisable que jamais, en présence des difficultés financières où se trouvaient la plupart des Administrations qui assument toutes les charges du transit. Par 32 voix contre 23 et 14 abstentions, l'Assemblée donna raison à ces derniers. Elle décida en outre que les rayons de distances et les bases de rémunération seraient maintenus tels qu'ils étaient fixés par la Convention de Rome. Eu égard à l'instabilité où les événements avaient placé le trafic international, elle jugea toutefois nécessaire de faire déterminer le montant des frais de transit sur la base d'une statistique qui serait tenue tous les trois ans et non plus tous les six ans.

Entre le Congrès de Rome et celui de Madrid, quelques Administrations avaient expérimenté, dans leur service intérieur, des machines pour l'affranchissement des correspondances. Deux propositions furent faites en vue d'étendre leur emploi au trafic international. La première, qui avait pour objet de substituer aux timbres-poste des empreintes apposées au moyen de machines enregistreuses officiellement adoptées et fonctionnant sous le contrôle immédiat de l'Administration, fut admise. La seconde, qui tendait à reconnaître comme valables les empreintes faites par des appareils du même genre placés sous le contrôle de particuliers, fut rejetée.

Les énormes perfectionnements introduits dans l'aviation pendant la guerre avaient fait de l'aéroplane un moyen de transport que la poste ne pouvait manquer d'utiliser. Cette nouvelle question figurait aussi à l'ordre du jour du Congrès. Celui-ci a fait entrer les services aériens établis entre deux ou plusieurs pays dans la catégorie des services extraordinaires prévus

---

[1] Voir page 26.

à l'article 4 de la Convention[1] et dont les conditions de transport sont réglées de gré à gré entre les Administrations intéressées.

Le Congrès a également décrété une règle uniforme pour les enveloppes à panneau transparent, il a adopté le tarif des échantillons pour les clichés d'imprimerie, mis le prix de vente des coupons-réponse en harmonie avec les nouvelles taxes et décidé que la statistique du transit serait établie tous les trois ans. Il a aussi admis une proposition consistant à publier le journal «l'Union postale» en quatre langues et non plus en trois (français, allemand, anglais, espagnol).

Les réformes introduites dans les services des lettres avec valeur déclarée, des mandats, des colis postaux, des recouvrements et des abonnements aux journaux portent presque exclusivement sur les taxes que les circonstances commandaient d'augmenter.

L'Arrangement concernant les livrets d'identité n'a pas été renouvelé. Ce livret est remplacé par une carte destinée également à servir de pièce justificative pour toutes les opérations postales internationales. Sa forme et son emploi sont réglementés par la Convention principale.

Par contre, un nouvel arrangement — l'Arrangement concernant les virements postaux — a été conclu entre un grand nombre de pays. Aux termes de cet accord, tout titulaire d'un compte courant postal dans l'un des pays participants peut ordonner des virements de son compte à un compte courant postal tenu dans un autre de ces pays.

Ce nouvel acte a été signé par les délégués des pays suivants: Allemagne, Autriche, Belgique, Danemark, Ethiopie, France, Algérie, Grèce, Hongrie, Italie et colonies italiennes, Japon, Chosen, ensemble des autres dépendances japonaises, Luxembourg, Maroc (à l'exclusion de la zone espagnole), Pays-Bas, Portugal, colonies portugaises de l'Afrique, colonies portugaises de l'Asie et de l'Océanie, Roumanie, Territoire de la Sarre, Royaume des Serbes, Croates et Slovènes, Suède, Suisse, Tchécoslovaquie et Tunisie[2].

---

[1] Outre les transports aériens, il n'existe plus que le transport territorial accéléré de la Malle des Indes qui soit considéré comme service extraordinaire.

[2] Comme conséquence des modifications politiques consécutives à la guerre de 1914, les pays, etc., suivants, qui faisaient déjà partie de l'Union, ont adhéré à celle-ci en leur propre nom: l'Albanie, l'Esthonie et la Lithuanie en 1922, la Ville libre de Dantzig, la Lettonie et le Royaume des Serbes, Croates et Slovènes en 1921, la Pologne en 1919 et le Territoire de la Sarre ainsi que la Tchécoslovaquie en 1920. — La Finlande, en 1918, l'Islande en 1919, et la République de St-Marin en 1915, sont également devenues des membres autonomes de l'Union. — On a, en outre, enregistré l'adhésion des pays, colonies, etc., ci-après: Iles Vierges des Etats-Unis d'Amérique (1917), Chine (1914), Ethiopie (1908), Nouvelles-Hébrides (1911), Brunei (1916), Etats malais fédérés (1915), Etats malais non fédérés de Kedah (y compris Perlis) et de Kelantan (1916), îles Gilbert et Ellice (1911), îles Salomon (1911), Territoire de Tanganyika (1922), Etat libre d'Irlande (1923), Maroc (1920), Palestine, Etats de la Fédération syrienne et Etat du Grand Liban (1923).

PALAIS DES COMMUNICATIONS, siège du Congrès de Madrid 1920.

XVI

Commission d'Etudes.

Les Actes de l'Union, tels qu'ils avaient été adoptés à Berne en 1874, après avoir servi de base de discussion à tous les Congrès subséquents, avaient insensiblement perdu leur simplicité et leur clarté primitives par suite des changements de texte et des nombreuses additions qui s'étaient imposés. La nécessité d'y introduire des améliorations était généralement reconnue. Le Congrès de Madrid crut d'abord qu'une simple revision de texte suffirait. Il nomma une Commission de rédaction qui s'attela immédiatement à cette besogne. Mais ses membres ne tardèrent pas à se convaincre qu'une simple mise au point ne constituerait qu'un palliatif insuffisant et qu'il fallait, pour faire œuvre vraiment utile, soumettre tous les Actes à une revision approfondie. Le Congrès confia cette tâche à une Commission d'Etudes, composée de représentants de l'Allemagne, de la Belgique, de l'Espagne, de la France, de la Grande-Bretagne, de l'Italie et de la Suède.

Le Bureau international, qui avait été chargé des travaux préparatoires, convoqua la Commission pour la première fois à Zermatt (Suisse) le 29 juillet 1921. Les délibérations se prolongèrent jusqu'au 22 août. Après avoir arrêté dans leurs grandes lignes des textes nouveaux pour la Convention principale et son Règlement d'exécution, elle chargea deux sous-commissions d'effectuer le même travail pour les Arrangements spéciaux. Celles-ci ont siégé respectivement à Francfort et à Paris en décembre 1921. La Commission a ensuite tenu à Nice une seconde réunion qui lui a pris 34 séances (du 15 mars au 14 avril 1922). Elle a adopté, après les avoir mis au point, les projets d'Arrangements et de Règlements préparés par les sous-commissions, arrêté définitivement les projets de Convention principale et de Règlement afférent à cet Acte et approuvé un rapport général que le Bureau international avait rédigé à l'intention des Administrations.

Ce rapport indique l'esprit dont se sont inspirés les membres de la Commission et les raisons qui les ont guidés dans leurs travaux. Nous y lisons qu'ils n'ont pas cru pouvoir procéder à une refonte complète des Actes, ni se borner à une simple revision des textes. Ils se sont tenus le plus possible à la décision prise à Madrid, suivant laquelle il fallait chercher «en vue de propositions à présenter au prochain Congrès, les moyens de simplifier, quant à leur forme et à leur rédaction, les Actes de l'Union postale.» Donc, pas d'innovation matérielle. Aucun principe nouveau. Mais rédaction meilleure et plus claire, distribution plus logique et plus systématique des articles, suppression des répétitions ou doubles emplois. Les textes sont répartis en titres et en chapitres soigneusement intitulés et augmentés de sous-titres. Comme le dit très justement le rapport, «la Commission a introduit plus d'air et plus de lumière dans des Actes qui étaient devenus trop touffus.»

Le Bureau international a soumis ces textes aux Administrations, en leur proposant de les adopter comme base des discussions du Congrès de Stockholm. 61 Administrations ont répondu et toutes se sont déclarées favorables. Il n'y a pas de doute que cet intéressant travail facilitera et abrègera considérablement les délibérations de la prochaine Assemblée.

Conformément aux traditions, le Congrès de Stockholm aurait dû se réunir en 1927, c'est-à-dire cinq ans après la mise à exécution des Actes adoptés à Madrid. Il a été décidé qu'il aurait lieu en 1924, pour le faire coïncider avec la célébration du cinquantenaire de l'Union postale.

Un tel anniversaire ne peut en effet passer inaperçu. Le XIXe siècle et le commencement du nôtre ont vu s'accomplir beaucoup de merveilles. La vapeur et l'électricité notamment ont changé la face de la terre et transformé la vie humaine. Dans le domaine des réformes pacifiques, aucune œuvre n'a acquis un développement comparable à celui de l'Union postale. Elle règne maintenant sur le monde entier[1]; et son joug est si bien adapté à nos mœurs qu'on peut presque dire qu'il échappe à notre attention. Un Européen qui a une lettre à expédier à Buenos Aires, à Melbourne ou à Séoul, la dépose, munie d'un timbre, dans la première boîte aux lettres venue; cette opération est tellement simple que l'idée ne peut guère venir de se demander en quoi consiste et comment a été organisée l'institution qui donne d'aussi merveilleux résultats. Nous sommes tellement habitués aux facilités qu'offre la poste que nous nous figurons difficilement qu'elles n'ont pas toujours existé au même titre que tous les éléments naturels nécessaires à notre vie. Il suffit cependant de se reporter à cinquante ans en arrière pour trouver un ordre de choses tout différent. A cette époque, celui qui voulait expédier une lettre pour un pays d'outre-mer ne pouvait pas la déposer dans une boîte, parce qu'il ignorait les taxes et les conditions d'expédition. Il devait donc se rendre dans un bureau de poste. Là, s'il rencontrait un employé capable de le renseigner — ce qui n'arrivait pas toujours — il n'obtenait des renseignements qu'après de longues recherches. La taxe qu'on lui réclamait était généralement si élevée qu'il renonçait quelquefois à expédier sa lettre ou qu'il la remportait pour tâcher de l'alléger. Pour réduire le plus possible le poids des correspondances pour les pays d'outre-mer, on employait du papier spécial, on écrivait avec de l'encre bleue parce qu'elle passait pour plus légère que l'encre noire et, pour ne pas se servir d'enveloppe, on se bornait à plier la lettre[2].

Sous le régime de l'Union postale, toutes ces complications ont disparu. Nous avons indiqué les phases par lesquelles cette merveilleuse institution a successivement passé pour arriver au point de perfectionnement où elle se trouve actuellement. Mais cela ne peut donner qu'une faible idée de la somme de travail et de l'habileté que tous ceux qui ont contribué à la fondation et au développement de l'Union ont dû déployer. Un projet dont l'application paraît fort simple lorsqu'on ne considère que quelques Administrations très perfectionnées, devient souvent d'une réalisation difficile quand il faut le faire admettre par plus de cent Administrations, dont plusieurs se trouvent encore dans le premier stade de leur développement.

Si cela n'a jamais empêché l'Union de réaliser tous les progrès qu'elle devait accomplir pour être constamment à la hauteur des exigences modernes, c'est que l'esprit de conciliation qui animait ses glorieux fondateurs ne s'est jamais perdu. On a dit un jour que, dans les Congrès postaux, les voix se pèsent plutôt qu'elles ne se comptent. C'est à ce prix qu'un juste équilibre

---

[1] Le territoire de l'Union postale qui avait en 1875 une étendue de 37.000.000 de kilomètres carrés et une population de 350.000.000 d'habitants, a maintenant une superficie de 100.856.800 kilomètres carrés et une population de 1.647.983.000 habitants.

[2] Considérations sur les tarifs par un fonctionnaire de l'Administration des postes allemandes. «Union postale» de 1890. Page 85.

a toujours pu être maintenu entre les exigences de l'Union postale et celles des Administrations prises individuellement, entre l'intérêt général et les intérêts particuliers. Non seulement les Administrations des postes de l'Union diffèrent entre elles au point de vue de leur développement, mais elles diffèrent aussi sous le rapport de l'organisation. Il n'est pas rare de voir une Administration proposer une réforme et se déclarer dans l'impossibilité d'en admettre une autre qui n'a, en soi, pas plus d'importance que la première. Son attitude s'explique par le fait que la première réforme s'accorde avec ses règlements intérieurs et l'autre pas. Et la modification de ceux-ci n'est pas toujours une affaire de simple bonne volonté. Il faut tenir compte des habitudes et des mœurs du public. Il faut aussi compter avec les exigences du Trésor. L'ensemble des Administrations d'un pays forme un seul corps dont toutes les parties doivent s'équilibrer et se plier à la volonté du plus inflexible des facteurs: le budget.

Le grand mérite des hommes qui ont créé et développé l'Union postale est d'avoir su faire la part de tant d'éléments divers et d'être, néanmoins, parvenus à faire produire à leur œuvre la plus grande somme de résultats utiles. Si une institution a jamais évolué suivant les lois du progrès sagement entendu, c'est bien l'Union postale. Aucune innovation n'a été opérée sans qu'on eût la certitude qu'elle constituait un progrès généralement acceptable. L'Union, toutefois, ne se contente pas d'effectuer un progrès quand celui-ci est mûr; elle s'applique aussi à en amener la maturité. Les résultats d'un Congrès ne doivent pas se mesurer uniquement aux réformes adoptées; il faut également tenir compte des idées nouvelles que les réunions fournissent l'occasion d'émettre. Une proposition écartée n'est pas une proposition enterrée. L'idée en reste et sa réalisation s'accomplit à son heure.

Si l'Union respecte les exigences des services intérieurs des diverses Administrations qui la composent, il n'en résulte pas cependant que ses progrès leur soient entièrement subordonnés. Elle exerce, au contraire, une influence salutaire sur ces services mêmes. Beaucoup d'améliorations introduites dans les services postaux intérieurs sont dues à l'existence de l'Union. Elle est une grande éducatrice. Outre qu'elle contient tous les principes sur lesquels doit reposer un bon service postal, elle provoque d'utiles rapprochements entre les chefs de toutes les Administrations des postes et son organe, le journal «l'Union postale», est un excellent instrument de vulgarisation. Elle fournit des moyens de comparaison et d'examen qui n'existaient pas jadis; elle est, au plus haut titre, un élément d'émulation.

Pendant la première période de son existence, l'Union postale a consacré la plus grande partie de ses efforts à son extension. Sous ce rapport, son but est près d'être atteint aujourd'hui. A peu d'exceptions près, tous les pays du monde y ont adhéré.[1] Parallèlement, elle poursuivait son perfectionnement et l'unification de ses règlements. Au Congrès de Washington notamment et à celui de Rome de grands progrès avaient été réalisés dans ce sens. C'est ainsi qu'on pouvait déjà prévoir le jour prochain où le «penny-postage» (la taxe internationale de 10 centimes) viendrait se substituer, dans les relations entre la plupart des pays, à celle de 25 centimes en vigueur depuis le Congrès de Berne. La guerre est venue dissiper ce beau rêve. Elle a remis ses protagonistes devant une situation beaucoup plus défavorable que celle qui existait en 1874, à l'époque de la création de l'Union. Cela n'a découragé personne. Au Congrès de Madrid,

---

[1] Au commencement de l'année 1924, les pays et territoires qui ne faisaient pas partie de l'Union postale étaient les suivants: En Europe: la Russie d'Europe; en Afrique: la Nigéria, le Nyassaland, la Rhodésia du Nord; en Asie: l'Afghanistan, l'Arabie, les Etats malais de Johore et de Trengganu, l'Irâk, les îles Laquedives et Maldives, la Russie d'Asie; en Océanie: les îles Tonga ou des Amis.

malgré la diversité des intérêts en présence, les délégués sont parvenus à adapter tous les Actes postaux aux nécessités existantes. «Le premier parlement du monde», comme on a qualifié un jour les Congrès postaux, s'est montré plus que jamais digne de cette appellation. Se plaçant au-dessus des contingences, ne se préoccupant que de servir les intérêts supérieurs de l'humanité, le Congrès de Madrid a rédigé un nouveau code qui, plus élastique que l'ancien, tient compte des difficultés économiques où se trouvent de nombreux pays, mais sauvegarde en même temps les principes généraux qui constituent sa raison d'être.

Les perfectionnements apportés dans les moyens de transport en établissant des rapports plus étroits et plus suivis entre les divers pays du monde, ont créé entre eux une solidarité d'intérêts qui n'existait pas jadis. Aucun peuple aujourd'hui ne peut plus vivre isolé. Les perturbations et les misères que la guerre a semées partout sont venues prouver que la prospérité des nations et le bonheur des hommes sont plus que jamais liés à l'harmonie et à la concorde universelles. Instrument par excellence de cette harmonie et de cette concorde, l'Union postale n'a jamais failli à sa tâche. Même dans les jours d'épreuves, elle a poursuivi tenacement son but. «Les œuvres de paix — a dit un savant — progressivement réalisées par le génie des peuples, ne disparaissent jamais tout entières dans les catastrophes qui les atteignent périodiquement, comme se reproduisent les éclipses.» Non seulement, l'Union postale n'a pas disparu dans la tourmente, mais elle en est sortie mieux trempée et plus forte. Après cinquante ans, elle reste au premier rang des institutions qui visent à transformer l'humanité en une grande famille dont tous les membres seraient fraternellement unis et au sein de laquelle seraient respectés tous les intérêts et tous les droits.

PALAIS DU PARLEMENT où siègera le Congrès de Stockholm en 1924.

LISTE

des délégués, des fonctionnaires attachés et des fonctionnaires du Bureau international de l'Union postale universelle qui ont assisté aux Conférences et aux Congrès postaux.

———

Nota. Les noms des fonctionnaires attachés sont suivis d'un astérisque.

Les chiffres placés après les noms des délégués correspondent à ceux qui se trouvent dans les photographies des membres des Conférences ou des Congrès. Les photographies comprennent en outre: celle de Vienne, S. Exc. M. le marquis de Bacquehem[1], Ministre du Commerce d'Autriche; celle de Washington, l'honorable M. Gary[1], Postmaster General des Etats-Unis d'Amérique; celle de Rome, S. Exc. M. Alfredo Baccelli [1], Ministre des postes et des télégraphes d'Italie; celle de Madrid, Sa Majesté le Roi Alphonse XIII et S. Exc. M. le Comte de Bugallal[1], Ministre de la Gobernación.

———

Conférence de Paris. 1863.

MM.

AUTRICHE:	LÖWENTHAL, Conseiller au Ministère du commerce.
BELGIQUE:	FASSIAUX, Directeur général des chemins de fer, postes et télégraphes.
	THIMISTER, Inspecteur à l'Administration des postes.
COSTA-RICA:	LAFOND (DE LURCY), Consul général de Costa-Rica, à Paris.
DANEMARK:	SICK, Secrétaire de la légation de Danemark, à Paris.
	MARTIN LEVY, Secrétaire du Ministre des finances.
ESPAGNE:	le Comte de NAVA DE TAJO, Sous-Directeur au Département des relations extérieures.
ÉTATS-UNIS D'AMÉRIQUE:	BLAIR, Postmaster General, qui en date du 4 août 1862 émit l'idée de la Conférence.
	KASSON, Membre du Congrès des États-Unis.
	MÖHLE*.
FRANCE:	VANDAL, Conseiller d'État, Directeur général des postes, *Président de la Conférence.*
	MAURIN, Chef de la correspondance étrangère à l'Administration des postes.
	DESENNE, Sous-Chef de la correspondance étrangère à l'Administration des postes*, Secrétaire de la Conférence.
GRANDE-BRETAGNE:	FRÉDÉRIC HILL, Secrétaire-adjoint de l'Office général des postes.
	E. H. REA, Commis de première classe des postes*.
ITALIE:	le Chevalier PAGNI, Inspecteur général des postes d'Italie.
	le Chevalier AGOSTINI, Chef de section de l'Administration générale des postes.
PAYS-BAS:	HOFSTEDE, Inspecteur à l'Administration centrale des postes.
PORTUGAL:	le Chevalier d'ANTAS, Conseiller et Secrétaire de légation de S. M. le Roi de Portugal, à Paris.
PRUSSE:	METZNER, Conseiller intime et supérieur des postes.
ILES SANDWICH:	Sir JOHN BOWRING, Ministre du Royaume hawaïen, à Paris.
SUISSE:	KERN, Envoyé extraordinaire et Ministre plénipotentiaire de la Confédération Suisse, à Paris.
	PAUL JEANRENAUD, Directeur du IVe arrondissement des postes fédérales.
VILLES HANSÉATIQUES:	JOHANNES RÖSING, Secrétaire de légation.

CONFÉRENCE DE PARIS 1863.

Congrès de Berne. 1874.

MM.

ALLEMAGNE: STEPHAN, Directeur général des postes. 15.
GÜNTHER, Conseiller postal privé. 6.
HAGEMANN, Secrétaire intime, Chef du bureau de la correspondance étrangère*. 5.

AUTRICHE ET
HONGRIE: le Baron DE KOLBENSTEINER, GUILLAUME, Directeur général des postes et des télégraphes d'Autriche. 14.
GERVAY, MICHEL, Directeur général des postes hongroises, à Pesth. 7.
HEIM, Conseiller de section au Département du commerce, à Pesth, délégué suppléant. 4.
PILHAL, FRANÇOIS, Conseiller ministériel au Département du commerce, à Vienne, délégué suppléant. 16.

BELGIQUE: FASSIAUX, Directeur général des chemins de fer, postes et télégraphes. 26.
VINCHENT, Inspecteur général à la même Administration. 13.
GIFE, Directeur à la même Administration. 25.

DANEMARK: le Dr FENGER, C. E., Conseiller intime d'État. 11.

ÉGYPTE: MUZZI BEY, Directeur général des postes. 23.
CHIOFFI, VICTOR, Secrétaire*. 28.

ESPAGNE: MANSI, ANGEL, Directeur général des postes et des télégraphes. 3.
DE NAVASQÜES, EMILIO C., Chef du bureau international au Département des postes et des télégraphes. 8.

ÉTATS-UNIS
D'AMÉRIQUE: BLACKFAN, Directeur du service des postes étrangères. 24.
RAMBUSCH, Agent spécial du Département des postes*. 27.

FRANCE: BESNIER, Administrateur des postes. 17.
ANSAULT et LE LIBON (n'ont pas pu assister au Congrès par suite d'un accident de chemin de fer).

GRANDE-
BRETAGNE: PAGE, W. J., second Secrétaire-adjoint au General Post Office. 10.
MACLEAN, ALAN, fonctionnaire de 1re classe au Secrétariat du General Post Office*. 21.

GRÈCE: MANSOLAS, A., Chef de division au Ministère de l'intérieur. 12.
BÉTANT, ALBERT HUGUES, Consul de Grèce, à Genève. 18.

ITALIE: le Commandeur TANTESIO, Directeur, Chef de division de Ire classe à la Direction générale des postes. 2.

LUXEM-
BOURG: DE ROEBE, VICTOR, Directeur général des finances. 9.

NORVÈGE: OPPEN, C., Secrétaire d'expédition au Ministère de la marine et des postes. 19.

PAYS-BAS: HOFSTEDE, J. P., Directeur en chef des postes au Ministère des finances. 34.
C. W. Baron SWEERTS DE LANDAS WYBORGH, Directeur du bureau de poste de Rotterdam. 33.

PORTUGAL: le Conseiller LESSA, EDUAROD, Directeur général des postes. 29.

DE CASTEL-BRANCO, Secrétaire de légation*. 22.

ROUMANIE: LAHOVARI, GEORGES, Directeur général des postes et des télégraphes. 20.

RUSSIE: le Conseiller privé Baron DE VELHO, Directeur du Département des postes. 32.

DE POGGENPOHL, GEORGES, Chef de division au Département des postes. 35.

SERBIE: MLADEN RADOJKOVITCH, Commissaire de section des postes et télégraphes. 36.

SUÈDE: ROOS, W., Directeur général des postes. 30.

SUISSE: le Conseiller fédéral BOREL, EUGÈNE, Chef du Département des postes, *Président du Congrès*. 1.

le Conseiller fédéral NÆFF, GUILLAUME, Remplaçant du Chef du Département des postes. 39.

le Conseiller national HEER, JOACHIM, Landammann du canton de Glaris. 40.

STEINHÄUSLIN, Secrétaire général des postes*. 38.

FUCHS, Contrôleur général des postes*. 41.

HÖHN, Chef du personnel postal suisse*, Secrétaire du Congrès. 42.

DELESSERT, Contrôleur de l'arrondissement postal de Lausanne*, Secrétaire du Congrès. 37.

TURQUIE: YANCO EFFENDI MACRIDI, Chef de division à la Direction générale des postes et des télégraphes. 31.

CONGRÈS DE BERNE 1874.

Conférence de Berne. 1876.

MM.

ALLEMAGNE: GÜNTHER, Conseiller postal privé.
AUTRICHE: DEWÉZ, Conseiller ministériel au Département du commerce.
BELGIQUE: FASSIAUX, Directeur général des chemins de fer, postes et télégraphes.
GIFE, Directeur à l'Administration des postes.
ÉGYPTE: BOREL, EUGÈNE, Directeur du Bureau international de l'Union générale des postes.
ESPAGNE: S. Exc. DON ISIDORO DE HOYOS, Vicomte de MANZANERA, Ministre plénipotentiaire d'Espagne, à Berne.
FRANCE: ANSAULT, Sous-chef du bureau de la correspondance étrangère à la Direction générale des postes.
ROY, Chef de bureau au Ministère de la marine et des colonies.
GRANDE-BRETAGNE: MACLEAN, ALAN, fonctionnaire de première classe au Secrétariat du General Post Office.
HONGRIE: HEIM, Conseiller de section au Département du commerce.
INDE BRITANNIQUE: MONTEATH, A. M., Directeur général des postes.
ITALIE: le Commandeur TANTESIO, Directeur, Chef de division de Ire classe à la Direction générale des postes.
PAYS-BAS: HOFSTEDE, J. P., Directeur en chef des postes au Ministère des finances.
SUÈDE ET NORVÈGE: DE BJÖRNSTJERNA, Chambellan, Secrétaire de légation.
SUISSE: le Conseiller fédéral HEER, Chef du Département des postes, *Président de la Conférence.*
(ne prenait pas directement part à la Conférence)
HÖHN, Secrétaire général des postes, Secrétaire de la Conférence.

MM.

BUREAU INTERNATIONAL: BOREL, EUGÈNE, Directeur.
MORET, Ier Secrétaire, Secrétaire de la Conférence.

Congrès de Paris. 1878.

I. Pays faisant partie de l'Union postale.

MM.

ALLEMAGNE: le Dr STEPHAN, Maître général des postes. 14.
GÜNTHER, Conseiller intime supérieur des postes, membre de l'Administration générale des postes et des télégraphes. 13.
SACHSE, Conseiller intime supérieur des postes, membre de l'Administration générale des postes et des télégraphes. 12.
HUBERT, Inspecteur des postes*. 11.

RÉPUBLIQUE
ARGENTINE: CARLOS CALVO. 36.

AUTRICHE
ET HONGRIE: GUILLAUME DEWÉZ, Directeur général des postes et des télégraphes, Chef de section au Ministère impérial-royal du commerce. 15.
MICHEL GERVAY, Directeur général des postes au Ministère du commerce hongrois. 16.
E. FRITSCH*. 17.

BELGIQUE: J. VINCHENT, Directeur général des postes et des télégraphes. 28.
F. GIFE, Directeur des postes. 29.

BRÉSIL: le Vicomte D'ITAJUBA, Ministre du Brésil, à Paris. 47.

DANEMARK
ET COLONIES
DANOISES: J. L. SCHOU, Directeur général des postes. 40.
PETERSEN, Sous-chef de bureau au Ministère de l'intérieur*. 32.

ÉGYPTE: CAILLARD, Directeur général des postes. 46.
CHIOFFI, Secrétaire. * 35.

ESPAGNE
ET COLONIES
ESPAGNOLES: GREGORIO CRUZADA VILLAAMIL, Directeur général des postes et des télégraphes. 31.
EMILIO-C. DE NAVASQÜES, Chef du bureau du service international de la section des postes. 20.

ÉTATS-UNIS
D'AMÉRIQUE: JAMES N. TYNER, Premier assistant du Postmaster General. 18.
JOSEPH H. BLACKFAN, Surintendant des Malles étrangères. 19.

FRANCE: LÉON SAY, Ministre des finances de France.
AD. COCHERY, Sous-secrétaire d'État des finances, *Président du Congrès.* 1.
A. BESNIER, Administrateur des postes, Vice-Président du Congrès. 39.
TH. ANSAULT, Chef du bureau de la correspondance étrangère. 38.
RECOING, Fonctionnaire de l'Administration centrale des postes*, Secrétaire du Congrès. 63.

DUPARCQ, Fonctionnaire de l'Administration centrale des postes*, Secrétaire du Congrès. 61.

COLONIES
FRANÇAISES: ÉLIE ROY, Sous-directeur au Ministère de la marine et des colonies. 49.

MARTIAL HOUSEZ, Sous-chef de bureau au Ministère de la marine et des colonies. 48.

GRANDE-BRE-
TAGNE ET CO-
LONIES BRI-
TANNIQUES: ADAMS, Premier Secrétaire de l'Ambassade britannique, à Paris. 4.

PAGE, Secrétaire-adjoint du General Post Office. 3.

ALAN MACLEAN, Fonctionnaire supérieur du Post Office. 2.

INDE BRI-
TANNIQUE: HOGG, Postmaster General du Bengale. 10.

HAM, Attaché au service des postes de l'Inde, Secrétaire*. 9.

GRÈCE: N.-P. DELYANNI, Premier Secrétaire d'ambassade. 37.

MANSOLAS, Chef de section au Ministère de l'intérieur. 22.

ITALIE: G.-B. TANTESIO, Directeur supérieur des postes. 7.

JAPON: Son Exc. NAONOBOU SAMESHIMA, Ministre du Japon, à Paris. 50.

BRYAN, Surintendant des Malles étrangères. 41.

G. DE MURALT*. 33.

LUXEM-
BOURG: VICTOR DE ROEBE, Directeur général des finances. 58.

NORVÈGE: C.-H.-S. HEFTY, Secrétaire général du Ministère de la marine et des postes. 24.

PAYS-BAS
ET COLONIES
NÉERLAN-
DAISES: J.-P. HOFSTEDE, Directeur en chef des postes. 26.

le Baron C.-W. SWEERTS DE LANDAS-WYBORGH, Directeur du bureau de poste de Rotterdam. 25.

PORTUGAL
ET COLONIES
PORTUGAI-
SES: G.-A. DE BARROS, Directeur général des postes. 23.

le Baron DE FERREIRA DOS SANTOS, Premier Secrétaire de légation*. 8.

ROUMANIE: G.-F. ROBESCO, Directeur général des postes et des télégraphes. 21.

RUSSIE: le Baron VELHO, Conseiller privé, Directeur du Département des postes. 5.

G. DE POGGENPOHL, Chef de division au Département des postes. 6.

SERBIE: MLADEN RADOYCOVITCH, Chef de section des postes et des télégraphes au Ministère de l'intérieur. 42.

SUÈDE: A.-W., ROOS, Directeur général des postes. 30.

SUISSE: le Dr KERN, Ministre de Suisse, à Paris. 57.

EDMOND HÖHN, Secrétaire général de l'Administration des postes. 56.

TURQUIE: BEDROS COUYOUMGIAN, Conseiller d'État. 51.

II. Pays non encore entrés dans l'Union postale.

MM.

CANADA: M. G. BROWN.
CHILI: ALBERTO BLEST GANA, Ministre du Chili, à Paris. 52.
HAÏTI: CHARLES NOËL, Consul d'Haïti, à Paris. 44.
HAWAI: WILLIAM MARTIN, Chargé d'affaires d'Hawaï, à Paris. 54.
LIBÉRIA: LÉOPOLD CARRANCE, Consul général de Libéria. 60.
ADOLPHE HUARD, Consul de Libéria. 53.
MEXIQUE: GAVINO BARREDA, Ministre du Mexique, à Berlin. 59.
PÉROU: JUAN M. DE GOYENECHE, Ministre du Pérou, à Paris. 55.
SALVADOR: J.-M. TORRES CAÏCEDO, Ministre du Salvador, à Paris. 45.
URUGUAY: JUAN DIAZ, Ministre de l'Uruguay, à Paris. 34.
VENEZUELA: le Dr ANTONIO PARRA BOLIVAR, Consul des États-Unis de Venezuela. 43.

MM.

BUREAU IN-
TERNATIO-
NAL: EUGÈNE BOREL, Directeur. 27.
MORET, Ier Secrétaire, Chef du Secrétariat du Congrès. 62.

CONGRES DE PARIS 1878.

Conférence de Paris. 1880.

MM.

ALLEMAGNE: Günther, Conseiller intime supérieur des postes.
Miessner, Conseiller intime supérieur des postes.
Hubert, Inspecteur des postes*.

AUTRICHE
ET MONTÉ-
NÉGRO: A. Varges, Conseiller au Ministère du commerce d'Autriche.

HONGRIE: P. Heim, Conseiller au Ministère du commerce de Hongrie.

BELGIQUE: F. Gife, Inspecteur général à l'Administration des postes et télégraphes.
Dubois, Ingénieur en chef, Directeur de l'exploitation à l'Administration des chemins de fer de l'Etat.
Berleur, Fonctionnaire de l'Administration des chemins de fer de l'Etat*.

BULGARIE: Stoitchoff, Directeur général des postes et des télégraphes.
Travers, Conseiller, à titre privé, pour les postes.

DANEMARK: J. L. Schou, Directeur général des postes, des télégraphes et des chemins de fer de l'Etat, Chef de département au Ministère de l'intérieur.

ÉGYPTE: V. Chioffi, Sous-Directeur général des postes.

ESPAGNE: G. Cruzada Villaamil, Directeur général des postes et des télégraphes.
Vasquez, Chef de bureau*.

ÉTATS-UNIS
D'AMÉRIQUE: Brulatour (admis aux séances de la Conférence sur la demande du Ministre des Etats-Unis, à Paris.)

FRANCE: Ad. Cochery, Député, Ministre des postes et des télégraphes, *Président de la Con-férence*[1].
Wilson, Député, Sous-Secrétaire d'Etat au Ministère des finances.
Raynal, Député, Sous-Secrétaire d'Etat au Ministère des travaux publics.
Jagerschmidt, Ministre plénipotentiaire de 1re classe.
Schlemmer, Directeur de l'exploitation des chemins de fer au Ministère des travaux publics.
Boulanger, Administrateur à la Direction générale de l'enregistrement, des domaines et du timbre.

---

[1] M. Cochery seul était délégué.
Ont également assisté à la Conférence, avec voix consultative, les représentants des Compagnies françaises de chemins de fer et de navigation:

MM.

GUSTAVE NOBLEMAIRE, Ingénieur des mines, Directeur de l'exploitation des chemins de fer de Paris à Lyon et à la Méditerranée.
FRANÇOIS JACQMIN, Ingénieur en chef des ponts et chaussées, Directeur de la Compagnie des chemins de fer de l'Est.
FÉLIX MATHIAS, Ingénieur, Chef de l'exploitation des chemins de fer du Nord.
JULES LESGUILLIER, Ingénieur en chef des ponts et chaussées, Directeur des chemins de fer de l'Etat.
LOUIS LANCELIN, Ingénieur en chef, adjoint au Directeur de la Compagnie des chemins de fer du Midi.
LOUIS SEVÈNE, Ingénieur en chef des ponts et chaussées, Directeur de la Compagnie des chemins de fer d'Orléans.
EDOUARD DELAÎTRE, Inspecteur général honoraire des ponts et chaussées, Directeur général de la Compagnie des chemins de fer de l'Ouest.
JULES-HENRI DENION DU PIN, Administrateur de la Compagnie nationale des messageries maritimes.
EUGÈNE PÉREIRE, Président du Conseil d'administration de la Compagnie générale transatlantique.
LOUIS FRAISSINET, Directeur de la nouvelle Compagnie marseillaise de navigation à vapeur.
CHARLES-JEANNE JULIEN, Sous-Directeur de la Société générale, représentant la Compagnie concessionnaire du service postal de Calais à Douvres.

FRANCE: (Suite)	ROUSSAN, Chef de bureau à la Direction générale des contributions indirectes. A. BESNIER, Administrateur au Ministère des postes et des télégraphes. CHASSINAT, Administrateur au Ministère des postes et des télégraphes. TH. ANSAULT, Chef du bureau de la correspondance postale étrangère au Ministère des postes et télégraphes. RECOING, Fonctionnaire de l'Administration centrale des postes*, Secrétaire de la Conférence. ANDRÉ, Fonctionnaire de l'Administration centrale des postes*, Secrétaire de la Conférence. LE BARON D'ESTOURNELLES DE CONSTANT, Fonctionnaire du Ministère des affaires étrangères*; Secrétaire de la Conférence.
GRANDE-BRE-TAGNE, CA-NADA ET INDE BRITANNIQUE:	S. A. BLACWOOD, Secrétaire du General Post Office. A. BENTHALL, Secrétaire adjoint du General Post Office. BUXTON FORMAN*.
INDE BRI-TANNIQUE:	J. H. CORNWALL, Chef de division des postes de l'Inde britannique*.
ITALIE:	CAPECELATRO DI CASTELPAGANO, Directeur général des postes. FRIGO, Inspecteur principal des chemins de fer. F. SALIVETTO, Chef de section des postes*.
LUXEM-BOURG:	V. DE RŒBE, Directeur général des finances. E. BASTIN, Consul général à Paris. GRÜBER, Contrôleur des postes*.
NORVÈGE:	C. H. S. HEFTY, Secrétaire général du Ministère de la marine et des postes.
PAYS-BAS:	J. P. HOFSTEDE, Directeur en chef des postes.
PERSE:	MIRZA AHMED KHAN, Ier Secrétaire de la légation de Perse, à Paris. DE SIGNORIO.
PORTUGAL:	G. A. DE BARROS, Directeur général des postes, télégraphes et phares. P. D'ALCANTARA VIDŒIRA*.
ROUMANIE:	C. F. ROBESCO, Directeur général des postes et des télégraphes.
RUSSIE:	G. DE POGGENPOHL, Chef de division du Département des postes.
SERBIE:	MLADEN RADOYCOVITCH, Chef de section des postes et des télégraphes au Ministère de l'intérieur.
SUÈDE:	A. W. ROOS, Directeur général des postes.
SUISSE:	E. HÖHN, Directeur général des postes.
TURQUIE:	YANCO EFFENDI MACRIDI, Directeur divisionnaire à l'Administration des postes et des télégraphes.

MM.

BUREAU INTERNA-TIONAL:	E. BOREL, Directeur. H. GALLE, Ier Secrétaire, Chef du secrétariat de la Conférence.

Congrès de Lisbonne. 1885.

I. Pays faisant partie de l'Union postale.

MM.

ALLEMAGNE: SACHSE, Directeur au Département des postes. 2.
FRITSCH, Conseiller intime des postes. 3.
NEUMANN, Inspecteur des postes*. 4.

RÉPUBLIQUE
ARGENTINE: DON FRANCISCO P. HANSEN. 5.
DON FILIBERTO DE OLIVEIRA, Secrétaire, ex-Inspecteur général*.

AUTRICHE
ET MONTÉ-
NÉGRO: LE BARON GUILLAUME DEWEZ, Directeur général des postes et des télégraphes, Chef
de section au Ministère impérial et royal du commerce. 6.
ALEXANDRE VARGES, Conseiller ministériel au Ministère du commerce. 7.
HABBERGER*. 8.
LE BARON BUSCHMAN*. 9.

BELGIQUE: GIFE, Inspecteur général des postes et des télégraphes. 14.
BRÉSIL: LUIZ CÆTANO PEREIRA GUIMARÆS, Chargé d'affaires du Brésil. 16.
BULGARIE: IVANOFF, Directeur général des postes et des télégraphes. 17.
CHILI: DON MARCIAL MARTINEZ, Ministre du Chili, à Londres. 18.
DON MARCIAL A. MARTINEZ*. 19.

COLOMBIE
(ÉTATS-UNIS): CÉSAR CONTO, Consul général de Colombie, à Londres. 22.
COSTA-RICA: DON LÉON FERNANDEZ, Ministre de Costa-Rica, à Madrid. 23.
DON RICARDO FERNANDEZ, Secrétaire de légation*. 24.

DANEMARK ET
COLONIES
DANOISES: LUND, Administrateur général des postes. 25.

DOMINICAINE
(RÉPUBLIQUE): PEDRO GOMES DA SILVA, Consul. 26.
ÉGYPTE: HALTON-BEY, Directeur général des postes. 27.
ÉQUATEUR: ANTONIO FLORES. 28.

ESPAGNE ET
COLONIES ES-
PAGNOLES: DON ALVAREZ BUGALLAL. 29.
DON AQUILINO HERCE. 31.
DON CARLOS FLOREZ*. 33.
FERDINAND POLACK ET VICENTE W., QUEROL, délégués des chemins de fer espagnols.

ÉTATS-UNIS
D'AMÉRIQUE: William T. Otto. 34.

    James S. Crawford. 35.

FRANCE
ET HAITI: De Laboulaye, Envoyé extraordinaire et Ministre plénipotentiaire, à Lisbonne. 36.

    A. Besnier, Directeur des correspondances postales au Ministère des postes et des télégraphes. 37.

    Ansault, Chef du bureau de la correspondance étrangère au Ministère des postes et des télégraphes. 38.

COLONIES
FRANÇAISES: Duvivier, Secrétaire du Conseil supérieur des colonies au Ministère de la marine et des colonies. 39.

GRANDE-BRE-
TAGNE, CANA-
DA ET COLO-
NIES BRITAN-
NIQUES: Stevenson A. Blackwood, Secrétaire du General Post Office. 40.

    H. Buxton Forman, Chef de division au General Post Office. 41.

    C. A. King, Chef de division à la comptabilité, au General Post Office*. 42.

GRÈCE
ET HAWAI: Eugène Borel, Directeur du Bureau international de l'Union postale universelle. 45.

GUATEMALA: Don José Carrera, Ministre, à Madrid. 46.

    Don Émile Carrera*. 47.

HONDURAS
(RÉPUBLI-
QUE): Don José Carrera, Ministre, à Madrid. 46.

HONGRIE: Gervay, Directeur général des postes au Ministère hongrois des communications et des travaux publics. 12.

    le Comte Orssich*. 13.

INDE BRI-
TANNIQUE: H. E. James, Directeur général des postes. 43.

    Goldmann, Directeur des postes*. 44.

ITALIE: le Commandeur Tantesio, Inspecteur général des postes. 48.

    le Chevalier Félix Salivetto, Chef de division*. 49.

JAPON: Yasushi Nomura, Directeur général des postes. 50.

    Yoshinori Takahashi, Directeur des postes*. 51.

    Ftatsbashi, Attaché à la légation japonaise de St-Pétersbourg*. 52.

LIBÉRIA: le Comte G. de Senmarti y Brugues, Ministre-Résident de Libéria, à Madrid. 53.

LUXEM-
BOURG: Mathias Mongenast, Directeur général des finances. 54.

    Rischard. 55.

MEXIQUE: Don Luiz Breton y Vedra, Consul général du Mexique, à Lisbonne. 56.

NICARAGUA: Manuel Joaquim Alves Diniz, Consul, à Lisbonne. 57.

NORVÈGE: H. H. F. Asche, Secrétaire général du Ministère de la marine et des postes. 58.

PARAGUAY: Francisco d'Almeida Rebello, Consul général, à Lisbonne. 59.

PAYS-BAS ET
COLONIES
NÉERLAN-
DAISES: J. P. Hofstede, Directeur en chef de l'Administration des postes. 60.

    le Baron C. W. Sweerts de Landas-Wyborgh, Directeur du bureau de poste de Rotterdam. 61.

PERSE:	le Général N. Semino, Secrétaire général du Ministère des postes. 62.
PORTUGAL:	le Conseiller G. A. de Barros, Directeur général des postes, télégraphes et phares, *Président du Congrès*. 1.

PORTUGAL:
le Conseiller G. A. de Barros, Directeur général des postes, télégraphes et phares, *Président du Congrès*. 1.

Ernesto Madeira Pinto, Inspecteur des postes. 10.

José Pedro Moutinho Segurado, Secrétaire à la Direction générale des postes*. 11.

Pedro de Alcantara Vidoeira, Chef de division à la Direction générale des postes*. 20.

Joao Baptista da Silva Lopes, Administrateur des postes, télégraphes et phares*. 21.

Alfredo Pereira, Chef de bureau à la Direction générale des postes*. 30.

José Augusto Thomas Ferro, Sous-chef de bureau à la Direction générale des postes*, Secrétaire du Congrès. 32.

A. C. de Brito, Sous-chef de bureau à la Direction générale des postes*, Secrétaire du Congrès. 80.

D. A. A. d'Oliveira, Attaché au Secrétariat du Congrès*. 81.

COLONIES PORTUGAISES:
le Conseiller G. A. de Barros, Directeur général des postes, télégraphes et phares. 1.

ROUMANIE:
le Prince Ghika. 63.

Constantin Jean Manu, Fonctionnaire supérieur des postes et télégraphes*. 64.

RUSSIE:
le Général de Besack, Directeur général des postes et des télégraphes. 65.

G. de Poggenpohl, Chef de division de la Direction générale des postes et des télégraphes. 66.

le Baron de Rosen, Secrétaire de la Direction générale des postes et des télégraphes*. 67.

SUÈDE:
A. W. Roos, Directeur général des postes. 71.

SUISSE:
Edmond Höhn, Directeur général des postes. 72.

URUGUAY:
E. Kubly, Ministre plénipotentiaire de l'Uruguay. 73.

Basanez*. 74.

Don Pablo Ramella*. 75.

VENEZUELA: José Luiz Pereira Crespo. 76.

II. Pays non encore entrés dans l'Union postale.

MM.

AUSTRALIE OCCIDENTALE, AUSTRALIE MÉRIDIONALE ET NOUVELLE-GALLES DU SUD:
H. Buxton Forman, Chef de division au General Post Office britannique. 41.

BOLIVIE:
Joaquin Caso. 15.

SIAM:
le Prince Prisdang, Envoyé extraordinaire et Ministre plénipotentiaire. 68.

Luang Nai Tej, Secrétaire de légation*. 69.

Frederick Clarke, Secrétaire de légation*. 70.

MM.

BUREAU IN-
TERNATIO-
NAL:

Eugène Borel, Directeur, Vice-Président du Congrès. 45.
H. Galle, Conseiller des postes, Ier Secrétaire, Chef du Secrétariat du Congrès. 77.
C. Hoch, IIe Secrétaire, Secrétaire du Congrès. 78.
E. Borel, fils, Secrétaire du Congrès. 79.

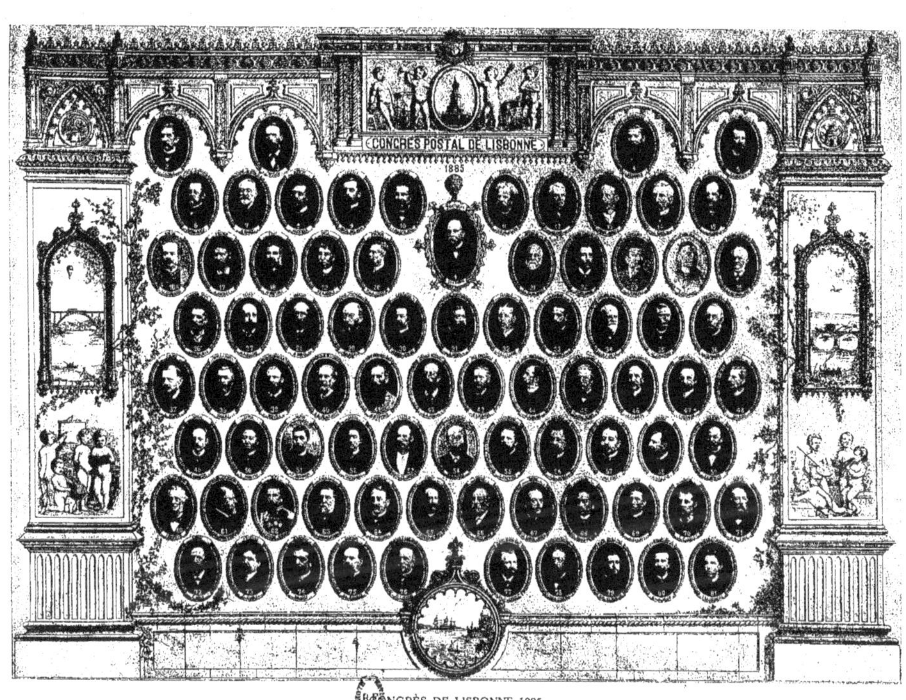

CONGRÈS DE LISBONNE 1885.

Conférence de Bruxelles. 1890.

MM.

ALLEMAGNE: Sachse, Directeur au Département des postes.
Fritsch, Conseiller intime supérieur au Département des postes.
AUTRICHE: Habberger, Conseiller des postes au Ministère du commerce.
BELGIQUE: Stassin, Directeur général des postes, *Président de la Conférence.*
Garant, Directeur d'Administration.
Decraene, Directeur d'Administration.
Sterpin, Chef de bureau à l'Administration centrale des postes*, Secrétaire de la Conférence.
PORTUGAL: De Barros, Directeur général des postes, télégraphes et phares.

MM.

BUREAU IN-
TERNATIO-
NAL: E. Borel, Directeur.
H. Galle, Conseiller des postes, Ier Secrétaire, Secrétaire de la Conférence.

Congrès de Vienne. 1891.

I. Pays faisant partie de l'Union postale.

MM.

ALLEMAGNE
ET PROTECTO-
RATS ALLE-
MANDS:

S. Exc. le D^r DE STEPHAN, Secrétaire d'État du Département des postes. 25.
SACHSE, Directeur au Département des postes. 16.
FRITSCH, Conseiller intime supérieur des postes. 34.
FUHRKEN, Secrétaire supérieur des postes*. 7.

AMÉRIQUE
(ÉTATS-UNIS): le Capitaine N. M. BROOKS, Surintendant des postes. 53.
WILLIAM POTTER. 50.

ARGENTINE
(RÉPUBLIQUE): S. Exc. DON CARLOS CALVO, Envoyé extraordinaire et Ministre plénipotentiaire de la République Argentine, à Berlin. 52.
ALEXANDRE GUESALAGA, premier Secrétaire de la légation argentine*. 82.
EDOUARD CALVO, Secrétaire de la légation argentine*. 100.

AUTRICHE ET
MONTÉNÉGRO: le Chevalier JEAN D'OBENTRAUT, Directeur général des postes et des télégraphes, Chef de section au Ministère du commerce, *Président du Congrès.* 2.
le Dr ADALBERT HOFMANN, Conseiller ministériel au Ministère du commerce. 78.
le Baron ALFRED DE LILIENAU, Conseiller de section au Ministère du commerce. 68.
THÉODORE HABBERGER, Conseiller de section au Ministère du commerce. 67.
le Baron FRANÇOIS DE BUSCHMANN, Secrétaire ministériel au Ministère du commerce (Secrétaire de cabinet du Ministre)*. 76.
le Dr ERNEST GOLLNER, Sous-secrétaire ministériel au Ministère du commerce (Secrétaire de cabinet du Directeur général)*, Secrétaire du Congrès. 79.
FRANÇOIS DE HLAWAČEK, Secrétaire des postes au Ministère du commerce*, Secrétaire du Congrès. 88.
le Chevalier ALBERT DE STIBRAL, Commissaire des postes au Ministère du commerce*, Secrétaire du Congrès. 85.
le D^r DE KOERBER*. 77.

BELGIQUE ET
ÉTAT INDÉ-
PENDANT DU
CONGO:

STASSIN, Directeur général des postes. 60.
le Comte DE LICHTERVELDE, Conseiller de la légation de Belgique, à Vienne. 69.
GARANT, Directeur d'Administration. 74.
DE CRAENE, Directeur d'Administration. 91.
STERPIN, Chef de bureau à la Direction générale des postes*. 83.
MAYNÉ, Chef de bureau à l'Administration des chemins de fer de l'État belge*. 96.

BRÉSIL
(ÉTATS-UNIS): le Dr Luiz Betim, Directeur général des postes. 65.
BULGARIE: Mattheeff, Directeur général des postes et des télégraphes. 22.
CANADA: Sir Charles Tupper, Haut-Commissaire du Canada, à Londres. 28.
Conradin F. Just*. 98.
COLOMBIE: le Dr G. Michelsen, Vice-consul de Colombie, à Hambourg. 41.
Don Carlos Benedetti, Consul de Colombie, à St-Nazaire. 49.
DANEMARK ET
COLONIES
DANOISES: le Commandeur Niels Holm Hostrup Lund, Directeur général des postes. 33.
ÉGYPTE: S. Exc. Yussuf Saba Pacha, Directeur général des postes. 46.
ESPAGNE ET
COLONIES ES-
PAGNOLES: S. Exc. F. Bas y Moró, Sous-Directeur des postes et des télégraphes. 51.
Rafaël Lopez de Oyarzabal, Chef de cabinet du Sous-Directeur*. 97.
F. C. Bas y Vassallo, Officier de l'Administration des postes*. 101.
FRANCE: le Marquis de Montmarin, Conseiller d'Ambassade de la République française. 35.
J de Selves, Directeur général des postes et des télégraphes. 36.
Ansault, Administrateur des postes et des télégraphes. 37.
Recoing, Sous-chef du bureau de la correspondance étrangère, délégué adjoint. 95.
COLONIES
FRANÇAISES: Gabrié, Chef du bureau du régime économique des colonies. 92.
GRANDE-BRE-
TAGNE ET CO-
LONIES BRI-
TANNIQUES: Sir Arthur Blackwood, Secrétaire du General Post Office. 26.
H. Buxton Forman, Chef de Division au General Post Office. 15.
C. A. King, Chef de division à la comptabilité, au General Post Office*. 8.
L. A. Marshall*. 6.
GRÈCE: Jean Georgantas, Directeur général des postes et des télégraphes. 47.
GUATEMALA: le Dr Gotthelf Meyer, Consul général de la République de Guatemala, à Vienne. 54.
HAWAI: Eugène Borel, Directeur du Bureau international. 58.
Bing, D^r en droit*. 99.
HONGRIE: Pierre Heim, Conseiller ministériel au Ministère royal du commerce. 27.
Sigismond Schrimpf, Conseiller de section au Ministère royal du commerce. 14.
INDE BRI-
TANNIQUE: H. M. Kisch, Directeur général des postes du Bengale. 23.
S. Gutmann, Directeur des postes de Quetta (Beloutschistan)*. 12.
ITALIE: le Commandeur Emidio Chiaradia, Membre de la Chambre des députés. 45.
le Commandeur Felice Salivetto, Chef de division au Ministère des postes et des télégraphes. 66.
le Chevalier Carlo Pirrone, Inspecteur central au Ministère des postes et des télé-graphes*. 9.
JAPON: Narimtsu Indo, Vice-Directeur du Département des postes au Ministère des communications. 70.
Shiro Fujita, Secrétaire de la présidence du Ministère des communications. 81.
R. Araï, Secrétaire des postes*. 90.
LIBÉRIA: le Baron de Stein, Ministre-résident, à Bruxelles. 84.
Guillaume Koentzer, Consul général, à Vienne. 55.
Charles Goedelt, Consul général, à Hambourg. 63.

LUXEM-
BOURG: le Dr MATHIAS MONGENAST, Directeur général des finances, postes et télégraphes. 56.
MEXIQUE: DON LUIZ BRETON Y VEDRA, Consul général du Mexique, à Lisbonne. 89.
NORVÈGE: T. HEYERDAHL, Secrétaire général du Ministère de l'intérieur, Chef de l'Administration des postes. 19.
KNUD DAHL, Chef de division au Ministère de l'intérieur*. 40.
PARAGUAY: DON JOSÉ BOSSI*. 62.
PAYS-BAS: J. P. HOFSTEDE, Directeur général de l'Administration des postes et télégraphes. 59.
le Baron L. C. VAN DER FELTZ, Inspecteur des postes. 48.
COLONIES NÉ-
ERLANDAISES: J. J. PERK, Fonctionnaire supérieur au Ministère des colonies des Pays-Bas. 32.
PÉROU: DANIEL C. URREA, Sous-Directeur général des postes. 21.
PERSE: le Général N. SEMINO, Directeur des postes persanes (Secrétaire général du Ministère des postes). 80.
PORTUGAL ET
COLONIES
PORTUGAISES: DE BARROS, Directeur général des postes, télégraphes et phares. 17.
ROUMANIE: le Colonel A. GORJEAN, Directeur général des postes et des télégraphes. 42.
S. DIMITRESCU, Chef de division à la Direction générale des postes et des télégraphes. 30.
RUSSIE: S. Exc. le Lieutenant-général DE BESACK, Directeur du Département impérial des postes et des télégraphes. 44.
S. Exc. le Conseiller d'État actuel et Chambellan DE SKALKOVSKY. 24.
IVANOFF, Chef de division au Département impérial des postes et des télégraphes*. 13.
TOMARA, Secrétaire au Département impérial des postes et des télégraphes*. 3.
SALVADOR: LOUIS KEHLMANN, Consul général de la République de Salvador, à Vienne. 39.
SERBIE: SVETOZAR J. GVOZDITCH, Directeur des postes et des télégraphes. 29.
ETIENNE W. POPOVITCH, Secrétaire des postes et des télégraphes. 20.
SIAM: LUANG SURIYA NUVATR, premier Secrétaire de la légation du Royaume de Siam. 61.
le Dr H. KEUCHENIUS. 71.
SUÈDE: E. DE KRUSENSTJERNA, Directeur général des postes. 43.
M. SAHLIN, Secrétaire de la Direction générale des postes*. 72.
SUISSE: EDMOND HÖHN, Directeur général des postes. 57.
DELESSERT, Directeur des postes. 64.
RÉGENCE
DE TUNIS: le Marquis DE MONTMARIN, Conseiller d'Ambassade de la République française. 35.
TURQUIE: PETACCI EFFENDI, Directeur de la poste centrale ottomane de Galata (Constantinople). 75.
FAHRI EFFENDI, Chef de bureau à la Direction générale des postes et des télégraphes ottomans. 94.
URUGUAY: S. Exc. le Dr SUSVIELA GUARCH, Ministre-résident de l'Uruguay. 38.
JOSÉ G. DEL BUSTO, Secrétaire général des postes. 73.
Dr FEDERICO TEXO*.
VENEZUELA: DON CARLOS MATZENAUER, Consul général. 31.

II. Pays non encore entrés dans l'Union postale.

MM.

AUSTRALIE MÉRIDIONALE:	F. BASEDOW, ancien Ministre de l'instruction publique. 18.
NOUVELLE-GALLES DU SUD ET QUEENSLAND:	Sir SAUL SAMUEL, Agent général de la Nouvelle-Galles du Sud. 11.
VICTORIA:	Sir GRAHAM BERRY, 10.
	J. J. CASEY, Juge. 4.
SUD-AFRICAINE (RÉPUBLIQUE):	S. Exc. M. BEELAERTS VAN BLOKLAND, Envoyé extraordinaire et Ministre plénipotentiaire de la République Sud-Africaine, à La Haye. 5.

MM.

BUREAU INTERNATIONAL:	EUGÈNE BOREL, Directeur, Vice-Président du Congrès. 58.
	H. GALLE, Conseiller des postes, Ier Secrétaire , Chef du Secrétariat du Congrès. 93.
	C. HOCH, Secrétaire, Secrétaire du Congrès. 87.
	A. WENDLING, Secrétaire, Secrétaire du Congrès. 86.

CONGRÈS DE VIENNE 1891.

Congrès de Washington. 1897.

I. Pays faisant partie de l'Union postale.

MM.

ALLEMAGNE ET PROTECTORATS ALLEMANDS:
FRITSCH, Directeur au Département des postes. 66.
NEUMANN, Conseiller intime des postes. 52.
RÖTHE, Inspecteur des postes*. 71.

AMÉRIQUE CENTRALE (RÉPUBLIQUE MAJEURE):
le Général NICANOR BOLET PERAZA, Consul général de la République majeure de l'Amérique centrale, à New York. 13.

AMÉRIQUE (ÉTATS-UNIS):
le Général GEORGE S. BATCHELLER, *Président du Congrès.* 2.
EDWARD ROSEWATER. 56.
JAMES N. TYNER, ancien Postmaster General. 65.
le Capitaine N. M. BROOKS, Surintendant des Malles étrangères. 46.
A. D. HAZEN, ancien 3me Assistant Postmaster General. 55.
le Colonel CHARLES CHAILLÉ-LONG*, Secrétaire du Congrès. 102.
ROBERT STOCKWELL HATCHER*, Secrétaire du Congrès. 97.

ARGENTINE (RÉPUBLIQUE):
le Dr MARTIN GARCIA MÉROU, Envoyé extraordinaire et Ministre plénipotentiaire de la République Argentine, à Washington. 14.

AUSTRALASIE (COLONIES BRITANNIQUES): AUSTRALIE MÉRIDIONALE, AUSTRALIE OCCIDENTALE, NOUVELLEGALLES DU SUD, NOUVELLEZÉLANDE, QUEENSLAND, TASMANIE, VICTORIA, ILES FIDJI.
l'Honorable JOHN GAVAN DUFFY, Ministre des postes et des télégraphes de Victoria. 39.
JAMES SMIBERT, ancien Deputy-Postmaster General de Victoria*. 105.

AUTRICHE ET MONTÉNÉGRO:
le Dr RUDOLF NEUBAUER, Directeur général des postes et des télégraphes. 33.

THÉODORE HABBERGER, Conseiller ministériel au Ministère du commerce. 85.

le Chevalier ALBERT DE STIBRAL, Sous-Secrétaire ministériel au Ministère du commerce. 42.

BELGIQUE ET ÉTAT INDÉPENDANT DU CONGO:

le Comte G. DE LICHTERVELDE, Envoyé extraordinaire et Ministre plénipotentiaire de Belgique, à Washington. 31.

STERPIN, Directeur général des postes. 63.

LAMBIN, Inspecteur de Direction à l'Administration centrale des chemins de fer de l'Etat belge. 50.

NEVEN, Chef de bureau à l'Administration centrale des postes*. 70.

BOLIVIE: T. ALEJANDRO SANTOS, Consul général de Bolivie, à New York. 84.

BOSNIE-HERZÉGOVINE: le Chevalier Dr HENRI DE KAMLER, Sous-Secrétaire ministériel au Ministère de la guerre autrichien. 25.

BRÉSIL: A. FONTOURA XAVIER, Consul général du Brésil, à New York. 73.

BULGARIE: IVAN STOYANOVITCH, Directeur général des postes et des télégraphes. 77.

CANADA: le Lieutenant-Colonel WILLIAM WHITE, Sous-Ministre des postes. 61.

CHILI: RAMON LUIS IRARRAZAVAL, Directeur général des postes. 83.

CARLOS LARRAIN*. 106.

COLOMBIE: le Dr CLIMACO CALDERON, Consul général de la République de Colombie, à New York. 19.

COSTA-RICA: DON JOAQUIN BERNARDO CALVO, Ministre-Résident de Costa-Rica, à Washington. 87.

DANEMARK ET COLONIES DANOISES: C. SVENDSEN, Directeur général des postes. 75.

ÉGYPTE: S. Exc. YUSSUF SABA PACHA, Directeur général des postes. 29.

ÉQUATEUR: DON LUIS FELIPE CARBO, Envoyé extraordinaire et Ministre plénipotentiaire de l'Équateur, à Washington. 88.

ESPAGNE ET COLONIES ESPAGNOLES: DON ADOLFO ROZABAL Y ROVIRA, Inspecteur chef des bureaux ambulants. 38.

DON CARLOS FLOREZ, Chef du bureau du service international. 11.

FRANCE: ANSAULT, Administrateur des postes et des télégraphes. 47.

RECOING, Chef du bureau de la correspondance étrangère et des services maritimes. 59.

HERMAN, Sous-Chef du service central, délégué-adjoint. 22.

COLONIES FRANÇAISES: DALMAS, Sous-Directeur au Ministère des colonies. 89.

GRANDE-BRETAGNE ET DIVERSES COLONIES BRITANNIQUES:

SPENCER WALPOLE, Secrétaire du General Post Office. 45.

H. BUXTON FORMAN, Secrétaire-Adjoint du General Post Office et Contrôleur du service des paquebots. 54.

C. A. KING, Inspecteur en chef de la comptabilité des postes et des télégraphes. 74.

A. B. WALKLEY*. 16.

COLONIES BRITANNIQUES DE L'AFRIQUE DU SUD:

SOMERSET R. FRENCH, Postmaster General du Cap de Bonne Espérance. 78.

SPENCER TODD. 4.

GRÈCE: Ed. Höhn, Directeur du Bureau international de l'Union postale universelle. 100.
GUATEMALA: Julio Novella. 43.
HAITI: J. N. Leger, Envoyé extraordinaire et Ministre plénipotentiaire d'Haïti aux États-Unis
                       d'Amérique. 90.
HAWAÏ: F. P. Hastings. 34.
HONGRIE ET
SERBIE: Pierre de Szalay, Directeur-Président des postes et des télégraphes. 35.
                       le Dr Guillaume de Hennyey, Conseiller postal. 79.

INDE BRITAN-
NIQUE: Hermann Michael Kisch, Postmaster General de Bengale. 57.
                       Edward Anthony Doran, Sous-Directeur général des postes de l'Inde britannique*. 28.
ITALIE: l'Honorable Emidio Chiaradia, Membre de la Chambre des députés. 64.
                       le Comte Giulio Cesare Vinci, Secrétaire de l'Ambassade d'Italie, à Washington. 20.
                       le Dr Eugène Delmati, Inspecteur au Ministère des postes et des télégraphes. 72.
                       le Comte Max Michiel*. 96.
                       le Comte Brazza de Savorgnan*. 80.
JAPON: K. Komatsu, Conseiller et Secrétaire au Ministère des communications. 92.
                       K. Yukawa, Secrétaire au Ministère des communications. 68.
                       R. Araï, Secrétaire des postes et des télégraphes*. 95.
LIBÉRIA: Charles Hall Adams, Consul général de la République de Libéria, à Boston. 21.
LUXEM-
BOURG: Représenté par M. Havelaar, délégué des Pays-Bas. 67.
MEXIQUE: Don Augustin Chavez, Directeur général des télégraphes. 91.
                       Don Manuel Zapata-Vera, Chef du bureau consulaire au Ministère des affaires étran-
                       gères. 49.
                       Don Ignacio Garfias, Directeur général des postes. 86.
NORVÈGE: Thb. Heyerdahl, Secrétaire général au Ministère des travaux publics. 76.
PARAGUAY: le Capitaine John Stewart, Consul général du Paraguay aux Etats-Unis d'Amérique. 8.
PAYS-BAS: J.-P. Havelaar, Directeur général des postes et des télégraphes. 67.
                       Van der Veen, Inspecteur des postes. 15.

COLONIES
NÉERLAN-
DAISES: J. J. Perk, Directeur au Ministère des colonies des Pays-Bas. 12.
PÉROU: Alberto Falcon. 10.
PERSE: S. Exc. Mirza Alinaghi Khan, Mustechar-ul-Vezareh. 58.
                       le Major Nevdon Mesrob Boyajian. 93.
                       Mirza Mohammed-Ali Khan*. 81.
PORTUGAL ET
COLONIES POR-
TUGAISES: le Vicomte de Santo-Thyrso, Envoyé extraordinaire et Ministre plénipotentiaire de
                       Portugal, à Washington. 37.
ROUMANIE: Constantin Chiru, Directeur général des postes et des télégraphes. 18.
                       Romulus Preda, Chef du service de la comptabilité. 69.
RUSSIE: Sévastianof, Conseiller d'Etat actuel, adjoint du Directeur général des postes et des
                       télégraphes. 53.
                       Ivanoff, Conseiller d'Etat, Chef de la première section de la Direction générale des postes
                       et des télégraphes.* 60.
                       Roudanowsky, Conseiller honoraire, Secrétaire à la Direction générale des postes et
                       des télégraphes*. 94.
SIAM: Isaac Townsend Smith, Consul général du Royaume de Siam, à New York. 9.

SUD-AFRI-
CAINE (RÉPUBLIQUE):
    JSAAC VAN ALPHEN, Directeur général des postes. 82.

    M. S. J. C. VAN TIJEN, Secrétaire pour les affaires étrangères à la Direction générale des postes*. 103.

SUÈDE:
    F. H. SCHLYTERN, Directeur général intérimaire des postes. 48.

    le Dr F. GRÖNWALL*. 41.

SUISSE:
    JEAN-BAPTISTE PIODA, Envoyé extraordinaire et Ministre plénipotentiaire de Suisse, à Washington. 23.

    ANTOINE STÄGER, Chef de la Section principale de la Direction générale des postes. 36.

    CAMILLE DELESSERT, Directeur des postes de l'Arrondissement de Lausanne. 44.

TUNIS
(RÉGENCE):
    EUGÈNE THIÉBAUT, Ier Secrétaire p. i. de l'Ambassade de France, à Washington. 3.

TURQUIE:
    S. Exc. MOUSTAPHA BEY, Envoyé extraordinaire et Ministre plénipotentiaire de Sa Majesté impériale le Sultan, à Washington. 30.

    L'HON. AHMED FAHRI BEY, Directeur, Membre du Conseil d'administration des postes et des télégraphes. 26.

    M. SEÏFEDDIN BEY, Ier Secrétaire de la légation impériale ottomane, à Washington*. 104.

URUGUAY:
    PRUDENCIO DE MURGUIONDO, Consul général de la République orientale de l'Uruguay aux Etats-Unis d'Amérique. 62.

VENEZUELA
(ÉTATS-UNIS):
    JOSÉ ANDRADE, Envoyé extraordinaire et Ministre plénipotentiaire des Etats-Unis de Venezuela, à Washington. 24.

    Le Général ALEJANDRO YBARRA. 32.

II. Pays non encore entrés dans l'Union postale.

MM.

CHINE:
    S. Exc. WU TING FANG, Envoyé extraordinaire et Ministre plénipotentiaire de l'Empire chinois, à Washington. 27.

    FRANCIS E. TAYLOR, Commissaire des douanes impériales maritimes de Chine. 40.

    H. F. MERRILL, représentant de l'Administration des postes de l'Empire chinois. 7.

    BRUCE HART, représentant de l'Administration des postes de l'Empire chinois. 51.

CORÉE:
    S. Exc. CHIN POM YE, Envoyé extraordinaire et Ministre plénipotentiaire de Corée, à Washington. 17.

    Le Colonel HO SANG MIN. 6.

    JOHN W. HOYT, ancien Gouverneur. 5.

MM.

BUREAU INTER-
NATIONAL:
    ED. HÖHN, Directeur, Vice-Président du Congrès. 100.

    H. GALLE, Conseiller des postes, Vice-Directeur, Chef du Secrétariat du Congrès. 101.

    A. WENDLING, Secrétaire, Secrétaire du Congrès. 99.

    H. KRAINS, Secrétaire, Secrétaire du Congrès. 98.

CONGRÈS DE WASHINGTON 1897.

Congrès de Berne. 1900.

25e anniversaire de l'Union.

I. Pays faisant partie de l'Union postale.

MM.

ALLEMAGNE ET PROTEC-TORATS ALLEMANDS:
S. Exc. le Conseiller actuel intime DE PODBIELSKI, Secrétaire d'État du Département des postes.
KRÆTKE, Directeur au Département des postes.
NEUMANN, Conseiller supérieur intime des postes, Référendaire pour les affaires postales étrangères au Département des postes.
FUHRKEN, Inspecteur des postes.

AMÉRIQUE (ÉTATS-UNIS) ET POSSESSIONS DES ÉTATS-UNIS D'AMÉRIQUE:
L'HON. W. S. SHALLENBERGER, 2e Adjoint du Ministre des postes.
Le Capitaine N.-M. BROOKS, Directeur des postes étrangères.

ARGENTINE (RÉPUBLIQUE):
S. Exc. ENRIQUE-B. MORENO, Envoyé extraordinaire et Ministre plénipotentiaire de la République Argentine en Italie et en Suisse.
LÉOPOLD DIAZ, Consul général de la République Argentine à Genève.

AUTRICHE:
Le Dr RUDOLF NEUBAUER, Chef de section au Ministère I. et R. du commerce, Directeur général des postes et des télégraphes.
Le Chevalier ADALBERT DE STIBRAL, Secrétaire ministériel.

BELGIQUE:
STERPIN, Directeur général des postes.
DUBOIS, Administrateur des chemins de fer de l'État.

BRÉSIL (ÉTATS-UNIS):
Le Dr J.-M. CARDOSO DE OLIVEIRA, Chargé d'Affaires des États-Unis du Brésil à Berne.

BULGARIE:
IVAN STOYANOVITCH, Directeur général des postes, télégraphes et téléphones.

CHILI:
RICARDO LARRAIN, Commissaire spécial du Gouvernement à Paris.

COLOMBIE:
Le Dr GUSTAVE MICHELSEN, Vice-Consul de la République de Colombie à Hambourg.

CONGO (ÉTAT INDÉPENDANT):
STERPIN, Directeur général des postes de Belgique.

CORÉE:
S. Exc. MIN YENG TCHAN, Délégué officiel de S. M. l'Empereur de Corée à l'Exposition universelle de Paris.
SALTAREL, Secrétaire de la Légation coréenne à Paris.

COSTA-RICA: Don RICARDO FERNANDEZ GUARDIA, 1er Secrétaire de la Légation de Costa-Rica à Paris.

DANEMARK ET COLONIES DANOISES: C. SVENDSEN, Directeur général des postes et des communications.

DOMINICAINE: (RÉPUBLIQUE): FRANCISCO CARRERAS Y CANDY, Consul de la République Dominicaine à Barcelone.

ESPAGNE: S. Exc. GERMAN-M. DE ORY, Envoyé extraordinaire et Ministre plénipotentiaire d'Espagne à Berne.

FRANCE: ANSAULT, Directeur de l'Exploitation postale.

BORDELONGUE, Directeur de l'Exploitation électrique.

JACOTEY, Chef du bureau de la correspondance postale internationale et des services maritimes.

MAZOYER, Chef du bureau de l'organisation à la Direction de l'Exploitation postale.

au Sous-Secrétariat d'État des postes et des télégraphes.

BLEY, Chef adjoint du Cabinet de M. le Sous-Secrétaire d'État des postes et des télégraphes.

COLONIES FRANÇAISES: DALMAS, Sous-Directeur au Ministère des colonies françaises.

GRANDE-BRETAGNE ET DIVERSES COLONIES BRITANNIQUES: H. BUXTON FORMAN, Secrétaire adjoint du General Post Office et Contrôleur du service des paquebots.

C.-A. KING, Inspecteur en chef de la comptabilité des postes et des télégraphes au General Post Office.

INDE BRITANNIQUE: H.-M. KISCH, Postmaster General du Bengale.

COLONIES BRITANNIQUES DE L'AUSTRALASIE: Sir JOHN A. COCKBURN, Docteur en médecine, Agent général pour l'Australie du Sud à Londres.

L'Hon. W. PEMBER-REEVES, Agent général de la colonie de la Nouvelle-Zélande à Londres.

CANADA: S. Exc. M. TARTE, Ministre des travaux publics.

COLONIES BRITANNIQUES DE L'AFRIQUE DU SUD: Les délégués de la Grande-Bretagne.

GRÈCE: TYPALDO-BASSIA, Député de Céphalonie et Professeur agrégé d'économie politique à l'université d'Athènes.

GUATEMALA: F. VAN HALEN, Consul de Guatemala à Bruxelles.

HAITI: L.-J. JANVIER, Chargé d'Affaires de la République d'Haïti à Londres.

HONDURAS (RÉPUBLIQUE): OSCAR HŒPFL, Consul de la République de Honduras à Berne.

HONGRIE: PIERRE DE SZALAY, Directeur-Président des postes, télégraphes et téléphones.

OTHON DE FEJÉR DE JEDD, Secrétaire adjoint à la Direction royale des postes et des télégraphes.

ITALIE: Le Commandeur ANTOINE MIGLIORANZI, Directeur général des postes et des télégraphes.
Le Commandeur CHARLES GAMOND, Chef de division au Ministère des postes et des télégraphes.

JAPON: TAKEKICHI MATSUNAGA, Conseiller au Ministère impérial des communications.
HIROKICHI NAKAYA, Secrétaire au Ministère impérial des communications.

LUXEM-
BOURG: Le Dr MATHIAS MONGENAST, Directeur général, Chef du Département des finances.

MEXIQUE: S. Exc. Licenciado Don JESÚS ZENIL, Envoyé extraordinaire et Ministre plénipotentiaire du Mexique en Belgique et aux Pays-Bas.

NICARAGUA: LÉON VALLEZ, Consul général de la République de Nicaragua à Bruxelles.
OSCAR HŒPFL, Consul de la République de Nicaragua à Berne.
ALEXANDRE COUSIN.

NORVÈGE: THORBJORN HEYERDAHL, Directeur général de l'Administration des postes.

PARAGUAY: TULLIO RUSCA, Consul de la République du Paraguay à Lugano.

PAYS-BAS ET
COLONIES
NÉERLAN-
DAISES: C. VAN DER VEEN, Inspecteur des postes.

PÉROU: ENRIQUE VELEZ, 1er Secrétaire de la Commission spéciale auprès du Tribunal franco-chilien, à Lausanne.

PORTUGAL
ET COLONIES
PORTUGAISES: Le Conseiller ALFREDO PEREIRA, Directeur général des postes et des télégraphes.

ROUMANIE: GEORGE-JEAN LAHOVARY, Président de la Haute Cour des comptes, ancien Directeur général des postes et des télégraphes.
CONSTANTIN MANU, Sous-Directeur général des postes et des télégraphes.
DEMETRE BRATESCO, Inspecteur des postes et des télégraphes.

RUSSIE: Le Lieutenant général PETROFF, Directeur général des postes et des télégraphes.
SÉVASTIANOF, Conseiller d'État actuel, Adjoint du Directeur général des postes et des télégraphes.

SIAM: H. KEUCHENIUS, Conseiller de la Légation de Siam à Berlin.

SUD-AFRI-
CAINE
(RÉPUBLIQUE-): Le Jonkheer VAN DER HŒVEN, Secrétaire de la Légation de la République Sud-Africaine à Bruxelles.

SUÈDE: S. Exc. EDVARD DE KRUSENSTJERNA, Ministre de l'intérieur, ancien Directeur général des postes.
Fr.-H. SCHLYTERN, Directeur général de l'Administration des postes.

SUISSE: ZEMP, Conseiller fédéral, Chef du Département des postes et des chemins de fer.
LUTZ, Directeur général des postes.
STÆGER, Inspecteur général des postes.

TUNISIE: LEFAIVRE, Conseiller de l'Ambassade de France à Berne.

TURQUIE: S. Exc. E. CARATHÉODORY EFFENDI, Envoyé extraordinaire et Ministre plénipotentiaire de Turquie.
Le Baron DE RICHTHOFEN, Gérant provisoire du Consulat général ottoman à Genève.

URUGUAY: EMILE JACOT, ancien Consul de l'Uruguay à Berne.

VENEZUELA: Le Dr MANUEL CARREYÓ LUCES, Chargé d'Affaires des États-Unis de Venezuela à Bruxelles.

8

II. Pays non encore entrés dans l'Union postale.

MM.

CHINE: J.-A. van Aalst, Commissaire des douanes et Secrétaire des postes.
Bruce Hart.

MM.

BUREAU
INTERNA-
TIONAL: E. Ruffy, Directeur, ancien Conseiller fédéral.
H. Galle, Vice-Directeur, Conseiller intime des postes.
Wendling, Secrétaire.
Krains, Secrétaire.

Congrès de Rome. 1906.

I. Pays faisant partie de l'Union postale.

MM.

ALLEMAGNE ET COLONIES ALLEMANDES:	S. Exc. M. KRÆTKE, Secrétaire d'État du Département des postes. 4.
	GIESEKE, Directeur au Département des postes. 18.
	KNOF, Conseiller supérieur intime au Département des postes. 5.
	SCHENK, Inspecteur des postes*. 6.
AMÉRIQUE (ÉTATS-UNIS):	le Capitaine N. M. BROOKS, Surintendant des malles étrangères. 9.
	EDWARD ROSEWATER. 10.
ARGENTINE (RÉPUBLIQUE):	le Dr ALBERTO BLANCAS, Chargé d'affaires de la République Argentine auprès du Saint-Siège. 11.
AUTRICHE:	le Chevalier ADALBERT DE STIBRAL, Conseiller ministériel au Ministère I. R. du commerce. 22.
	ALEXANDRE EBERAN D'EBERHORST, Conseiller au Ministère I. R. du commerce. 21.
	le Dr ADOLPHE SCHNITZER, Secrétaire au Ministère I. R. du commerce*. 20.
BELGIQUE:	STERPIN, Directeur général des postes. 19.
	WODON, Inspecteur général des postes. 15.
	LAMBIN, Inspecteur général à l'Administration des chemins de fer de l'État. 14.
	NEVEN, Chef de division à l'Administration des postes. 13.
BOLIVIE:	JOACHIM DE LEMOINE, Consul général de la République de Bolivie en Belgique. 12.
BOSNIE-HERZÉGOVINE:	LÉOPOLD SCHLEYER, Colonel d'État-major I. R. d'Autriche-Hongrie, 23.
	HUGO KOWARSCHIK, Conseiller des postes I. R. 24.
BRÉSIL (ÉTATS-UNIS):	le Dr JOAQUIM CARNEIRO DE MIRANDA E HORTA, Directeur général des postes. 25.
	JOSÉ HENRIQUE ADERNE, Secrétaire*. 26.
BULGARIE:	IVAN STOYANOVITCH, Directeur général des postes, télégraphes et téléphones. 27.
	T. TZONTCHEFF, Inspecteur général des postes, télégraphes et téléphones. 28.
CHILI:	CARLOS LARRAIN CLARO, ancien Chef du service international des postes, Membre de la Chambre des députés. 36.
	LUIS RODRIGUEZ, Consul général du Chili à Rome. 35.
COLOMBIE:	GUSTAVO MICHELSEN, Chargé d'affaires, Consul général de Colombie à Berlin. 34.

CONGO (ÉTAT
INDÉPEN-
DANT): STERPIN, Directeur général des postes belges. 19.

WODON, Inspecteur général des postes belges. 15.

LAMBIN, Inspecteur général à l'Administration des chemins de fer de l'État belge. 14.

CORÉE: Représentée par MM. les délégués du Japon.

COSTA-RICA: Don RAFAEL MONTEALEGRE, Chargé d'affaires de Costa-Rica à Rome. 33.

Don ALFREDO ESQUIVEL, Directeur général des postes. 41.

CRÈTE: Représentée par MM. les délégués de l'Italie.

CUBA: le Dr CARLOS DE PEDROSO, Premier Secrétaire de la Légation de Cuba. 32.

DANEMARK
ET COLONIES
DANOISES: V. O. KIÖRBOE, Directeur général des postes. 31.

DOMINICAINE
(RÉPUBLIQUE): FRANÇOIS CARRERAS CANDI, Consul honoraire à Barcelone. 30.

ÉGYPTE: S. Exc. JUSSUF SABA PACHA, Directeur général des postes. 29.

ÉQUATEUR: HECTOR R. GOMEZ, Secrétaire de la Direction générale des postes et des télégraphes de l'Uruguay. 114.

ESPAGNE ET
ÉTABLISSE-
MENTS ESPA-
GNOLS DU
GOLFE DE
GUINÉE: Don CARLOS FLÓREZ, Chef de la 2e Section des postes à la Direction générale des postes et des télégraphes. 37.

Don ANTONIO CAMACHO, Officier de la Section précitée*. 38.

FRANCE: JACOTEY, Directeur de la Caisse nationale d'épargne. 16.

LUCIEN SAINT, Directeur du Cabinet du Ministère du commerce, de l'industrie, des postes et des télégraphes. 39.

HERMAN, Directeur de l'Exploitation postale. 40.

ROUSTAN, Chef du bureau de la correspondance postale internationale. 42.

ESTRADE, Sous-Chef de bureau au Sous-Secrétariat d'État des postes et des télégraphes*. 43.

INDO-CHINE
FRANÇAISE: SCHMIDT, Sous-Directeur au Ministère des colonies françaises. 44.

AUTRES CO-
LONIES
FRANÇAISES: MORGAT, Chef de bureau au Ministère des colonies françaises. 45.

le Dr BRUNEL, Rédacteur au Ministère des colonies françaises*. 54.

GRANDE-
BRETAGNE
ET DIVERSES
COLONIES
BRITANNI-
QUES: H. BABINGTON SMITH, C. B., C. S. I., Secrétaire du General Post Office. 17.

ARTHUR B. WALKLEY, Chef de division au Secrétariat des postes, délégué. 53.

HENRI DAVIES, I. S. O., Inspecteur en chef de la comptabilité des postes et des télégraphes. 52.

ARTHUR G. FERARD, Chef de division au Secrétariat des postes*. 51.

E. J. HARRINGTON, Inspecteur de la comptabilité des postes et des télégraphes*. 50.

INDE BRI-
TANNIQUE: H.-M. KISCH, C. S. I., ancien Directeur général des postes. 49.

E.-A. DORAN, Postmaster General du Bengale. 48.

COLONIES
BRITANNI-
QUES DE
L'AUSTRAL-
ASIE:

L'Honorable AUSTIN CHAPMAN, Membre du Parlement et Postmaster General de la Commonwealth de l'Australie. 47.

Sir JOSEPH G. WARD, K. C. M. G., Postmaster General et Membre du Conseil Exécutif de la Nouvelle-Zélande. 56.

JUSTINIAN OXENHAM, Commis-chef à l'Administration centrale, Département du Postmaster General*. 46.

WILLIAM GRAY, I. S. O., Secrétaire du Département des postes et des télégraphes de la Nouvelle-Zélande*. 57.

H. O. CHALKLEY*, 55.

B. WILSON*.

HOOPER*. 58.

CANADA: le Dr R.-M. COULTER, M. D., Sous-Ministre des postes. 59.

COLONIES
BRITANNI-
QUES DE
L'AFRIQUE
DU SUD:

Sir SOMERSET R. FRENCH, K. C. M. G., Postmaster General de la colonie du Cap de Bonne-Espérance. 60.

SPENCER B. TODD, Esq. C. M. G., I. S. O. 61.

GRÈCE: MIZZOPOULOS, Chargé d'affaires du Gouvernement hellénique à Rome. 62.

CONSTANTIN N. MARINOS, ancien Sous-Directeur des postes et des télégraphes de Grèce. 71.

GUATEMALA: TOMMASO SEGARINI, Consul général à Rome. 70.

HAITI: RUFFY, ancien Conseiller fédéral, Directeur du Bureau international de l'Union postale universelle. 7.

HONDURAS
(RÉPUBLIQUE) JEAN GIORDANO, duc d'Oratino. 69.

HONGRIE: PIERRE DE SZALAY, Secrétaire d'État, Directeur général des postes et des télégraphes. 68.

le Dr GUILLAUME HENNYEY DE HENNYE, Directeur des postes et des télégraphes. 67.

DE FEJÉR, Vice-Secrétaire à la Direction générale des postes*. 66.

ITALIE ET
COLONIES
ITALIENNES:

S. Exc. M. le Commandeur ELIO MORPURGO, Sous-Secrétaire d'État au Ministère des postes et des télégraphes. 2.

le Comm. CARLO GAMOND, Directeur général des postes. 3.

le Comm. CARLO PIRRONE, Directeur général des Caisses d'épargne et des mandats de poste. 8.

le Comm. GIUSEPPE GREBORIO, Chef de division au Ministère des postes et des télégraphes. 65.

le Comm. EUGENIO DELMATI, Chef de division, id. 64.

le Chev. PIETRO SOLARO, Chef de division, id. 63.

le Comm. PIETRO STETTINER, Chef de section, id. 72.

le Chev. GIOVANNI BLENGINI, Chef de section, id. 73.

le Chev. EMILIO GALLEANI, Chef de section, id. 74.

le Chev. GAETANO CARDINALI, Secrétaire*, id. 75.

le Chev. GEROLAMO TROTTI, id*. 76.

le Chev. GIOVANNI GIANNONI, id*. 125.

JAPON: Kanichiro Matsuki, Conseiller, Secrétaire au Ministère des communications. 77.

Takeji Kawamura, Directeur des postes et des télégraphes. 78.

Ziro Tanaka, Administrateur des postes et des télégraphes*. 79.

Kei Sugimoto, Chef de section (Bureau des correspondances internationales) à la Direction générale des postes et des télégraphes*. 88.

LIBÉRIA: Raphaël de Luchi. 87.

LUXEMBOURG: le Dr Mathias Mongenast, Chef du Département des finances, postes et télégraphes. 86.

MEXIQUE: Gonzalo-A. Esteva, Envoyé extraordinaire et Ministre plénipotentiaire du Mexique en Italie. 85.

Norberto Dominguez, Directeur général des postes. 84.

Julio Poulat, ancien Inspecteur, Chef de section à la Direction générale des postes*. 83.

MONTÉNÉGRO: le Comm. Eugène Popovich, Consul général du Monténégro à Rome. 82.

NICARAGUA: Jean Giordano, duc d'Oratino.

NORVÈGE: Thb. Heyerdahl, Secrétaire général au Ministère des travaux publics. 81.

ORANGE
(COLONIE):   D. G. A. Falck, Postmaster General. 80.

Robert Scott*. 89.

PANAMA: Don Manuel E. Amador, Consul général de Panama à Hambourg. 90.

PARAGUAY: François S. Benucci, Consul général du Paraguay à Rome. 91.

PAYS-BAS: G. J. C. A. Pop, Directeur général des postes et des télégraphes. 92.

A. W. Kymmell, Chef de division à la Direction générale des postes et des télégraphes. 93.

COLONIES
NÉERLAN-
DAISES: J. J. Perk, Directeur au Ministère des colonies à La Haye. 94.

PÉROU: Gustavo de la Fuente, Premier Secrétaire de la Légation péruvienne à Paris. 95.

PERSE: S. Exc. Hadji Mirza Ali Khan, Moez es Sultan, Administrateur des douanes et des postes. 96.

Camille Molitor, Directeur au Ministère des douanes et des postes. 104.

PORTUGAL: le Conseiller Alfredo Pereira, Directeur général des postes et des télégraphes. 103.

José-Augusto-Thomas Ferro, Chef de division à la Direction générale des postes et des télégraphes*. 102.

COLONIES
PORTUGAISES: le Conseiller Alfredo Pereira, Directeur général des postes et des télégraphes du Portugal. 103.

ROUMANIE: Grégoire Cerkez, Directeur général des postes, des télégraphes et des téléphones. 101.

Georges Gabrielescu, Chef de section de l'exploitation à la Direction générale des postes. 100.

RUSSIE: le Conseiller privé Sévastianoff, Directeur général des postes et des télégraphes. 99.

le Conseiller d'État Victor Bilibine, Chef de section à la Direction générale des postes et des télégraphes. 98.

SERBIE: le Dr Miloch Yovanovitch, Directeur général des postes et des télégraphes au Ministère des travaux publics. 105.

le Comm. avv. Carlo Scotti. 106.

Milovanovitch*. 97.

SIAM: le Dr Keuchenius, Conseiller de la Légation siamoise à Berlin. 107.

SUÈDE: S. Exc. M. Edvard de Krusenstjerna, ancien Ministre de l'intérieur, Directeur général des postes. 108.

le Dr Fredrik Assar Albino Grönwall, Chef de la statistique de la Banque du Royaume de Suède. 110.

SUISSE: S. Exc. le Dr jur. J. B. Pioda, Envoyé extraordinaire et Ministre plénipotentiaire de la Confédération Suisse à Rome. 111.

Antoine Stäger, Inspecteur général des postes. 112.
Camille Delessert, Directeur de l'arrondissement postal de Lausanne. 113.
P. Dubois, Secrétaire à la Direction générale des postes*. 121.

TRANSVAAL: J. Frank Brown, Postmaster General. 120.
G. J. B. Buckley, Commis supérieur au Département des postes et des télégraphes*. 119.

TUNISIE: Legrand, Conseiller de l'Ambassade de France auprès de S. M. le Roi d'Italie. 118.
E. Mazoyer, Directeur de l'Office des postes et des télégraphes. 117.

TURQUIE: S. Exc. Ahmed Fahry Bey, Directeur général des postes à l'Administration des postes et des télégraphes. 115.
S. Exc. Ali Fuad-Hikmet Bey, Conseiller de l'Ambassade ottomane auprès de S. M. le Roi d'Italie. 116.

URUGUAY: Hector-R. Gomez, Secrétaire de la Direction générale des postes et des télégraphes. 114.

VENEZUELA: Carlos E. Hahn, Consul des États-Unis de Venezuela à Gênes. 122.
le Dr Domingo B. Castillo. 123.

II. Pays non encore entrés dans l'Union postale.

MM.

CHINE: S. Exc. Houang Kao, Envoyé extraordinaire et Ministre plénipotentiaire de Chine à Rome. 128.
Bruce Hart, Représentant de l'Administration des postes de l'Empire chinois. 129.
Tchai (Tching Soung), Secrétaire de la Légation chinoise à Rome *. 130.

ÉTHIOPIE: le Comm. Giacomo Agnesa, Directeur Central du Bureau colonial au Ministère des Affaires étrangères d'Italie. 124.

MM.

BUREAU
INTER-
NATIONAL: E. Ruffy, ancien Conseiller fédéral, Directeur. 7.
H. Galle, Conseiller intime des postes, Vice-Directeur. 109.
Wendling, Secrétaire. 126.
Krains, Secrétaire. 127.

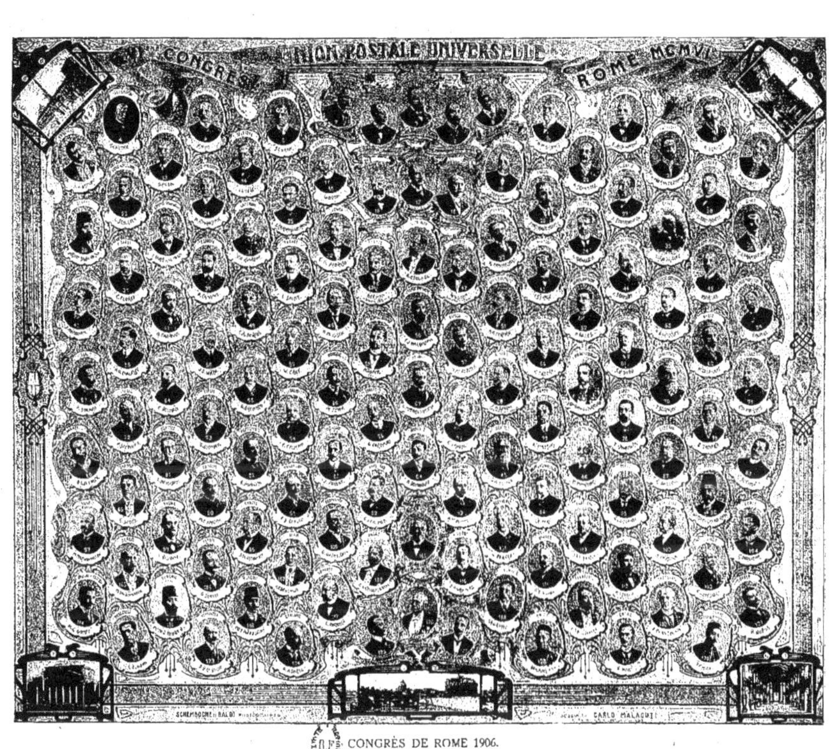

CONGRÈS DE ROME 1906.

Inauguration du Monument de l'Union postale. 1909.

MM.

ALLEMAGNE: S. Exc. KRÆTKE, Conseiller intime actuel, Secrétaire d'État à l'Office impérial des postes.
KNOF, Conseiller intime supérieur des postes, Conseiller rapporteur à l'Office impérial des postes.
SCHENK, Inspecteur supérieur des postes.

AMÉRIQUE
(États-Unis): S. Exc. BRUTUS J. CLAY, Envoyé extraordinaire et Ministre plénipotentiaire des États-Unis d'Amérique en Suisse.

ARGENTINE
(RÉPUBLIQUE): le Dr SÁLVADOR L. CARBÓ, Secrétaire général des postes et des télégraphes.

AUTRICHE: le Dr FRÉDÉRIC CHEVALIER WAGNER DE JAUREGG, Chef de section au Ministère I. R. du commerce, Directeur général des postes et des télégraphes.
ADALBERT CHEVALIER DE STIBRAL, Conseiller ministériel au Ministère I. R. du commerce.

BELGIQUE ET
CONGO
BELGE: S. Exc. le COMTE WERNER VAN DEN STEEN DE JEHAY, Envoyé extraordinaire et Ministre plénipotentiaire de Belgique en Suisse.

BOLIVIE: J. F. HÆFLIGER, Consul général de Bolivie, à Berne.

BOSNIE-HER-
ZÉGOVINE: GOIGINGER, Colonel d'État-major.
KOWARSCHIK, Conseiller des postes.

BRÉSIL: le Dr LUIZ RAPHAEL VIEIRA SOUTO.

BULGARIE: IVAN STOYANOVITCH, Directeur général des postes et des télégraphes.

COLOMBIE: MANUEL DE ORRANTIA, Consul général de Colombie, à Genève.

COSTA-RICA: S. Exc. MANUEL M. DE PERALTA, Envoyé extraordinaire et Ministre plénipotentiaire de Costa-Rica en France.

CRÈTE ET
GRÈCE: GUSTAVE DE STOUTZ, Consul général de Grèce, à Genève.

CUBA: G. DE BLANCK Y MENOCAL, Vice-Consul de Cuba, à Zurich.

DANEMARK
ET ANTILLES
DANOISES: V. O. KIÖRBOE, Directeur général des postes.

DOMINICAINE
(RÉPUBLIQUE): VASQUEZ, Ministre de la République Dominicaine en France.

ÉQUATEUR: ANGEL CONTI, Consul général de l'Équateur, à Lugano.

ESPAGNE: CARLOS FLÓREZ FONVIELLE, Administrateur du bureau central des postes, à Madrid.

ÉTHIOPIE: DENKOU, Directeur des postes, des télégraphes et des téléphones, à Dirré-Daoua.

FRANCE: MILLERAND, Député, Ministre des travaux publics, des postes et des télégraphes.
JOYEUX, Directeur de l'Exploitation postale.

MAZOYER, Directeur de la comptabilité au Ministère des travaux publics, des postes et des télégraphes.

PERSIL, Chef du Cabinet du Ministre des travaux publics, des postes et des télégraphes.

ROUSTAN, Chef de la correspondance postale internationale.

COLONIE FRANÇAISE DE L'INDOCHINE:
ENSEMBLE DES AUTRES COLONIES FRANÇAISES: MORGAT, Chef du Bureau du Secrétariat au Ministère des colonies.

ENSEMBLE DES AUTRES COLONIES FRANÇAISES: PIERRE TROUILLOT, Chef-adjoint du Cabinet du Ministre des colonies.

GRANDE-BRETAGNE: S. Exc. H. O. BAX-IRONSIDE, Envoyé extraordinaire et Ministre plénipotentiaire de Grande-Bretagne en Suisse.

E. W. FARNALL, Secrétaire-adjoint du General Post Office.

CANADA: L'Honorable RODOLPHE LEMIEUX, Ministre des postes.

NOUVELLE-ZÉLANDE: L'Honorable HALL-JONES, Haut-Commissaire pour la Nouvelle-Zélande, à Londres.

GRÈCE (voir CRÈTE).

GUATÉMALA: HENRI WISWALD, Chargé d'affaires du Guatémala en Suisse.

HONDURAS (RÉPUBLIQUE): OSCAR HŒPFL, Consul de Honduras, à Berne.

HONGRIE: CHARLES FOLLÉRT, Directeur général des postes et des télégraphes.

le Dr GUILLAUME HENNYEY DE HENNYE, Directeur en chef des postes et des télégraphes.

ITALIE: le Commandeur ERNESTO SCOTTI, Directeur général des postes.

le Chevalier ARISTIDE GRAZIOSI, Chef du Secrétariat à la Direction générale des postes.

JAPON: KAGEYAMA-SENZABURO, Secrétaire au Ministère impérial des communications.

LUXEMBOURG: M. MONGENAST, Membre du Gouvernement, Directeur général des finances.

MEXIQUE: LUIS TORRES RIVAS, 1er Secrétaire de la Légation du Mexique en France.

MONTÉNÉGRO: LOUIS BRUNET, Consul général du Monténégro, à Paris.

NORVÈGE: HEYERDAHL, Secrétaire général à l'Administration des postes.

PARAGUAY: FRANZ VOGLER, Consul général.

PAYS-BAS: G. J. C. A. POP, Directeur général des postes et des télégraphes.

A. W. KYMMEL, Inspecteur des postes et des télégraphes.

COLONIES NÉERLANDAISES: J. J. PERK., Administrateur, Chef du Cabinet du Ministre des colonies.

J. J. STIELTJES, Inspecteur général, Chef du service des postes, des télégraphes et des téléphones aux Indes néerlandaises.

PÉROU: ABDÓN VARGAS QUIÑONES, Consul général du Pérou, à Genève.

PERSE: le Dr ISMAIL KHAN.

PORTUGAL ET COLONIES PORTUGAISES: le Conseiller ALFREDO PEREIRA, Membre de la Chambre des députés, Directeur général des postes et des télégraphes.

RUSSIE: S. Exc. le Chambellan et Conseiller d'État actuel BASILE DE BACHERACHT, Envoyé extraordinaire et Ministre plénipotentiaire de Russie en Suisse.

SERBIE: ALEXANDRE Z. YOVITCHITCH, Inspecteur de la Direction des postes et des télégraphes.

SAVA TOUTOUNDJITCH, Contrôleur, Chef de la section des postes.

SIAM:	S. Exc. Phya Sridhamasasana, Envoyé extraordinaire et Ministre plénipotentiaire de Siam en Allemagne.
	J. H. Loftus, Attaché-interprète de la Légation de Siam, à Berlin.
SUÈDE:	le Dr Anders-Julius Juhlin, ancien Ministre de l'intérieur, Directeur général des postes et des télégraphes.
	Oscar-Fredrik de Sydow, Secrétaire général au Ministère de l'intérieur.
TUNISIE:	Barbarat, Directeur de l'Office postal tunisien.
TURQUIE:	Djelaleddin Bey, IIe Secrétaire de l'Ambassade ottomane, à Paris.
URUGUAY:	Francisco Garcia y Santos, Directeur général des postes et des télégraphes.
VÉNÉZUÉLA:	Ernest de Hesse-Wartegg, Consul de Vénézuéla, à Lucerne.

Congrès de Madrid. 1920.

MM.

ALLEMAGNE: RONGE, Directeur ministériel au Ministère des postes. 52.
SCHENK, Conseiller ministériel au Ministère des postes. 4.
ORTH, Conseiller des postes au Ministère des postes. 8.
FRANCK, Directeur des postes au Ministère des postes. 9.

AMÉRIQUE (États-Unis) ET POSSESSIONS INSULAIRES DES ÉTATS-UNIS D'AMÉRIQUE:
l'Honorable OTTO PRAEGER, 2e Adjoint du Postmaster General. 10.
S. M. WEBER, Surintendant de la Division des malles étrangères du Département des postes. 11.
Miss ELIZABETH LEE WOODS. 12.
JOSÉ TOPACIO*. 19.
ROMUALDEZ*.

ARGENTINE (RÉPUBLIQUE):
le Dr ANTONIO BARRERA NICHOLSON, Député national. 20.
le Professeur EUGENIO TROISI*. 21.
NATALIO R. FIRPO*. 22.

AUTRICHE: ALEXANDRE EBERAN, Conseiller ministériel au Ministère des communications. 23.

BELGIQUE: PIRARD, Directeur général des postes. 24.
TIXHON, Directeur d'Administration (Chemins de fer de l'État). 33.
KRAINS, Inspecteur de Direction des postes. 34.
SCHOCKAERT, Inspecteur de Direction des postes. 35.

COLONIE DU CONGO BELGE:
HALEWYCK, Directeur général au Ministère des colonies de Belgique. 36.
TONDEUR, Chef de Bureau au Ministère des colonies de Belgique. 37.

BOLIVIE: LUIS RODRIGUEZ, Consul général.

BRÉSIL: Son Excellence le Dr ALCIBIADES PEÇANHA, Envoyé extraordinaire et Ministre plénipotentiaire du Brésil en Espagne. 46.
JOSÉ HENRIQUE ADERNE, Sous-Directeur du trafic postal. 47.

BULGARIE: N. STARTCHEFF, Directeur général des postes et des télégraphes. 48.
N. BOSCHNAKOFF, Chef des communications postales. 49.

CHILI: GUSTAVE COUSINO, Avocat. 60.
ANSELMO DE LA CRUZ, Consul général du Chili à Barcelone. 61.
FLORENCIO MARQUEZ DE LA PLATA. 62.

CHINE: LIOU FOU-TCHENG, Directeur général des postes. 72.

J. M. C. ROUSSE-LACORDAIRE, Commissaire des postes chinoises et Secrétaire général à la Direction générale des postes à Pékin. 73.

H. V. POULLAIN, Commissaire des postes de Chine et Secrétaire chargé du Département de l'Union postale à la Direction générale des postes à Pékin. 74.

P. ESTRADE, Chef de Bureau à l'Administration centrale française des postes et des télégraphes. 75.

WANG TSUNG-YIH, Attaché à la Légation de Chine à Madrid*. 76.

J. M. GUTIERREZ, Assistant des postes de Chine*. 77.

COLOMBIE: WALTER MAC LELLAN, Conseiller de la Légation colombienne en Espagne. 50.

GABRIEL ROLDAN. 51.

JOSÉ MARÍA PEREZ SARMIENTO, Consul général de la République de Colombie.

COSTA-RICA: Son Excellence MANUEL MARÍA DE PERALTA, Ministre de Costa-Rica en Espagne. 63.

GUILLAUME GÉRARD*. 64.

CUBA: JUAN IRURETAGOYENA Y LANZ, Consul de la République de Cuba.

DANEMARK: O. C. HOLLNAGEL JENSEN, Secrétaire général des postes. 84.

E. V. HOLMBLAD, Chef de Bureau à la Direction générale des postes du Danemark. 85.

DOMINICAINE (RÉPUBLIQUE):   LÉOPOLD LOVELACE, Consul général de la République Dominicaine en Espagne. 38.

ÉGYPTE: Son Excellence N. T. BORTON, Pacha, C. M. G., Directeur général des postes. 86.

EMILE MAGGIAR, Directeur du service international à la Direction générale des postes. 87.

ÉQUATEUR: LUIS ROBALINO DÁVILA, Consul général de l'Équateur en Suisse. 113.

LÉONIDAS A. YEROVI, Consul général de l'Équateur à Barcelone. 114.

ESPAGNE: le COMTE DE COLOMBI, Directeur général des postes et des télégraphes. 2.

JOSÉ DE GARCÍA TORRES, Chef d'Administration de 1re classe à la Direction générale des postes. 95.

GUILLERMO CAPDEVILA Y FERNÁNDEZ DE LAS CRUCES, Sous-Directeur général des postes. 96.

JOSÉ DE ESPAÑA Y GIL, Chef d'Administration de 3e classe à la Caisse postale d'épargne. 97.

MARTIN VICENTE SALTO, Chef du Bureau de la Correspondance internationale, Direction générale des postes. 98.

ANTONIO CAMACHO Y SANJURJO, Chef du Bureau du Régime international, Direction générale des postes. 99.

JUSTO GONZÁLEZ HERVÁS, Secrétaire de la Commission chargée de l'organisation du VIIe Congrès postal universel*. 100.

JOSÉ ORTEGA MUNILLA, Chroniqueur national des postes*. 89.

ENSEMBLE DES COLONIES ESPAGNOLES: BERNARDO ROLLAND Y DE MIOTA, Secrétaire d'Ambassade, Contrôleur de la section coloniale au Ministère d'Etat d'Espagne. 109.

MANUEL GÓMEZ ACEBO Y ECHEVERRÍA, Chef de Bureau de 3e classe de la section coloniale au Ministère d'Etat d'Espagne. 110.

ÉTHIOPIE: ATO WEULDEU BERHANE, Directeur de l'Administration des postes. 140.

GOUET*. 141.

FINLANDE: G. E. F. ALBRECHT, Directeur général des postes. 65.

FRANCE: LEBON, Directeur de l'Exploitation postale au Sous-Secrétariat d'Etat des postes et des télégraphes. 26.

BONNET, Chef du Cabinet du Sous-Secrétaire d'Etat des postes et des télégraphes. 121.

BLIN, Chef de Bureau à la Direction des chèques postaux et des articles d'argent au Sous-Secrétariat d'Etat des postes et des télégraphes. 122.

BOUILLARD, Sous-Directeur des postes et des télégraphes au Sous-Secrétariat d'Etat des postes et des télégraphes. 123.

BARRAIL, Délégué financier auprès de l'Ambassade de France à Madrid. 124.

BODY, Sous-Chef de Bureau à la Direction de l'Exploitation postale*. 125.

A. F. MARTIN, Sous-Chef de Bureau à la Direction de l'Exploitation postale*. 126.

BECHEL, Rédacteur principal à la Direction des chèques postaux et des articles d'argent*. 127.

ALGÉRIE: H. TREUILLÉ, Sous-Directeur des postes de l'Algérie. 88.

COLONIES
FRANÇAISES: TOUZET, Chef du Cabinet du Ministre des colonies françaises, Délégué représentant l'Indochine. 136.

DEMARTIAL, Chef de Bureau au Ministère des colonies françaises, Délégué représentant l'ensemble des colonies françaises autres que l'Indochine. 137.

BILLECOCQ, Sous-Chef de Bureau au Ministère des colonies de France.* 148.

LASSUZE, Rédacteur principal au Ministère des colonies de France*. 149.

GRANDE-
BRETAGNE
ET DIVERSES
COLONIES BRI-
TANNIQUES: le Brigadier-Général F. H. WLLIAMSON, C. B. E., Secrétaire-Adjoint du General Post Office, Chef de la Délégation britannique. 25.

E. J. HARRINGTON, O. B. E., Vice-Directeur de la comptabilité du General Post Office. 138.

le Capitaine de Frégate E. L. ASHLEY FOAKES, O. B. E., R. N., Conseiller naval du General Post Office. 150.

W. B. HARRIS, M. B. E., Inspecteur du service postal international au Secrétariat du General Post Office*. 157.

W. G. GILBERT, Inspecteur au service de la comptabilité du General Post Office*. 160.

INDE BRI-
TANNIQUE: G. R. CLARKE, O. B. E., I. C. S., Directeur général des postes et des télégraphes. 16.

F. F. SHOUT, Adjoint du Directeur général des postes*. 17.

le Lt. Colonel G. E. O. DE SMIDT*. 18.

CANADA: l'Honorable PIERRE-EDOUARD BLONDIN, Ministre des postes.

ROBERT MILLAR COULTER, Sous-Ministre des postes.

S. LELIÈVRE, Secrétaire du Ministre des postes du Canada*.

CONFÉDÉRA-
TION AUSTRA-
LIENNE: JUSTINIAN OXENHAM, Secrétaire du Département du Postmaster General. 14.

JAMES KAY*. 15.

NOUVELLE-
ZÉLANDE: RICHARD BRABAZON MORRIS, Secrétaire du Département des postes et des télégraphes. 27.

MEYENDORFF*. 28.

UNION DE
L'AFRIQUE
DU SUD: H. W. S. TWYCROSS, Postmaster General. 139.

D. J. O'KELLY, Chef de Division au Secrétariat des postes à Prétoria. 151.

GRÈCE: Son Excellence PIERRE SCASSI, Envoyé extraordinaire et Ministre plénipotentiaire de S. M. le Roi de Grèce à Madrid. 29.

Th. PENTHÉROUDAKIS, Directeur des postes et des télégraphes. 30.

JEAN LACHNIDAKIS, Directeur des postes de 2e classe*. 31.

E. FOUNDOUKIDIS*. 32.

GUATÉMALA: Son Excellence le Dr JUAN J. ORTEGA, Ministre du Guatémala en Espagne. 40.

ENRIQUE TRAUMANN, Consul du Guatémala. 41.

HAITI:	LUIS MARIA SOLÉR, Consul général d'Haïti à Barcelone. 7.
HONDURAS (RÉPUBLIQUE):	le Dr RICARDO BELTRÁN Y RÓZPIDE, Envoyé extraordinaire et Ministre plénipotentiaire „ad hoc" de la République du Honduras. 162.
HONGRIE:	OTHON DE FEJÉR, Directeur supérieur des postes et des télégraphes. 42.
	Le Baron GABRIEL SZALAY, Directeur supérieur des postes et des télégraphes. 43.
ISLANDE:	O. C. HOLLNAGEL JENSEN, Secrétaire général des postes du Danemark. 84.
ITALIE ET COLONIES ITALIENNES:	Le Dr EUGENIO DELMATI, Directeur général des postes en disponibilité. 53.
	Le Dr TORQUATO CARLO GIANNINI, Chef de service au Ministère des postes. 54.
	SALVATORE ORTISI, Inspecteur au Ministère des postes. 55.
	PAOLO RIELLO, Chef de section au Ministère des postes*. 56.
JAPON:	SHIRO NAKANISHI, Directeur des communications. 129.
	ARAJIRO MIURA, 1er Secrétaire de la Légation du Japon à Madrid. 130.
	YONEJIRO HIRATSUKA, Secrétaire au Ministère des communications. 131.
	HIDETEKA INOUYE*. 132.
	BUNICHIRO IMAMICHI, Chef des postes étrangères, Bureau central des postes à Tokio*. 133.
	TOMITSUGU IMAI, Chef de section au Bureau de la Correspondance internationale, Direction générale des postes*. 134.
	TOSHIO MASUDA*. 135.
LIBÉRIA:	LUIS MARIA SOLÉR, Consul général de Libéria à Barcelone. 7.
LUXEM-BOURG:	le Dr GEORGES FABER, Directeur de l'Administration des postes et des télégraphes. 57.
MAROC (à l'exclusion de la Zone espagnole):	GÉRARD JAPY, Secrétaire de l'Ambassade de France à Madrid. 153.
	M. J. WALTER, Directeur de l'Office des postes, télégraphes et téléphones. 156.
MAROC (Zone espagnole):	MANUEL AGUIRRE DE CÁRCER, Ministre résident, Chef intérimaire de la Section du Maroc au Ministère des Affaires étrangères d'Espagne.
	LUCIANO LÓPEZ-FERRER, Consul général de la section du Maroc au Ministère des Affaires étrangères d'Espagne. 111.
	CARLOS GARCIA DE CASTRO Y FRAILE, Chef du Bureau des Affaires postales au Haut-Commissariat de l'Espagne au Maroc. 112.
MEXIQUE:	COSME HINOJOSA, Directeur général des postes. 66.
	JULIO POULAT, Chef de la division de la comptabilité à la Direction générale des postes. 67.
	ALFONSO REYES, 2e Secrétaire de la Légation du Mexique en Espagne. 69.
	RODOLFO BECERRA SOTO, Secrétaire du Directeur général des postes*. 68.
NICARAGUA:	MANUEL IGNACIO TERÁN, Consul général de Nicaragua à Barcelone. 70.
NORVÈGE:	J. TH. SOMMERSCHILD, Secrétaire général au Ministère du commerce. 44.
	KLAUS HELSING, Chef de Bureau à l'Administration centrale des postes. 45.
PANAMA:	J. D. AROSEMENA. 71.
PARAGUAY:	FERNANDO PIGNET, Consul général du Paraguay. 58.
	le Dr MATIAS ALONSO CRIADO, Conseiller de Légation. 59.
PAYS-BAS:	A. W. KYMMELL, Inspecteur des postes et des télégraphes. 78.
	J. S. VAN GELDER, Sous-Chef de division à la Direction générale des postes et des télégraphes. 79.
	J. M. LAMERS, Chef de Bureau à la Direction générale des postes et des télégraphes. 80.

COLONIES
NÉERLAN-
DAISES: G. M. WIGMAN, Chef du service des postes aux Indes néerlandaises. 81.

W. F. GERDES OOSTERBEEK, Sous-Directeur au Ministère des colonies. 82.

J. VAN DER WERF, Inspecteur des postes, télégraphes et téléphones aux Indes néerlandaises. 83.

PÉROU: DANIEL URREA. 163.

OSCAR BARRENECHEA Y RAYGADA.

PERSE: Son Excellence HOSSEIN KHAN ALAÏ, Ministre de Perse. 90.

C. MOLITOR, Directeur général des postes. 91.

POLOGNE: WLODZIMIERZ DOBROWOLSKI, Ingénieur, Sous-Secrétaire d'État au Ministère des postes. 92.

SILWESTER MACIEJEWSKI, Chef de Bureau au Ministère des postes. 93.

le Dr MARJAN BLACHIER, Chef de Bureau au Ministère des postes. 94.

PORTUGAL: HENRIQUE AUGUSTO PEREIRA MOUSINHO DE ALBUQUERQUE, Directeur du Service de l'Exploitation postale. 103.

COLONIES
PORTUGAISES: JUVENAL ELVAS FLORIADO SANTA BARBARA, Inspecteur principal des postes et des télégraphes des colonies portugaises, ancien Directeur des postes et des télégraphes de la province de Mozambique, Délégué pour les colonies de l'Afrique. 104.

JOSÉ EMILIO DOS SANTOS E SILVA, Ingénieur, Chef de division à la Direction générale des colonies, Délégué pour l'ensemble des autres colonies. 105.

ROUMANIE: DEMÈTRE MARINESCO, Sous-Directeur général des postes, télégraphes et téléphones. 106.

EUGÈNE BOUKMAN, Inspecteur des postes, télégraphes et téléphones. 107.

SALVADOR: ISMAEL G. FUENTES, Secrétaire de la Légation du Salvador en Espagne, Chargé d'affaires ad interim. 108.

SARRE
(TERRITOIRE): JEAN DOUARCHE, Conseiller technique du Service postal du Territoire de la Sarre. 116.

ROYAUME
DES SERBES,
CROATES ET
SLOVÈNES: DRAGOUTIN DIMITRIYEVITCH, Directeur général adjoint au Ministère des postes et des télégraphes. 117.

SAVA TOUTOUNDJITCH, Directeur du Service postal au Ministère des postes et des télégraphes. 118.

le Dr FRANYA PAVLITCH, Sous-Directeur au Ministère des postes et des télégraphes. 119.

COSTA ZLATANOVITCH, Sous-Directeur au Ministère des postes et des télégraphes. 120.

SIAM: le PHRA SANPAKITCH PREECHA, 1er Secrétaire de la Légation du Siam à Londres. 115.

SUÈDE: le Dr JULIUS JUHLIN, ancien Ministre de l'intérieur, Directeur général des postes. 142.

THORE G. B. WENNQVIST, Directeur des postes. 143.

GUNNAR LAGER, Secrétaire à la Direction générale des postes*. 144.

SUISSE: Son Excellence ALFRED MENGOTTI, Envoyé extraordinaire et Ministre plénipotentiaire de Suisse à Madrid. 3.

le Dr R. FURRER, Directeur général des postes. 13.

FRÉDÉRIC BOSS, Chef de Division à la Direction générale des postes. 5.

PAUL DUBOIS, Chef de Section à la Direction générale des postes*. 6.

TCHÉCOSLO-
VAQUIE: le Dr OTOKAR RŮŽIČKA, Conseiller de section au Ministère des postes et des télégraphes. 145.

VÁCLAV KUČERA, Conseiller de section au Ministère des postes et des télégraphes. 146.

JOSEPH ZÁBRODSKÝ, Directeur des postes*. 147.

TUNISIE: GÉRARD JAPY, Secrétaire de l'Ambassade de France à Madrid. 153.
                BARBARAT, Directeur général de l'Office des postes et des télégraphes de la Régence. 154.
TURQUIE: MÉHMÉD-ALI BEY, Directeur des postes. 152.
URUGUAY: Son Excellence BENJAMIN FERNANDEZ Y MEDINA, Ministre de l'Uruguay en Espagne. 155.
                ADOLFO AGORIO, Membre du Conseil-directeur de l'Administration générale des postes, des télégraphes et des téléphones. 159.
VÉNÉZUELA: PEDRO EMILIO COLL. 158.
                SIMÓN BARCELÓ. 161.
                LOUIS ALBERTO POSSE.

MM.

BUREAU
INTER-
NATIONAL: C. DECOPPET, ancien Conseiller fédéral, Directeur. 39.
                E. ROTTNER, Conseiller ministériel, Vice-Directeur. 101.
                E. VOUTAT, Secrétaire. 102.
                J. FOURÈS, Secrétaire. 128.

Commission d'Etudes.

MM.

ALLEMAGNE: SCHENK, Conseiller ministériel au Ministère des postes.
BELGIQUE: PIRARD, Directeur général des postes.
ESPAGNE: le Comte DE COLOMBI, Directeur général des postes, puis ensuite de la démission de M. de Colombi:
                M. CAMACHO, Chef du Service international à la Direction générale des postes d'Espagne.
FRANCE: LEBON, Directeur de l'Exploitation postale.
GRANDE-
BRETAGNE: le Brigadier-Général F. H. WILLIAMSON, C. B., C. B. E., Directeur des Services postaux.
ITALIE: le Dr DELMATI, Directeur général des postes en disponibilité, décédé en novembre 1921, puis
                le Professeur T. GIANNINI, Chef de Service au Ministère des postes d'Italie.
SUÈDE: le Dᵣ J. JUHLIN, Ancien Ministre de l'Intérieur, Directeur général des postes.
BUREAU
INTER-
NATIONAL: C. DECOPPET, ancien Conseiller fédéral, Directeur, Président de la Commission.
                E. VOUTAT, Secrétaire, Secrétaire de la Commission.

Ont en outre pris part aux travaux de la Commission:

MM.

SCHOCKAERT, Inspecteur des postes de Belgique.
G. LAGER, Secrétaire à la Direction générale des postes de Suède.

CONGRÈS DE MADRID 1920.

TABLEAU

donnant quelques exemples des taxes d'affranchissement auxquelles étaient soumises les correspondances postales dans le service international avant la mise à exécution de la

Convention de Berne (1er juillet 1875).

Pays d'origine	Pays de destination	TAXES (En cas d'affranchissement)					OBSERVATIONS
		Lettres	Cartes postales	Imprimés	Echantillons	Papiers d'affaires	
ALLEMAGNE	BELGIQUE	20 pf. par 15 g. (La moitié pour les lettres du rayon limitrophe — 30 km.)	Taxe comme pour une lettre simple	5 pf. par 50 g.	5 pf. par 50 g.	Pas de taxe modérée	1 pfennig = environ 1 ¼ ct. Maximum de poids pour les lettres et les échantillons: 250 g.; pour les imprimés: 1 kg.
Id.	FRANCE	30 pf. par 10 g. (25 pf. par 10 g. pour les lettres du rayon limitrophe — 30 km.)	Id.	8 pf. par 50 g.	15 pf. jusqu'à 50 g.; au delà, 8 pf. par 50 g.	30 pf. jusqu'à 50 g.; au delà, 8 pf. par 50 g.	Maximum de poids pour les imprimés et les papiers d'affaires: 1 kg.; pour les échantillons: 250 g.
Id.	GRANDE-BRETAGNE	25 pf. par 15 g.	Id.	Id.	8 pf. par 50 g.	Pas de taxe modérée	Maximum de poids pour les lettres et les échantillons: 250 g. (on admettait toutefois aussi des lettres plus lourdes); pour les journaux: 2 ½ kg.; pour les autres imprimés: 1 ½ kg.
Id.	LUXEMBOURG	10 pf. jusqu'à 15 g., 20 pf. de 15 à 250 g.	5 pf.	3 pf. par 50 g., jusqu'à 250 g.; au delà, taxe fixe de 30 pf.	3 pf. par 50 g.	Id.	Maximum de poids pour les lettres et les échantillons: 250 g.; pour les imprimés: 500 g.
Id.	RUSSIE	30 pf. par 15 g. (10 pf. par 15 g. pour les lettres du rayon limitrophe, lequel était restreint aux localités situées à la frontière).	—	5 pf. par 50 g.	5 pf. par 50 g.	Id.	Maximum de poids pour les lettres, les imprimés et les échantillons: 250 g.
Id.	ÉTATS-UNIS D'AMÉRIQUE — V. de Brême, de Hambourg ou de Stettin.	25 pf. par 15 g.	10 pf.	10 pf. par 50 g.	10 pf. par 50 g.	Id.	Maximum de poids pour les lettres et les échantillons: 250 g. (on admettait toutefois aussi des lettres plus lourdes); pour les imprimés: 1 ½ kg.
	V. d'Angleterre.	30 pf. par 15 g.	Taxe comme pour une lettre simple.	15 pf. par 50 g.	15 pf. par 50 g.	Id.	
Id.	PÉROU — V. de Hambourg.	100 pf. par 15 g.	Id.	Id.	Id.	15 pf. par 50 g.	Maximum de poids des imprimés et des papiers d'affaires: 1 kg.; des échantillons: 250 g.
	V. d'Angleterre ou de France.	120 pf. par 15 g.					
AUTRICHE	PORTUGAL — V. d'Allemagne	15 kr. par 15 g.	15 kr.	4 kr. par 50 g.	4 kr. par 50 g.		1 kreuzer = environ 2 ½ ct.
	V. d'Italie.	31 kr. par 10 g.	—	6 kr. par 40 g.	Pas de taxe modérée.		Maximum de poids pour les imprimés: 2 livres (1 kg.).
Id.	ROUMANIE	10 kr. par 15 g. (5 kr. par 15 g. pour les lettres du rayon limitrophe.)	4 kr.	2 kr. par 50 g. jusqu'à 250 g.; 15 kr. de 250 à 500 g.	2 kr. par 50 g.		Maximum de poids pour les imprimés: 1 livre (500 g.).
Id.	SERBIE	7 kr. par 15 g.	—	Id.	Id.		Les correspondances à destination d'une localité turque où il n'existait pas de bureau autrichien devaient être affranchies jusqu'à une localité possédant un bureau autrichien.
Id.	TURQUIE — Localités turques sièges de bureaux autrichiens.	15 kr. par 15 g. (10 kr. par 15 g. pour les lettres du rayon limitrophe)	4 kr.	4 kr. par 50 g. jusqu'à 250 g.; 30 kr. de 250 à 500 g.	4 kr. par 50 g.		Maximum de poids pour les imprimés: 1 livre (500 g.).
	Autres localités.	Id.	—	Id.	Id.		
Id.	CHILI — V. de Panama	84 kr. par 15 g.	—	7 kr. par 50 g.	7 kr. par 50 g.		
Id.	V. de Liverpool	59 kr. par 15 g.	—	5 kr. par 50 g.	5 kr. par 50 g.		
BELGIQUE	ESPAGNE	40 ct. par 10 g.	—	10 ct. par 40 g.	10 ct. par 40 g.	—	Maximum de poids pour les échantillons: 300 g.; limite de dimension dans un sens quelconque: 25 cm.
Id.	FRANCE	30 ct. par 10 g. (20 ct. par 10 g. pour les lettres du rayon limitrophe — 30 km.)	30 ct. (20 ct. pour les cartes du rayon limitrophe.)	8 ct. par 40 g. pour les journaux et ouvrages périodiques; 5 ct. par 40 g. pour les autres imprimés.	10 ct. par 40 g.	50 ct. par 200 g.	Id.
Id.	GRÈCE — V. d'Italie.	70 ct. par 15 g.	—	15 ct. par 40 g.	—	—	Maximum de poids pour les lettres et les échantillons: 250 g.; pour les imprimés: 1 kg.
	V. d'Allemagne	60 ct. par 15 g.	—	15 ct. par 50 g.	15 ct. par 50 g.	—	
	V. de France.	70 ct. par 7 ½ g.	—	1 ct. par 40 g. (Il était, en outre, perçu une taxe du destinataire).	—	—	

Pays d'origine	Pays de destination	TAXES (En cas d'affranchissement) — Lettres	Cartes postales	Imprimés	Echantillons	Papiers d'affaires	OBSERVATIONS
Belgique (Suite).	Pays-Bas	20 ct. par 15 g. (10 ct. par 15 g. pour les lettres du rayon limitrophe — 30 km.)	10 ct. (Avec réponse: 20 ct.)	4 ct. par 50 g.	10 ct. par 50 g.	30 ct. par 200 g.	Maximum de poids pour les échantillons: 300 g.; limite de dimension dans un sens quelconque: 25 cm.
	Colombie (Etats-Unis de) V. d'Angleterre.	1 fr. 50 par 15 g. (par Ostende). 1 fr. 60 par 15 g. (par Calais).	—	15 ct. par 50 g.	80 ct. par 120 g.	15 ct. par 50 g.	Maximum de poids pour les échantillons: 250 g.
	V. de France. V. d'Allemagne.	1 fr. par 7 ½ g. 50 ct. par 15 g.	—	16 ct. par 40 g. 15 ct. par 50 g.	15 ct. par 50 g.	—	Maximum de poids pour les lettres et les échantillons: 250 g.; pour les imprimés: 1 kg.
Id.	V. des Etats-Unis d'Amérique.	1 fr. 20 par 15 g. (par Ostende) 1 fr. 10 par 15 g. (par Anvers).	1 fr. 20 par Ostende 1 fr. 10 par Anv.	60 ct. par 50 g. (30 ct. par 50 g. pour les journaux).	—	—	
	Côte occidentale de la Colombie (v. de France).	1 fr. 30 par 7 ½ g.	—	26 ct. par 40 g.			Toutes les correspondances pour la Colombie donnaient lieu à la perception d'une taxe à destination.
Danemark	Allemagne (Sleswig-Holstein, Hambourg et Lubeck exceptés), Autriche et Luxembourg	16 öre jusqu'à 15 g. 32 öre de 15 à 250 g.	—	6 öre par 50 g.	6 öre par 50 g.	—	1 öre = 1,3889 ct. La taxe des imprimés et des échantillons d'un poids jusqu'à 1 kg. ne devait pas dépasser la taxe des lettres. La taxe des imprimés de plus de 1 kg. jusqu'à 2 kg. devait être calculée sur le pied de 6 öre par 50 g. ou fraction de 50 g
Id.	France	33 öre par 10 g.	—	8 öre par 40 g.	8 öre par 40 g.	—	
Id.	Grande-Bretagne	20 öre par 15 g.	—	8 öre par 50 g.	8 öre par 50 g.	—	
Id.	Russie	29 öre par 15 g.	—	Id.	Id.	—	
Id.	Etats-Unis d'Amérique	25 öre par 15 g.	—	Id.	Id.	—	
États-Unis d'Amérique	*Belgique* V. directe.	6 cents par ½ once.	—	3 cents pour chaque journal ne dépassant pas 4 onces. Pour les autres imprimés: 2 cents jusqu'à 1 once, 4 cents de 1 à 2 onces, 6 cents de 2 à 4 onces; au delà, 6 cents par 4 onces.	—	—	½ once = environ 15 g.; 1 cent = environ 5 ct. Dans les relations avec les Etats-Unis d'Amérique les dimensions des imprimés et des échantillons étaient généralement fixées à 2 pieds (60 cm.) en longueur et à 1 pied (30 cm.) en largeur ou épaisseur et leur poids maximum à 24 onces. Dans les échanges des Etats-Unis avec l'Allemagne, le poids des échantillons était toutefois limité à 8¾ onces; en outre, les lettres pour l'Allemagne contenant des objets passibles de droits de douane ne devaient pas peser plus de 1¾ onces.
	V. d'Angleterre.	8 cents par ½ once.	—	4 cents pour chaque journal ne dépassant pas 4 onces. Pour les autres imprimés: 8 cents par 4 onces.	8 cents par 4 onces.	—	
Id.	Canada	6 cents par ½ once.	2 cents.	1 cent par 2 onces.	—	—	
Id.	Danemark	7 cents par ½ once.	—	4 cents pour chaque journal ne dépassant pas 4 onces. Pour les autres imprimés: 3 cents jusqu'à 1 once, 6 cents de 1 à 2 onces; 8 cents de 2 à 4 onces; au delà, 8 cents par 4 onces.	Même taxe que pour les imprimés autres que les journaux.	—	
Id.	France	9 cents par ½ once.	—	3 cents pour chaque journal ne dépassant pas 4 onces. Pour les autres imprimés: 2 cents jusqu'à 1 once, 4 cents de 1 à 2 onces; 6 cents de 2 à 4 onces; au delà, 6 cents par 4 onces.	Id.	—	
Id.	Italie	10 cents par ½ once	—	4 cents pour chaque journal ne dépassant pas 4 onces. Pour les autres imprimés: 8 cents par 4 onces.	8 cents par 4 onces.	—	

Pays d'origine	Pays de destination	TAXES (En cas d'affranchissement)					OBSERVATIONS
		Lettres	Cartes postales	Imprimés	Echantillons	Papiers d'affaires	
ETATS-UNIS D'AMÉRIQUE (Suite).	EQUATEUR	20 cents par ½ once.	—	2 cents pour chaque journal ne dépassant pas 4 onces. Pour les autres imprimés: 2 cents jusqu'à 1 once; 3 cents de 1 à 2 onces; 4 cents de 2 à 4 onces; au delà, 4 cents par 4 onces.	—	—	
FRANCE	ALLEMAGNE	40 ct. par 10 g.	—	10 ct. par 50 g.	40 ct. jusqu'à 50g.; au delà, 10ct. par 50g.	Même taxe que pour les échantillons.	Maximum de poids pour les imprimés: 1 kg.; pour les échantillons: 250 g.
Id.	AUTRICHE	60 ct. par 10 g.	—	10 ct. par 40 g.	10ct. par 40g.	—	Id.
Id.	DANEMARK	50 ct. par 10 g.	—	Id.	Id.	—	
Id.	LUXEMBOURG	25 ct. par 10 g.	—	5 ct. par 40 g.	5 ct. par 40g.	50ct.par200g.	
Id.	NORVÈGE	70 ct. par 10 g.	—	18 ct. par 40 g.	18ct. par 40g.	—	
Id.	SUISSE	30 ct. par 10 g.	—	5 ct. par 40 g.	5 ct. par 40 g.	50ct.par200g.	Maximum de poids pour les échantillons: 300 g.; limite de dimension dans un sens quelconque: 25 cm.
Id.	BRÉSIL	80 ct. par 7 ½ g.	—	15 ct. par 40 g.	15 ct. par 40g.	—	
GRANDE-BRETAGNE	ALLEMAGNE	3 d. par ½ once.	—	2 d. par 4 onces pour chaque journal inscrit. Pour les autres imprimés: 1 d. jusqu'à 1 once; 2 d. de 1 à 2 onces; 4 d. de 2 à 4 onces; au delà, 4 d. par 4 onces.	Même taxe que pour les imprimés autres que les journaux inscrits.	—	½ once = environ 15 g.; 1 denier (penny) = environ 10ct. Maximum de dimension pour les lettres: 2 pieds en longueur, 1 pied en largeur ou épaisseur. Maximum de poids pour les journaux inscrits: 5 livres; pour les autres imprimés: 3 livres; pour les échantillons: 8 onces. (1 livre angl. = environ 453 g.).
Id.	FRANCE	3 d. par 1/3 once.	—	1 d. par 4 onces pour chaque journal inscrit. Pour les autres imprimés: 1 d. jusqu'à 1 once; 2 d. de 1 à 2 onces; 3 d. de 2 à 4 onces; au delà, 3 d. par 4 onces.	Id.	—	Maximum de dimension pour les lettres (comme ci-dessus). Maximum de poids pour tous les imprimés et les échantillons: 5 livres.
Id.	ITALIE	6 d. par ½ once.	—	3 d. par 4 onces pour chaque journal inscrit. Pour les autres imprimés: 2 d. jusqu'à 1 once; 3 d. de 1 à 2 onces; 5 d. de 2 à 4 onces; au delà, 5 d. par 4 onces.	Id.	—	Maximum de dimension pour les lettres (comme ci-dessus). Maximum de poids pour tous les imprimés: 5 livres; pour les échantillons: 8 onces.
Id.	PAYS-BAS — V. de Belgique.	3 d. par ½ once.	—	2 d. par 4 onces pour chaque journal inscrit. Pour les autres imprimés: 1 d. jusqu'à 1 once; 2 d. de 1 à 2 onces; 4 d. de 2 à 4 onces; au delà, 4 d. par 4 onces.	Id.	—	Maximum de dimension pour les lettres (comme ci-dessus). Maximum de poids pour tous les imprimés et les échantillons: 5 livres.
	PAYS-BAS — V. de France.	6 d. par 1/3 once.	—	Id.	—	—	Maximum de dimension pour les lettres (comme ci-dessus). Maximum de poids pour tous les imprimés: 5 livres.
Id.	ETATS-UNIS D'AMÉRIQUE	3 d. par ½ once.	—	1 d. par 4 onces pour chaque journal inscrit. Pour les autres imprimés: 1 d. jusqu'à 1 once; 2 d. de 1 à 2 onces; 3 d. de 2 à 4 onces; au delà, 3 d. par 4 onces.	Même taxe que pour les imprimés autres que les journaux inscrits.	—	Maximum de dimension pour les lettres (comme ci-dessus). Maximum de poids pour tous les imprimés et les échantillons: 5 livres.

TAXES
(En cas d'affranchissement)

Pays d'origine	Pays de destination	Lettres	Cartes postales	Imprimés	Echantillons	Papiers d'affaires	OBSERVATIONS
Grande-Bretagne (Suite)	Japon — V. de Brindisi.	1 sh. 3 d. par ½ once.	—	3 d. par 4 onces pour chaque journal inscrit. Pour les autres imprimés: 2 d. jusqu'à 1 once; 4 d. de 1 à 2 onces; 7 d. de 2 à 4 onces; au delà, 7 d. par 4 onces.	Même taxe que pour les imprimés autres que les journaux inscrits.	—	Maximum de dimension pour les lettres (comme ci-dessus). Maximum de poids pour tous les imprimés et les échantillons: 5 livres.
	Japon — V. de Southampton.	1 sh. par ½ once.	—	1 d. par 4 onces pour chaque journal inscrit. Pour les autres imprimés: 1 d. jusqu'à 1 once; 2 d. de 1 à 2 onces; 4 d. de 2 à 4 onces; au delà, 4 d. par 4 onces.	Id.	—	Id.
	Japon — Par paquebots français.	1 sh. 3 d. par ½ once.	—	3 d. par 4 onces pour chaque journal inscrit. Pour les autres imprimés: 2 d. jusqu'à 1 once; 4 d. de 1 à 2 onces; 6 d. de 2 à 4 onces; au delà, 6 d. par 4 onces.	Id.	—	Id.
Grèce	Belgique	80 lepta par 15 g.	—	14 lepta par 40 g.	14 lepta par 40 g.	—	1 drachme à 100 lepta = 1 franc.
Id.	Italie — Par paq. italiens et austro-hongrois.	65 lepta par 10 g.	—	10 lepta par 40 g.	10 lepta par 40 g.	—	
	Italie — Par paquebots français	90 lepta par 10 g.	—	Id.	Id.	—	
Id.	Portugal	1 drachme 15 lepta par 10 g.	—	16 lepta par 40 g.	16 lepta par 40 g.	—	
Id.	Suède et Norvège	90 lepta par 15 g.	—	17 lepta par 40 g.	17 lepta par 40 g.	—	
Id.	Suisse	65 lepta par 15 g.	—	10 lepta par 40 g.	10 lepta par 40 g.	—	
Hongrie	Grèce	25 kr. par 15 g.	—	5 kr. par 50 g.	5 kr. par 50 g.	—	1 kreuzer = environ 2 ½ ct.
Id.	Russie	15 kr. par 15 g.	—	3 kr. par 50 g.	3 kr. par 50 g.	—	Maximum de poids pour les imprimés: 250 g. (15 loths).
Id.	Suède	13 kr. par 15 g.	13 kr.	4 kr. par 50 g.	4 kr. par 50 g.	—	Maximum de poids pour les imprimés: 500 g. (1 livre).
Id.	Suisse	10 kr. jusqu'à 15 g.; 20 kr. de 15 à 250 g.	4 kr.	2 kr. par 50 g. jusqu'à 250 g.; 15 kr. de 250 à 500 g.	2 kr. par 50 g.	—	Maximum de poids pour les lettres: 250 g.; pour les imprimés: 500 g.
Italie	Autriche	40 ct. par 15 g. (15 ct. par 15 g. pour les lettres du rayon limitrophe — 30 km.)	—	5 ct. par 40 g.	5 ct. par 40 g.	—	1 lira = 1 franc.
Id.	Egypte — Alexandrie.	40 ct. par 15 g.	—	Id.	Id.	—	
	Egypte — Le reste de l'Egypte.	60 ct. par 15 g.	—	10 ct. par 40 g.	10 ct. par 40g.	—	
Id.	Suisse	30 ct. par 10 g. (10 ct. par 10 g. pour les lettres du rayon limitrophe— 45 km).	—	3 ct. par 40 g.	5 ct. par 40g.	—	
Id.	République Argentine et Uruguay — V. de France.	1 lira 40 par 7 ½ g.	—	17 ct. par 40 g.	—	—	
	République Argentine et Uruguay — V. de Belgique	2 lire 40 par 15 g.	—	16 ct. par 40 g.	16 ct. par 40g.	—	
	République Argentine et Uruguay — V. d'Angleterre.	1 lira par 15 g.	—	15 ct. par 40 g.	15 ct. par 40g.	—	

Pays d'origine	Pays de destination	Lettres	Cartes postales	Imprimés	Echantillons	Papiers d'affaires	OBSERVATIONS
		TAXES (En cas d'affranchissement)					
ITALIE (Suite).	AUSTRALIE — Australie occid., Australie mér., Queensland, Victoria et Tasmanie (V. de Brindisi).	70 ct. par 15 g.	—	12 ct. par 40 g.	12ct. par 40g.	—	
	Nlle GALLES DU SUD — V. de Brindisi.	Id.	—	Id.	Id.	—	
	V. de S. Francisco.	1 lira par 15 g.	—	15 ct. par 40 g.	15 ct. par 40 g.	—	
LUXEMBOURG	ALLEMAGNE, AUTRICHE et HONGRIE	1 silbergros jusqu'à 15 g.; 2 silb. de 15 à 250 g.	½ silbergros.	1/3 silbergros par 50 g. jusqu'à 250 g.; 3 silb. de 250 à 500g.	1/3 silbergros par 50 g.	1 silbergros jusqu'à 15 g.; 2 silb. de 15 à 250 g.	1 silbergros = 12 ½ ct. Maximum de poids pour les lettres, les échantillons et les papiers d'affaires: 250 g.; pour les imprimés: 500 g.
Id.	FRANCE	25 ct. par 10 g.	—	5 ct. par 40 g.	5ct. par 40gr.	50 ct. par 200 g.	
Id.	GRANDE-BRETAGNE — V. d'Allemagne.	2 ½ silbergros par 15 g.	2 ½ silbergros.	¾ silbergros par 50 gr.	¾ silbergros par 50 g.	—	
	V. de France.	45 ct. par 7 ½ g.	—	5 ct. par 40 g.	—	—	
Id.	PAYS-BAS	20 ct. par 15 g.	20 ct.	4 ct. par 40 g.	10 ct. par 40 g.	30 ct. par 200 g.	
Id.	ÉTATS-UNIS D'AMÉRIQUE — V. de Cologne Verviers.	3 silbergros par 15 g.	3 silbergros.	1 ½ silbergros par 50 g.	1½ silbergros par 50 g.	—	
	V. de Brême.	2 ½ silbergros par 15 g.	1 silbergros.	1 silbergros par 50g.	1 silbergros par 50 g.	—	
	V. de France.	95 ct. par 7 ½ g.	—	16 ct. par 40 g.	—	—	
	V. d'Anvers.	40 ct. par 15 g.	—	11 ct. par 40 g.	11 ct. par 40 g.	—	
NORVÈGE	ALLEMAGNE	7 skilling par 15 g.	—	2 skilling par 50 g.	2 skilling par 50 g.	—	1 skilling = 4,629 centimes.
Id.	DANEMARK et SUÈDE	4 skilling jusqu'à 15 g.; 8 skilling de 15 à 125 g.; 12 skilling de 125 à 250 g.	4 skilling	Id.	Id.	—	
Id.	ESPAGNE	12 skilling par 15 g.	—	4 skilling par 50 g.	4 skilling par 50 g.	—	
Id.	ITALIE	10 skilling par 15 g.	—	3 skilling par 50 g.	3 skilling par 50 g.	—	
Id.	ÉTATS-UNIS D'AMÉRIQUE — V. directe.	7 skilling par 15 g.	—	Id.	Id.	—	
	V. d'Allemagne ou d'Angleterre (transit clos).	12 skilling par 15 g.	—	4 skilling par 50 g.	4 skilling par 50 g.	—	
	V. d'Allemagne, de Belgique et d'Angleterre (transit à découv.).	Id.	—	5 skilling par 50 g.	5 skilling par 50 g.	—	1 cent = 2,11 ct. Les taxes indiquées pour les Pays-Bas concernaient les correspondances expédiées par dépêches directes.
	V. de Hambourg ou Brême (trans. à découv.).	Id.	—	Id.	Id.	—	
PAYS-BAS	ALLEMAGNE	10 cents par 15 g. (5 cents par 15 g. pour les lettres du rayon limitrophe — 30 km.).	10 cents (5 cents pour les cartes du rayon limitrophe).	5 cents par 50 g.	5 cents par 50 g.	—	Maximum de poids pour les lettres et les échantillons: 250 g.; pour les imprimés: 1 kg.
Id.	FRANCE	20 cents par 10 g.	20 cents.	4 cents par 40 g.	5 cents par 40 g.	—	Maximum de poids pour les échantillons: 300 g.; limite de dimension dans un sens quelconque: 25 cm.
Id.	LUXEMBOURG	10 cents par 15 g.	10 cents.	2 cents par 40 g.	Id.	15 cents par 200 g.	Maximum de poids pour les échantillons: 250 g.; limite de dimension dans un sens quelconque: 25 cm.
Id.	SUISSE	15 cents par 15 g.	15 cents.	4 cents par 40 g.	4 cents par 40 g.	—	Id.

Pays d'origine	Pays de destination	TAXES (En cas d'affranchissement) Lettres	Cartes postales	Imprimés	Echantillons	Papiers d'affaires	OBSERVATIONS
Pays-Bas (Suite).	*Indes Néerlandaises* — V. de Trieste.	55 cents par 15 g.	—	10 cents par 40 g.	10 cents par 40 g.	—	Maximum de poids pour les imprimés: 5 kg.; pour les échantillons: 250 g. Maximum de dimension pour les échantillons: 25 ×21 × 15 cm.
	Indes Néerlandaises — V.de Marseille ou de Brindisi.	60 cents par 15 g.	—	Id.	Id.	—	Id.
	V. directe.	20 cents jusqu'à 15 g ; 40 cents de 15 à 50 g.; 60 cents de 50 à 100 g; 80 cents de 100 à 150 g.; 100 cents de 150 à 200 g.; 120 cents de 200 à 300 g.; 140 cents de 300 à 400 g.; 160 cents de 400 à 500 g.; 180 cents de 500 à 750 g.; au delà de 750 g.. 20 cents par 250 g.	—	5 cents par 40 g.	5 cents par 40 g.	—	Id.
Id.	Curaçao et Surinam	55 cents par 15 g.	—	10 cents par 40 g.	10 cents par 40 g.	—	Id.
Portugal	Allemagne	70 reis par 15 g.	70 reis.	20 reis par 50 g.	20 reis par 50 g.	—	180 reis = 1 fr. Maximum de poids pour les imprimés: 1 kg.; pour les échantillons: 250 g.
Id.	*Belgique* — V. de terre.	120 reis par 10 g.	—	20 reis par 40 g. pour les journaux; 30 reis par 20 g. pour les autres imprimés.	60 reis par 40 g.	—	
	Belgique — V. de mer.	100 reis par 15 g.	—	Id.	Id.	—	
Id.	France	80 reis par 10 g.	—	20 reis par 40 g.	20 reis par 40 g.	—	Maximum de poids pour les imprimés et les échantillons: 480 g.
Id.	*Italie* — V. de terre.	120 reis par 10 g.	—	20 reis par 40 g.	Même taxe que pour les lettres.	—	
	Italie — V. de mer.	100 reis par 15 g.	—	—	—	—	
Roumanie	Autriche et Hongrie	25 ct. par 15 g. (Rayon limitrophe: 15 ct. par 15 g.)	—	5 ct. par 40 g.	5 ct. par 40 g.	—	
Id.	Russie	40 ct. par 15 g. (Rayon limitrophe: 15 ct. par 15 g.)	—	50 ct. par 50 g.	50 ct. par 50 g.	—	
Russie	*Espagne* — V. d'Allemagne.	18 copecks par 15g.	—	4 copecks par 50 g.	4 copecks par 50 g.	—	1 copeck = 4 centimes (valeur métallique).
	Espagne — V. d'Autriche.	Id.	—	Id.	Id.	—	
	Espagne — V. de Roumanie.	20 copecks par 15g.	—	Id.	Id.	—	
Id.	*Grande-Bretagne* — V. d'Allemagne.	16 copecks par 15g.	—	4 copecks par 50 g.	4 copecks par 50 g.	—	
	Grande-Bretagne — V. d'Autr.	Id.	—	Id.	Id.	—	
	V.de Suède.	26 copecks par 15g.	—	8 copecks par 40 g.	8 copecks par 40 g.	—	
	Grande-Bretagne — V. de Roumanie.	19 copecks par 15g.	—	4 copecks par 40 g.	4 copecks par 40 g.	—	
Id.	*Serbie* — V. d'Allemagne.	12 copecks par 15 g.	—	3 copecks par 50 g.	3 copecks par 50 g.	—	
	Serbie — V.d'Autriche.	Id.	—	Id.	Id.	—	
	Serbie — V. de Roumanie.	15 copecks par 15g.	—	3 copecks par 40 g.	3 copecks par 40 g.	—	
Id.	*Suisse* — V. d'Allemagne.	14 copecks par 15g.	—	3 copecks par 40 g.	3 copecks par 40 g.	—	
	Suisse — V. d'Autriche.	13 copecks par 15g.	—	3 copecks par 50 g.	3 copecks par 50 g.	—	
	Suisse — V. de Roumanie.	17 copecks par 15g.	—	3 copecks par 40 g.	3 copecks par 40 g.	—	

Pays d'origine	Pays de destination	Lettres	Cartes postales	Imprimés	Echantillons	Papiers d'affaires	Observations
RUSSIE (Suite).	BERMUDES (ILES) { V. d'Angleterre.	53 copecks par 15g.	—	5 copecks par 50 g.	5 copecks par 50 g.	—	
	V. de France.	66 copecks par 15g.	—	10 copecks par 40g.	Taxe des lettres	—	
SUÈDE	DANEMARK ET NORVÈGE	12 öre jusqu'à 15 g.; 24 öre de 15 à 125 g.; 36 öre de 125 à 250 g.	12 öre	6 öre par 50 g.	6 öre par 50 g.	—	1 öre = 1, 3889 ct. Maximum de poids pour les lettres et les échantillons: 250 g.; pour les imprimés: 500 g.
Id.	FRANCE	42 öre par 10 g.	—	11 öre par 40 g.	11 öre par 40 g.	—	Maximum de poids pour les lettres, les imprimés et les échantillons 250 g.
Id.	PAYS-BAS	30 öre par 15 g.	—	9 öre par 40 g.	9 öre par 40 g.	—	Maximum de poids pour les lettres et les échantillons: 250 g.; pour les imprimés: 1500 g.
Id.	RUSSIE (moins la Finlande)	38 öre par 15 g.	—	Id.	Id.	—	Maximum de poids pour les lettres, les imprimés et les échantillons: 250 g.
	FINLANDE	28 öre par 15 g.	—	9 öre par 50 g.	9 öre par 50g.	—	Id.
Id.	ETATS-UNIS D'AMÉRIQUE	36 öre par 15 g.	—	14 öre par 50 g.	14 öre par 50 g.	—	Maximum de poids pour les lettres et les échantillons: 250 g.; pour les imprimés: 500 g. Limite de dimension des envois sous bande: longueur: 2 pieds; largeur ou épaisseur: 1 pied.
SUISSE	ALLEMAGNE	25 ct. jusqu'à 15 g.; 50 ct. de 15 à 250 g. (Rayon limitrophe: 10 ct. jusqu'à 15 g.; 20 ct. de 15 à 250 g.)	—	5 ct. par 50 g. jusqu'à 250 g.; 40 ct. de 250 à 500 g. (Rayon limitrophe: 2 ct. par 50 g. jusqu'à 250 g.; 15 ct. de 250 à 500 g.)	25 ct. par 50 g. (Rayon limitrophe: 2 ct. par 50g.)	—	
Id.	BELGIQUE	30 ct. par 10 g.	—	5 ct. par 40 g.	10 ct. par 40g.	—	
Id.	ESPAGNE	50 ct. par 10 g.	—	10 ct. par 40 g.	10 ct. par 40g.	—	
Id.	FRANCE	30 ct. par 10 g. (Rayon limitrophe: 20 ct. par 10 g.)	—	5 ct. par 40 g.	5 ct. par 40g.	—	
Id.	SUÈDE	45 ct. par 15 g.	—	12 ct. par 50 g.	12 ct. par 50g.	—	
Id.	PÉROU { V. de France (Panama).	1 fr. 30 par 7 ½ g.	—	20 ct. par 40 g.	1 fr. 30 par 7 ½ g.	—	Affranchissement jusqu'au port de débarquement.
	V. de France (Magellan).	1 fr. par 7 ½ g.	—	Id.	1 fr. par 7 ½ g.	—	Id.
	V. d'Angleterre.	2 fr. 10 par 15 g.	—	15 ct. par 40 g.	15 ct. par 40g.	—	Id.

TABLEAU

donnant quelques exemples de la façon dont s'effectuait le partage du produit des taxes des correspondances entre les Administrations postales qui entretenaient un échange direct de dépêches avant la mise à exécution de la Convention de Berne (1er juillet 1875).

PAYS EN RELATIONS		BASE DE PARTAGE DES TAXES	PAYS auxquels incombait, le cas échéant, le paiement des frais de transport intermédiaire.	OBSERVATIONS
ALLEMAGNE	{ AUTRICHE ET HONGRIE }	Chaque Office conservait le montant de ses taxes.	—	*Nota.* — Le partage des taxes relatives aux correspondances non affranchies ou échangées dans les rayons limitrophes, ainsi que de celles relatives aux valeurs déclarées, avait ordinairement lieu sur des bases spéciales. — Les droits de recommandation, d'avis de réception et d'exprès restaient ordinairement acquis à l'Office qui les avait perçus. Il en était de même dans certains cas du port des cartes postales.
Id.	BELGIQUE	Envois de l'Allemagne pour la Belgique: Allemagne, 3/5: Belgique, 2/5. Envois de la Belgique pour l'Allemagne: Partage par moitié.	—	
Id.	DANEMARK	Partage par moitié à peu près.	Chaque Office supportait les frais de transport maritime de ses propres envois.	
Id.	ESPAGNE	Chaque Office conservait le montant de ses taxes.	Chaque Office supportait les frais de transit de ses propres envois.	
Id.	FRANCE	Id.	Chaque Office supportait, le cas échéant, les frais de transit de ses propres envois.	
Id.	GRANDE-BRETAGNE	Partage par moitié.	Chaque Office payait, le cas échéant, la moitié des frais de transit.	
Id.	ITALIE	Chaque Office conservait le montant de ses taxes.	Chaque Office supportait les frais de transit de ses propres envois.	
Id.	LUXEMBOURG	L'Allemagne conservait le montant de ses taxes. Le Luxembourg bonifiait 1/3 des siennes à l'Allemagne.	—	
Id.	NORVÈGE	Partage par moitié.		
Id.	PAYS-BAS	Lettres: Allemagne. 3/5; Pays-Bas, 2/5. Imprimés et échantillons de l'Allemagne pour les Pays-Bas: Allemagne, 2/3; Pays-Bas, 1/3. Imprimés et échantillons des Pays-Bas pour l'Allemagne: Allemagne, 3/5; Pays-Bas, 2/5.	—	
Id.	PORTUGAL	Chaque Office conservait le montant de ses taxes.	Chaque Office supportait les frais de transit de ses propres envois.	
Id.	ROUMANIE	Allemagne, 3/5; Roumanie, 2/5	L'Allemagne intervenait pour les 3/5 dans le paiement des frais de transit.	
Id.	RUSSIE	Partage par moitié.	Les frais de transit étaient, le cas échéant, supportés en commun par les deux Offices.	
Id.	SUÈDE	Chaque Office conservait le montant de ses taxes.	L'Allemagne intervenait, le cas échéant, pour 1/4 dans le paiement des frais de transit.	
Id.	SUISSE	Lettres: Allemagne. 3/5; Suisse, 2/5. Cartes postales: Suisse, 5 ct. Echantillons et imprimés jusqu'à 250 g.: Suisse: 2 1/2 ct. par 50 g. Imprimés de plus de 250 g.: *a)* à destination de la Suisse: Suisse, 2/5 (15 ct.); *b)* à destination de l'Allemagne: Partage par moitié (20 ct.).	Les frais de transit étaient, le cas échéant, supportés en commun par les deux Offices.	
Id.	ETATS-UNIS D'AMÉRIQUE	Partage par moitié, après déduction du montant des frais de transit.	—	
Id.	PÉROU	1. L'Allemagne bonifiait au Pérou: *a)* pour les lettres, 20 pf. par port (15 g.); *b)* pour les imprimés et les échantillons: 3 pf. par port (50 g.). 2. Le Pérou bonifiait à l'Allemagne: *a)* pour les lettres, via Hambourg, 80 pf. par port (15 g.); pour les lettres, via Angleterre ou France, 100 pf. par port (15 g.); *b)* pour les imprimés et les échantillons: 12 pf. par port (50 g.).	Tous les frais de transport étaient à la charge de l'Allemagne.	
AUTRICHE	EGYPTE	Lettres: Autriche, 15 kr. (1 1/2 piastres); Egypte, 10 kr. (1 piastre) par port (15 g.). Imprimés: Autriche 4 kr. (16 para); Egypte, 2 kr. (8 para) par port (40 g.).		
Id.	FRANCE	Partage par moitié pour les lettres; pour les imprimés l'Autriche recevait 3 1/2 ct., et la France 6 1/2 ct.	Voie d'Allemagne: frais de transit à la charge de l'Autriche. — Autres voies: frais de transit à la charge de la France, en ce qui concernait les objets sous bande; pour les lettres, les frais de transit étaient partagés par moitié.	

PAYS EN RELATIONS		BASE DE PARTAGE DES TAXES	PAYS auxquels incombait, le cas échéant, le paiement des frais de transport intermédiaire.	OBSERVATIONS
Autriche (Suite)	Grèce	Lettres: Autriche, 10 kr.; Grèce, 7 kr. par port (15 g.).	Le montant du port simple était de 25 kr. (70 lepta). L'Office qui effectuait le transport entre les frontières austro-grecque recevait 8 kr. pour ce service.	
		Imprimés et échantillons: Autriche, 2 kr.; Grèce, 1 kr. par port (40 g.).	Le montant du port simple était de 5 kr. (14 lepta). L'Office qui effectuait le transport susmentionné recevait 2 kr. pour ce service.	
Id.	Italie	Partage par moitié.	—	
Id.	Roumanie	Lettres: Autriche, 6 kr.; Roumanie, 4 kr. par port (15 g.). Imprimés et échantillons: Autriche, 3 bani; Roumanie, 2 bani par port (40 g.).	—	
Id.	Russie	Partage par moitié.	—	
Id {1re zone: Hongrie. Transylvanie, Croatie, Esclavonie, Frontière militaire et 2me zone: le reste de l'Autriche.		Chaque Office conservait le montant de ses taxes.	—	
	Serbie	Lettres: Autriche, 5 kr.; Serbie, 2 kr. par port (15 g.). Imprimés: Autriche 6/5 kr.; Serbie, 4/5 kr. par port (40 g.).	— —	
Id.	Suisse	Lettres jusqu'à 15 g.: Autriche, 6 kr.; Suisse, 4 kr. par envoi. Lettres de 15 à 250 g.: Autriche, 12 kr.; Suisse, 8 kr. par envoi. Imprimés et échantillons: Partage par moitié.	—	
Belgique	Espagne	Chaque Office conservait le montant de ses taxes.	—	
Id.	France	Correspondances en général, sauf les imprimés: Belgique, 1/3; France, 2/3. Journaux: Belgique, 2 ct.; France, 6 ct. par port. Autres imprimés: Belgique, 1 ct.; France, 4 ct. par port.	—	
Id.	Grande-Bretagne	Chaque Office conservait le montant de ses taxes.	—	
Id.	Italie	Partage à la pièce et par moitié, après déduction du montant des frais de transit.		
Id.	Luxembourg	Lettres et cartes postales: Belgique 13 ct.; Luxembourg, 7 ct. par port. Journaux, etc: Belgique 1 ct.; Luxembourg, 1 ct. par port. Échantillons: Belgique, 7 ct.; Luxembourg, 3 ct. par port. Papiers d'affaires: Belgique, 20 ct.; Luxembourg, 10 ct.	—	
Id.	Pays-Bas	Partage à la pièce et par moitié.	—	
Id.	Portugal	Partage à la pièce et par moitié, après déduction du montant des frais de transit.		
Id.	Russie	Belgique, 2/5; Russie, 3/5.	Chaque Office supportait la moitié des frais de transit.	
Id.	Suisse	Partage à la pièce et par moitié, après déduction du montant des frais de transit. Le port des cartes postales ne donnait lieu à aucun partage.	—	
Id.	États-Unis d'Amérique	Partage à la pièce et par moitié, après déduction des frais de transit.		
Danemark	France	Partage par moitié.	L'Office de Danemark supportait les frais de transit par la voie d'Allemagne et l'Office de France, les frais de transit par la voie de Belgique.	
Id.	Grande-Bretagne	Chaque Office conservait le montant de ses taxes.	—	
Id.	Norvège	Id.	—	
Id.	Pays-Bas	Partage par moitié.		

PAYS EN RELATIONS		BASE DE PARTAGE DES TAXES	PAYS auxquels incombait, le cas échéant, le paiement des frais de transport intermédiaire.	OBSERVATIONS
DANEMARK (Suite) Id.	RUSSIE	Partage par moitié.	Frais de transit à la charge du Danemark.	
Id.	SUÈDE	Chaque Office conservait le montant de ses taxes.		
Id.	ETATS-UNIS D'AMÉRIQUE	Id.	—	
ETATS-UNIS D'AMÉRIQUE	FRANCE	Id.		
Id.	GRANDE-BRE-TAGNE	Les deux Offices se bonifiaient mutuellement 10 cents par once du chef de toutes les lettres affranchies expédiées et de toutes les lettres non affranchies reçues.		
Id.	ITALIE	Partage par moitié après déduction du montant des frais de transit.	—	
Id.	NORVÈGE	Id.		
Id.	SUÈDE	Id.		
Id.	SUISSE	Etats-Unis, 3/5; Suisse, 2/5. (Après déduction des frais de transit.)	—	
Id.	BRÉSIL	Chaque Office conservait le montant de ses taxes.		
Id.	CANADA	Id.		
Id.	EQUATEUR	Id.		
Id.	GUATEMALA	Id.		
Id.	MEXIQUE	Id.		
Id.	VENEZUELA	Id.		
Id.	JAPON	Id.		
FRANCE	ESPAGNE	Chaque Office conservait le montant de ses taxes.		
Id.	GRANDE-BRE-TAGNE	France, 5/8; Grande-Bretagne, 3/8.	Chaque Office supportait la moitié des frais de transport.	
Id.	GRÈCE	Environ 2/3 à la France et 1/3 à la Grèce.	Voie directe: frais de transport à la charge de l'Office du pays auquel appartenait le paquebot. Voie d'Italie: frais de transport à la charge de l'Office expéditeur.	
Id.	ITALIE	Chaque Office conservait le montant de ses taxes.	—	
Id.	LUXEMBOURG	Lettres non affranchies: France 30 ct.; Luxembourg, 10 ct. Papiers d'affaires: France, 33 1/3 ct.; Luxembourg, 16 2/3 ct. par port. Autres objets: France, 4/5; Luxembourg, 1/5.	—	
Id.	NORVÈGE	Partage par moitié environ.	Frais de transport à la charge de la France sur territoires belge et allemand.	
Id.	PAYS-BAS	France, 2/3; Pays-Bas, 1/3.	Frais de transit à la charge de la France.	
Id.	PORTUGAL	Environ 2/3 à la France et 1/3 au Portugal.	Frais de transit généralement à la charge de l'Office expéditeur.	
Id.	RUSSIE	Partage par moitié.	Chaque Office supportait la moitié des frais de transit.	
Id.	SUÈDE	Environ 3/5 à la France et 2/5 à la Suède.	Frais de transport à la charge de la France sur territoires belge et allemand.	
Id.	SUISSE	Lettres: France, 2/3; Suisse, 1/3. Imprimés et échantillons: Chaque Office conservait le montant de ses taxes.	—	
Id.	BRÉSIL	Lettres: France, ¾; Brésil, ¼. Objets sous bandes: France, 4/5; Brésil, 1/5.	Frais de transport à la charge de la France.	
GRANDE-BRE-TAGNE	ESPAGNE	Chaque Office conservait le montant de ses taxes (pour les lettres seulement).		Dans les relations avec la Grande-Bretagne, quand les deux Offices ne conservaient pas respectivement le montant de leurs taxes, celles-ci étaient partagées par moitié, après déduction du montant des frais de transit.
Id.	ITALIE	Id.		
Id.	NORVÈGE	Chaque Office conservait le montant de ses taxes.		

(Suite)

PAYS EN RELATIONS		BASE DE PARTAGE DES TAXES	PAYS auxquels incombait, le cas échéant, le paiement des frais de transport intermédiaire.	OBSERVATIONS
Grande-Bretagne (Suite)	Pays-Bas	Chaque Office conservait le montant de ses taxes.		
Id.	Suisse	Id.		
Id.	Brésil.	Id.		
Luxembourg	Pays-Bas	Partage par moitié.		
Norvège	Suède	Chaque Office conservait le montant de ses taxes.		
Pays-Bas	Suède	Partage par moitié.		
Id.	Suisse	Id.		
Portugal	Grande-Bretagne	Le Portugal bonifiait à la Grande-Bretagne 90 reis sur 120 reis par port (7 ½ g.) pour les lettres expédiées par la voie d'Espagne, 100 reis sur 120 reis par port (15 g.) pour les lettres expédiées par les paquebots britanniques et 60 reis sur 120 reis par port (15 g.) pour les lettres expédiées par bâtiments de commerce. Pour les imprimés, etc., expédiés par le Portugal, l'Office anglais recevait 300 reis par 480 g. en cas de transport par voie de terre et 100 reis par 480 g. en cas de transport par mer.	Frais de transit territorial à la charge de l'Office expéditeur.	
Id.	Italie	Chaque Office conservait le montant de ses taxes.		
Roumanie	Russie	Russie, 2/3; Roumanie, 1/3.	—	
Russie	Italie	Partage par moitié.	—	
Suède	Russie	Id.	—	
Suisse	Espagne	Chaque Office conservait le montant de ses taxes.	—	
Id.	Italie	Partage par moitié.	—	

TABLEAU

donnant quelques exemples du montant des frais de transit clos en vigueur avant la mise à exécution de la

Convention de Berne (1er juillet 1875).

Pays expéditeurs des dépêches	Pays de transit	Frais de transit clos *à payer par les pays indiqués dans la colonne 1 aux pays mentionnés dans la colonne 2.*	Pays de destination des dépêches	OBSERVATIONS
ALLEMAGNE	BELGIQUE	*a.* 10 ct. par 30 g. de lettres; 2 ct. par 40 g. d'imprimés et d'échantillons. *b.* 12 ½ ct. par 30 g. de lettres; 1 ct. par 40 g. d'imprimés et d'échantillons.	*a.* Grande-Bretagne et Etats-Unis d'Amérique. *b.* France, Pays-Bas et pays au delà.	
Id.	GRANDE-BRETAGNE	*a.* 1. Transit territorial: 1 ¼ d par 30 g. de lettres; 5 d. par kg. d'autres objets. 2. Transit maritime: 2 sh. 6 d. par 30 g. de lettres; 6 d. par kg. de journaux; 10 d. par kg. d'autres imprimés et d'échantillons. *b.* 1. Transit territorial: 2 ½ cents par 30 g. de lettres; 8 cents par kg. d'autres objets. 2. Transit maritime: 1 ½ d. par 30 g. de lettres; 12 cents par kg. d'autres objets. *c.* Transit maritime: 12 sh. 6 d. par 30 g. de lettres; 1 sh. par kg. d'autres objets.	*a.* Brésil. *b.* Etats-Unis d'Amérique[1] *c.* Indes orientales.	[1] Le paiement de tous les frais de transit territorial et des frais de transit maritime concernant les imprimés, etc., était à la charge des Etats-Unis.
Id.	PAYS-BAS	Au maximum 5 cents par 30 g. de lettres et 12 ½ cents par kg. d'autres objets.	Pour certaines dépêches seulement.	
AUTRICHE	ITALIE	*a.* 3 fr. par kg. de lettres; 10 ct. par kg. d'imprimés. *b.* 10 ct. par 30 g. de lettres; 10 ct. par kg. d'imprimés; 50 ct. par kg. d'échantillons. *c.* 10 fr. par kg. de lettres; 50 ct. par kg. d'imprimés.	*a.* Autriche. *b.* Suisse. *c.* Autres pays.	
BELGIQUE	ALLEMAGNE	*a.* 20 ct. par 30 g. de lettres; 4 ct. par 40 g. d'imprimés et d'échantillons. *b.* 25 ct. par 30 g. de lettres; 4 ct. par 40 g. d'imprimés et d'échantillons.	*a.* Suisse. *b.* Danemark, Italie, Russie, Etats-Unis d'Amérique, ainsi que Norvège et Suède. (Pour ces deux derniers pays, la taxe ci-contre comprend les frais de transport maritime.)	
Id.	ESPAGNE	50 c. de peseta par 30 g. de lettres; 50 c. de peseta par 480 g. d'autres objets.		
DANEMARK	SUÈDE	8 öre par 30 g. de lettres; 1 öre par 50 g. d'imprimés et d'échantillons.		
ESPAGNE	BELGIQUE	15 ct. par 30 g. de lettres; 50 ct. par kg. d'autres objets.		
FRANCE	GRANDE-BRETAGNE	*a.* **Transit territorial:** 40 ct. par 30 g. de lettres; 1 fr. par kg. d'autres objets (30 ct. par 30 g. de lettres et 80 ct. par kg. d'autres objets pour le transit à travers l'isthme de Panama). **Transit maritime** (moins de 2000 milles marins): 60 ct. par 30 g. de lettres; 1 fr. par kg. d'autres objets. (Au moins 2000 milles marins): 1 fr. 20 par 30 g. de lettres; 1 fr. par kg. d'autres objets. *b.* **Transit territorial:** 2 ½ cents par 30 g. de lettres; 8 cents par kg. d'autres objets. **Transit maritime:** 6 cents par 30 g. de lettres; 12 cents par kg. d'autres objets.	*b.* Etats-Unis d'Amérique.	Frais de transit remboursés par les Etats-Unis d'Amérique.
Id.	ITALIE	**Transit territorial:** Ordinairement 3 ½ ct. par kg. de lettres et par km. et ¼ ct. par kg. d'autres objets et par km. **Transit maritime:** 10 ct. par kg. de correspondances de toute espèce et par km.		
Id.	LUXEMBOURG	5 ct. par kg. de lettres et par km.; ¼ ct. par kg. d'autres objets et par km.		
Id.	PORTUGAL	Id.		
Id.	SUISSE	Id.		
GRANDE-BRETAGNE	ALLEMAGNE	*a.* 10 pf. par 30 g. de lettres; 50 pf. par kg. d'autres objets.	*a.* Danemark, Norvège, Russie et Suède. (Transports auxquels l'Autriche-Hongrie ne participait pas.)	

Pays expéditeurs des dépêches	Pays de transit	Frais de transit clos *à payer par les pays indiqués dans la colonne 1 aux pays mentionnés dans la colonne 2.*	Pays de destination des dépêches	OBSERVATIONS
GRANDE-BRETAGNE (Suite)	ALLEMAGNE	*b.* 20 pf. par 30 g. de lettres; 50 pf. par kg. d'autres objets.	*b.* Dépêches de toute espèce dans le transport desquelles l'Autriche-Hongrie intervenait (à l'exception des dépêches pour les pays ci-dessous).	*b.* Les sommes ci-contre comprenaient les frais de transit austro-hongrois.
		c. 8 mark par kg. de lettres; 1 mark par kg. d'autres objets.	*c.* Indes orientales, Chine, Japon, Australie.	*c.* Id.
		d. 6 fr. par kg. de lettres; 50 pf. par kg. d'autres objets.	*d.* Italie.	*d.* L'Italie payait les frais de transit des lettres.
		e. 20 ct. par 30 g. de lettres; 62 ½ ct. par kg. d'autres objets.	*e.* Suisse.	*e.* Frais payés par la Suisse.
Id.	FRANCE	*a.* **Transit territorial:** 30 ct. par 30 g. de lettres; 50 ct. par kg. d'autres objets.	*a.* Belgique.	*a.* Frais remboursés par la Belgique.
		b. **Transit territorial:** 6 fr. par kg. de lettres; 1 fr. par kg. d'autres objets.	*b.* Allemagne.	*b.* L'Allemagne payait les frais de transit pour toutes les dépêches échangées dans les deux directions; la moitié de ces dépenses était remboursée par la Grande-Bretagne.
		c. **Transit territorial:** 44 ct. par once pour les lettres; 27 ½ ct. par livre pour les journaux; 55 ct. par livre pour les autres objets.	*c.* Indes orientales, etc.	*c.* Transport maritime par paquebots anglais.
		d. **Transit territorial:** 45 ct. par 30 g. de lettres; 1 fr. par kg. d'autres objets.	*d.* Italie.	*d.* Frais remboursés par l'Italie.
		e. **Transit territorial:** 1 fr. par once pour les lettres; 50 ct. par livre pour les autres objets.	*e.* Espagne, Portugal, Gibraltar et Amérique du Sud (par paquebots anglais).	
		f. **Transit territorial:** 1 fr. par once pour les lettres: 50 ct. par livre pour les autres objets.	*f.* Possessions britanniques dans la Méditerranée, Grèce, etc.	
Id.	FRANCE	**Transit maritime:** 60 ct par once pour les lettres; 50 ct. par livre pour les autres objets.		
		g. **Transit territorial:** 1 fr. par once pour les lettres; 50 ct. par livre pour les autres objets.	*g.* Amérique, Indes, etc.	*g.* Le transit par Suez donnait lieu à des frais additionnels de 6 centimes par once pour les lettres et de 10 centimes par livre pour les imprimés.
		Transit maritime: 1 fr. 20 par once pour les lettres; 50 ct. par livre pour les autres objets.		
GRÈCE	AUTRICHE	16 kr. par 30 g. de lettres; 60 kr. par kg. d'autres objets.	Pays étrangers.	Transit maritime.
HONGRIE	SERBIE	40 kr. par ½ kg. de lettres; 6 kr. par ½ kg. d'imprimés.		
ITALIE	AUTRICHE	*a.* 5 kr. par 30 g. de lettres; 50 ct. par kg. d'imprimés.	*a.* Allemagne.	
		b. **Transit territorial:** 10 fr. par kg. de lettres; 50 ct. par kg. d'imprimés.	*b.* Autres pays étrangers.	
		Transit maritime: 50 ct. par 30 g. de lettres; 1 fr. par kg. d'imprimés.		
Id.	FRANCE	**Transit territorial:** Ordinairement 3 ½ ct. par kg. de lettres et par km.; et ¼ ct. par kg. d'autres objets et par km.		
		Transit maritime: 10 ct. par kg. de lettres et par km.; ¼ ct. par kg. d'autres objets et par km.		
Id.	SUISSE	20 ct. par 30 g. de lettres; 20 ct. par kg. d'imprimés; 5 ct. par 30 g. d'échantillons.		
LUXEMBOURG	FRANCE	5 ct. par kg. de lettres et par km.; ¼ ct. par kg. d'autres objets et par km.		

Pays expéditeurs des dépêches	Pays de transit	Frais de transit clos *à payer par les pays indiqués dans la colonne 1 aux pays mentionnés dans la colonne 2.*	Pays de destination des dépêches	OBSERVATIONS
Norvège	Allemagne	25 pf. par 30 g. de lettres; 3 pf. par 50 g. d'autres objets.	France, Grande-Bretagne, Pays-Bas	Les prix ci-contre étaient portés respectivement à 40 et à 5 pf. quand les expéditions avaient lieu par la voie de Copenhague-Lübeck.
Pays-Bas	Id.	20 pf. par 30 g. de lettres; 2 ½ pf. par 40 g. d'autres objets.	Pour certaines dépêches seulement.	Les sommes ci-contre comprenaient éventuellement les frais de transit austro-hongrois pour les dépêches à destination de la Suisse, de l'Italie, etc.
Id.	Suisse	15 ct. par 30 g. de lettres; 75 ct. par kg. d'autres objets.		
Portugal	France	**Transit territorial:** 5 ct. par kg. de lettres et par km.; ¼ ct. par kg. d'autres objets et par km. **Transit maritime:** *a.* 91 fr. 51 par kg. de lettres; 3 fr. par kg. d'imprimés. *b.* 360 reis par 30 g. de lettres; 100 reis par 480 g. d'imprimés.	*a.* Extrême-Orient. *b.* Brésil.	
Roumanie	Russie	40 ct. par 30 g. de lettres; 1 fr. par kg. d'imprimés et d'échantillons.		
Russie	Roumanie	20 ct. par 30 g. de lettres; 50 ct. par kg. d'imprimés et d'échantillons.		
Suède	Danemark	8 öre par 30 g. de lettres; 1 öre par 50 g. d'imprimés et d'échantillons.		
Suisse	France	5 ct. par kg. de lettres et par km.; ¼ ct. par kg. d'autres objets et par km.		
Id.	Italie	20 ct. par 30 g. de lettres; 20 ct. par kg. d'imprimés; 5 ct. par 30 g. d'échantillons.		
Id.	Pays-Bas	15 ct. par 30 g. de lettres; 75 ct. par kg. d'autres objets.		

TABLEAU

indiquant les taxes adoptées, par chacune des Administrations de l'Union postale, pour les correspondances de toute nature à destination ou originaires des autres pays de l'Union, sous le régime de la Convention de Berne.

NOMS DES PAYS	TAXES PERÇUES							OBSERVATIONS
	Lettres affranchies	Lettres non affranchies	Cartes postales	Journaux	Autres imprimés, échantillons, papiers d'affaires	Droit fixe de recommandation	Avis de réception	
	Par 15 gr.	Par 15 gr.	Par pièce	Par 50 gr.	Par 50 gr.	Par objet	Par objet	
Allemagne	20 Pfennig	40 Pfennig	10 Pfennig	5 Pfennig	5 Pfennig	20 Pfennig	20 Pfennig	
Autriche-Hongrie	10 Neukreuzer	20 Neukreuzer	5 Neukreuzer	3 Neukreuzer	3 Neukreuzer	10 Neukreuzer	10 Neukreuzer	
Belgique	25 Ces.	50 Ces.	10 Ces.	5 Ces.	5 Ces.	20 Ces.	10 Ces.	
Danemark	20 Oere	40 Oere	10 Oere	6 Oere	6 Oere	16 Oere	8 Oere	
Egypte a)	1½ Piastres	3 Piastres	—	20 Para	20 Para	1 Piastre	1 Piastre	
Espagne	25 Ces.	50 Ces.	10 Ces.	10 Ces.	10 Ces.	50 Ces.	10 Ces.	
Etats-Unis d'Amérique	5 Cents b)	10 Cents b)	2 Cents	2 Cents par 4 onces	2 Cents par 2 onces	10 Cents	—	
France c)	30 Ces.	60 Ces.	15 Ces.	5 Ces.	5 Ces.	50 C. par lettre, 25 C. pour les autres objets	20 Ces.	
Grande-Bretagne	2½ Pence b)	5 Pence b)	1¼ Pence	1 Penny par 4 onces	1 Penny par 2 onces	4 Pence	—	
Grèce	30 Lepta	60 Lepta	15 Lepta	5 Lepta	5 Lepta	20 Lepta	20 Lepta	
Italie d)	30 Ces.	60 Ces.	15 Ces.	7 Ces.	7 Ces.	30 Ces.	20 Ces.	
Luxembourg	25 Ces.	50 Ces.	12½ Ces.	5 Ces.	5 Ces.	10 Ces.	10 Ces.	
Monténégro	10 Soldi	20 Soldi	5 Soldi	3 Soldi	3 Soldi	10 Soldi	10 Soldi	
Norvège d)	6 Skilling	12 Skilling	3 Skilling	2 Skilling	2 Skilling	4 Skilling	2 Skilling	
Pays-Bas	12½ Cents	25 Cents	5 Cents	2½ Cents	2½ Cents	10 Cents	5 Cents	
Portugal	50 Reis	100 Reis	—	15 Reis	15 Reis	100 Reis	40 Reis	
Roumanie	25 Bani	50 Bani	10 Bani	10 Bani	10 Bani	30 Bani	10 Bani	
Russie	8 Copecks	16 Copecks	4 Copecks	2 Copecks	2 Copecks	15 Copecks	10 Copecks	
Serbie	20 Para	40 Para	10 Para	5 Para	5 Para	20 Para	20 Para	
Suède	20 Oere	40 Oere	10 Oere	6 Oere	6 Oere	18 Oere	12 Oere	
Suisse	25 Ces.	50 Ces.	10 Ces.	5 Ces.	5 Ces.	10 Ces.	20 Ces.	
Turquie d)	50 Para	100 Para	20 Para	20 Para	20 Para	e)	40 Para.	

Observations:

a) Les taxes égyptiennes comprenaient la surtaxe maritime.

b) Le prix du port pour les lettres était perçu par chaque demi-once.

c) A partir du 1er janvier 1876. La France percevait pour les envois à destination des Etats-Unis d'Amérique seulement un port maritime de 10 C. par 15 gr. pour les lettres affranchies ou non affranchies; de 5 Ces. pour les cartes postales; de 3 Ces. par 50 gr. pour les autres objets.

d) Surtaxe pour transport maritime de plus de 300 milles marins dans le ressort de l'Union:
Lettres, Imprimés, etc. en Italie 10 Ces, 3 Ces. — en Norvège 2 Skilling. — en Turquie 30 Para, 10 Para.

e) La Turquie appliquait aux objets recommandés le double du port ordinaire.

Nota. Le pfennig allemand = 1 c. 25, le neukreuzer d'Autriche-Hongrie et le soldo du Monténégro = 2 c. 50, l'öre de Danemark et de Suède = 1 c. 3889, la piastre d'Egypte = 25 c. ou 40 para, le cent des Etats-Unis = 5 c., le penny ou denier britannique = 10 c., le lepton grec, le bani roumain et le para serbe = 1 c., le skilling de Norvège = 4 c. 629, le cent des Pays-Bas = 2 c. 11; 1000 reis portugais = fr. 5.59, le copeck russe = 4 c., le para turc = ½ c.

TABLEAU

indiquant les principales dispositions qui régissaient le service international des lettres avec valeur déclarée dans les différents pays de l'Union postale en 1876.

Nos	Nomenclature des pays entre lesquels il existait un échange direct de lettres avec déclaration de valeur.		Maximum de la valeur	PORT	DROIT D'ASSURANCE
1	ALLEMAGNE	AUTRICHE-HONGRIE	Illimité.	*Par objet:* Jusqu'à 5 lieues, 15 pf. (18 ¾ ct.); de 5 à 15 lieues, 20 pf. (25 ct.); de 15 à 25 lieues, 30 pf. (37 ½ ct.); de 25 à 50 lieues, 40 pf. (50 ct.); au delà de 50 lieues, 50 pf. (62 ½ ct.).	*Lieues:* / *Jusqu'à 150 mark (187 fr. 50)* / *De 150 à 300 mark (375 fr.)* / *Pour de plus forts envois, par 300 mark (375 fr.)* Jusqu'à 15 — 5 pf. (6 ¼ ct.) — 10 pf. (12 ½ ct.) — 10 p. (12 ½ ct.) de 15 à 50 — 10 » (12 ½ ct.) — 20 » (25 ct.) — 20 » (25 ct.) au delà de 50 — 20 » (25 ct.) — 30 » (37 ½ ct.) — 30 » (37 ½ ct.) Si la valeur excédait 3000 mark (3750 fr.), il n'était prélevé que la moitié des droits d'assurance susmentionnés pour la somme excédant cette limite.
2	Id.	BELGIQUE	En Allemagne: 10,000 mark (fr. 12,500.) En Belgique: 10,000 fr.	Port et droit d'enregistrement comme pour les lettres recommandées.	En Allemagne: 30 pf. (37 ½ ct.) par 1000 mark (1250 fr.). En Belgique: 30 ct. par 1000 fr.

3	Id.	DANEMARK	Illimité.	La taxe se composait des ports allemand et danois:
				A. Port allemand:
				  a) Port, par objet, jusqu'à 10 lieues inclusivement, 20 pf. (25 ct.)
				  „ „ „ pour de plus grandes distances, 40 pf. (50 ct.).
				  (Les envois non affranchis sont frappés d'un port additionnel de 10 pf. (12 ½ ct.)
				  b) Droit d'assurance, 5 pf. (6 ¼ ct.) par 300 mark (375 fr.), minimum 10 pf. (12 ½ ct.)
				B. Port danois:
				  a) Port, par objet, 16 öre (22 ct. 22);
				  b) Droit d'assurance, 8 öre (11 ct. 11) par 225 mark (281 fr. 25 ct.).	

4	Id.	FRANCE	En Allemagne: 8,100 mark (fr. 10,125.) En France: 10,000 fr.	Port et droit d'enregistrement comme pour les lettres recommandées.	En Allemagne: 10 pf. (12 ½ ct.) par 60 mark (75 fr.) En France: 20 ct. par 100 fr.
5	Id.	LUXEMBOURG	3600 mark (fr. 4500).	Port et droit d'enregistrement comme pour les lettres recommandées.	5 pf. (6 ¼ ct.) par 60 mark (75 fr.)

6	Id.	NORVÈGE	Illimité.	La taxe se composait des ports allemand et étranger:
				A. Port allemand (comme No 3 A.)
				B. Port étranger (y compris les frais de transit, s'il y avait lieu):
				  a) Port 30 pf. (37 ½ ct.) par 15 grammes;
				  b) Droit d'assurance:
				    Jusqu'à 300 mark (375 fr.) 90 pf. (1 fr. 12 ½ ct.), pour chaque somme de 300 mark en sus, 40 pf. (50 ct.).	

7	Id.	PAYS-BAS	Illimité.	Port des lettres affranchies ordinaires.	En Allemagne: 50 pf. (62 ½ ct.) par 1000 mark (1250 fr.) Dans les Pays-Bas: 25 cents (53 ct.) par 500 florins (1058 fr. 20).

8	Id.	RUSSIE	Illimité.	La taxe se composait des ports allemand et russe:
				A. Port allemand (comme No 3 A).
				B. Port russe:
				  a) Port, 10 cop. (40 ct.) par loth russe (environ 12 ½ grammes);
				  b) Droit d'assurance:
				    Jusqu'à 100 roubles (400 fr.), 1 cop. (4 ct.) par rouble (4 fr.);
				    de 100 à 400 roubles, ½ cop. (2 ct.) par rouble, plus un droit fixe de 50 cop. (2 fr.);
				    de 400 à 1600 roubles, ¼ cop. (1 ct.) par rouble, plus un droit fixe de 1 rouble 50 cop. (6 fr.).
				    au delà de 1600 roubles, 1/8 cop. (½ ct.) par rouble, plus un droit fixe de 3 roubles 50 cop. (14 fr.)	

Nos	Nomenclature des pays entre lesquels il existait un échange direct de lettres avec déclaration de valeur.		Maximum de la valeur	PORT	DROIT D'ASSURANCE

9	Allemagne (Suite)	Suède	Illimité.	La taxe se composait des ports allemand, danois et suédois:
				A. Port allemand (comme N° 3 A).
				B. Port danois (comme N° 3 B).
				C. Port suédois:
				  a) Port jusqu'à 20 grammes, 12 öre (16 ct. 66);
				    de 20 à 125 grammes, 24 öre (33 ct. 33);
				    de 125 à 250 grammes, 36 öre (50 ct.).
				  b) Droit d'assurance:
				    Jusqu'à 1000 couronnes (1388 fr.) 50 öre (69 ct. 44);
				    par 100 couronnes (138 fr. 80) en sus, 2 öre (2 ct. 77).
				  (Quand la transmission avait lieu par Stralsund, le droit de transit danois (B) était remplacé par une taxe maritime fixée à 20 pf. (25 ct.) par objet.)	

10	Id.	Suisse	Illimité	La taxe se composait des ports allemand et suisse: A. Port allemand (comme N° 3 A). B. Port suisse: Ce port variait suivant dix degrés différents de distance et selon l'importance de la valeur déclarée.	
11	Autriche-Hongrie	Italie	3000 fr.	Port et droit d'enregistrement comme pour les lettres recommandées.	10 nkr. (25 ct.) par 100 fr.
12	Id.	Monténégro	Illimité.	La taxe se composait des ports et droits d'assurance fixés dans chaque pays en particulier.	
13	Id.	Roumanie	Id.		
14	Id.	Russie	Id.		
15	Id.	Suisse	Id.		
16	Id.	Serbie	Id.		
17	Belgique	France	10,000 fr.	Port et droit d'enregistrement comme pour les lettres recommandées.	20 ct. par 100 fr.
18	Id.	Luxembourg	2000 fr.	Port des lettres ordinaires affranchies, plus un droit d'enregistrement de 20 ct.	10 ct. par 100 fr.
19	Id.	Pays-Bas	En Belgique: 10,000 fr. Dans les Pays-Bas: 5000 florins (fr.10,582)	Port des lettres ordinaires affranchies.	En Belgique: 5 ct. par 100 fr., minimum 40 ct. Dans les Pays-Bas: 2 ½ cents (5 ct. 29) par 50 florins (105 fr. 82), minimum 20 cents (42 ct. 33)
20	Danemark	Norvège	Illimité	En Danemark: Jusqu'à 15 gr., 12 öre (16 ct. 66); de 15 à 125 gr., 24 öre (33 ct. 33); de 125 à 250 gr., 36 öre (50 ct.). En Norvège: Affranchies 4 skill. (18 ct. 51), et non affranchies, 8 skill. (37 ct. 03), par objet.	Jusqu'à 1000 couronnes (1388 fr. 90): par 100 couronnes, 10 öre = 3 skilling (13 ct. 88), minimum perçu 30 öre = 9 skilling (41 ct. 66). De 1000 à 10,000 couronnes: pour les premières 1000 couronnes, 1 couronne = 30 skilling (1 fr. 38) et par somme de 100 couronnes en sus, 6 öre = 14/5 skilling (8 ct. 33). Au delà de 10,000 couronnes: pour les premières 10,000 couronnes, 6 cour. 40 öre = 6 cour. 12 skill. (8 fr 88); par somme de 100 cour. en sus, 4 öre = 1 1/5 skill. (5 ct. 55).
21	Id.	Suède	Illimité	Jusqu'à 15 gr., 12 öre (16 ct. 66); de 15 à 125 gr., 24 öre (33 ct. 33); de 125 à 250 gr., 36 öre (50 ct.).	Comme dans les relations du Danemark avec la Norvège (N 20), sauf que le droit se percevait de part et d'autre en couronnes et en öre.
22	France	Luxembourg	10,000 fr.	Port et droit d'enregistrement comme pour les lettres recommandées.	20 ct. par 100 fr.

Nos	Nomenclature des pays entre lesquels il existait un échange direct de lettres avec déclaration de valeur.		Maximum de la valeur	PORT	DROIT D'ASSURANCE
23	France (Suite)	Suisse	10,000 fr.	Port et droit d'enregistrement comme pour les lettres recommandées.	20 ct. par 100 fr.
24	Italie	Suisse	3000 fr.	Id.	25 ct. par 100 fr.
25	Norvège	Suède	Illimité.	En Norvège: 4 skill. (18 ct. 51) par 15 gr. En Suède: les mêmes taxes que celles perçues pour les lettres-valeur à destination du Danemark (voir No 21).	Les mêmes taxes que celles qui étaient appliquées aux relations entre le Danemark et la Norvège (voir No 20).
26	Suède	Finlande	Illimité.	Voir l'observation en regard des No 12 à 16.	

TABLEAU

indiquant les principales dispositions qui régissaient le service des mandats de poste internationaux dans les différents pays de l'Union postale en 1876.

Nos	Nomenclature des pays *entre lesquels il existait un échange «direct» de mandats de poste.*		Montant maximum des mandats	DROITS PERÇUS
1	ALLEMAGNE	AUTRICHE-HONGRIE	150 mark = 75 florins = 187½ fr.	Jusqu'à 75 mark = 37 ½ florins (93 fr. 75 ct.), 20 pf. = 10 nkr. (25ct.), de 75 à 150 mark, 40 pf. = 20 nkr. (50 ct.).
2	Id.	BELGIQUE	En Allemagne: 375 fr. En Belgique: 300 mark = 375 fr.	En Allemagne: Jusqu'à 100 fr., 40 pf. (50 ct.), de 100 à 200 fr., 80 pf. (1 fr.), de 200 à 375 fr., 120 pf. (1 fr. 50 ct.). En Belgique: Jusqu'à 75 mark (93 fr. 75 ct.), 50 ct., de 75 à 150 mark (187 ½ fr.), 1 fr., de 150 à 300 mark (375 fr.), 1 fr. 50 ct.
3	Id.	DANEMARK	En Allemagne: 150 mark (187 ½ fr.). Au Danemark: 150 couronnes (208 fr. 33 ct.).	Droit fixe:*) En Allemagne, 40 pf. (50 ct.). Au Danemark, 33 öre (56 ct. 83). *) *Dans les relations entre le Danemark d'une part et le Schleswig-Holstein, Hambourg et Lubeck d'autre part, le droit était réduit respectivement à 20 pf. et à 16 öre pour les envois ne dépassant pas 75 mark ou 75 couronnes.*
4	Id.	ETATS-UNIS D'AMÉRIQUE	50 dollars (250 fr.). (Les mandats étaient libellés de part et d'autre en dollars.)	<table><tr><td></td><td>En Allemagne:</td><td>Aux Etats-Unis:</td></tr><tr><td>Jusqu'à 5 doll. (25 fr.)</td><td>40 pf. (50 ct.)</td><td>15 cents (75 ct.)</td></tr><tr><td>de 5 à 10 doll. (50 fr.)</td><td>80 pf. (1 fr.)</td><td>25 cents (1 fr. 25 ct.)</td></tr><tr><td>de 10 à 20 doll. (100 fr.)</td><td>1 mark 60 pf. (2 fr.).</td><td>50 cents (2 fr. 50 ct.)</td></tr><tr><td>de 20 à 30 doll. (150 fr.)</td><td>2 mark 40 pf. (3 fr.)</td><td>75 cents (3 fr. 75 ct.)</td></tr><tr><td>de 30 à 40 doll. (200 fr.)</td><td>3 mark 20 pf. (4 fr.)</td><td>1 dollar (5 fr.)</td></tr><tr><td>de 40 à 50 doll. (250 fr.)</td><td>4 mark (5 fr.)</td><td>1 doll. 25 c. (6 fr.25 c.)</td></tr></table>
5	Id.	GRANDE-BRETAGNE	En Allemagne: 210 mark (262 ½ fr.). Dans la Grande-Bretagne: 10 livres (250 fr.).	En Allemagne: Jusqu'à 75 mark (93 ¾ fr.), 75 pf. (93 ¾ ct.), de 75 à 150 mark (187 ½ fr.), 1 mark 50 pf. (1 fr. 87 ct. ½), de 150 à 210 mark (262 ½ fr.), 2 mark 25 pf. (2 fr. 81 ct. ¼). Dans la Grande-Bretagne: Jusqu'à 2 livres (50 fr.), 9 d. (93 ½ ct.), de 2 à 5 livres (125 fr.), 1 s. 6 d. (1 fr. 87 ½), de 5 à 7 livres (175 fr.), 2 s. 3 d. (2 fr. 81 ¼), de 7 à 10 livres (250 fr.), 3 s. (3 fr. 75 ct.).
6	Id.	ITALIE	200 fr.	Jusqu'à 100 fr., 40 pf. = 50 ct., de 100 à 200 fr., 80 pf., = 1 fr.
7	Id	LUXEMBOURG	300 mark (375 fr.).	Jusqu'à 100 mark (125 fr.), 20 pf., (25 ct.), de 100 à 200 mark (250 fr.), 30 pf. (37 ½ ct.), de 200 à 300 mark (375 fr.), 40 pf. (50 ct.).
8	Id.	NORVÈGE	En Allemagne: 225 mark (281 fr. 25 ct.). En Norvège: 50 species (277 fr. 78 ct.).	En Allemagne: Jusqu'à 112 ½ mark (140 fr. 62 ½ ct.), 40 pf. (50 ct.), au delà de 112 ½ mark, 80 pf. (1 fr.). En Norvège: Jusqu'à 25 species (138 fr. 89 ct.), 12 skilling (55 ct. 54), de 25 à 50 species (277 fr. 78 ct.), 24 skilling (1 fr. 11 ct.).
9	Id.	PAYS-BAS	En Allemagne: 175 florins (370 fr. 37 ct.). Dans les Pays-Bas: 300 mark (375 fr.).	En Allemagne: Jusqu'à 75 mark (93 ¾ fr.), 40 pf. (50 ct.), de 75 à 150 mark (187 ½ fr.), 80 pf. (1 fr.), au delà de 150 mark, 120 pf. (1 ½ fr.). Dans les Pays-Bas: Jusqu'à 43 ¾ florins (92 fr. 59 ct.), 25 cents (52 ct. 91), de 43 ¾ à 87 ½ florins (185 fr. 18 ct.), 50 cents (1 fr. 05 ct. 82), au delà de 87 ½ florins, 75 cents (1 fr. 58 ct. 73).
10	Id.	SUÈDE	En Allemagne: 80 couronnes (111 fr. 11 ct.). En Suède: 150 mark (187 ½ fr.).	Droit fixe: En Allemagne, 40 pf. (50 ct.), En Suède, 36 öre (50 ct.).

Nos	Nomenclature des pays entre lesquels il existait un échange direct de mandats de poste		Montant maximum des mandats	DROITS PERÇUS
11	ALLEMAGNE (Suite)	SUISSE	150 mark = 187 ½ fr.	Jusqu'à 75 mark = 93 ¾ fr., 40 pf. = 50 ct., au delà de 75 mark, 60 pf. = 75 ct.
12	AUTRICHE-HONGRIE	SUISSE	75 florins = 187 ½ fr.	Jusqu'à 37 ½ florins = 93 ¾ fr., 20 nkr. = 50 ct au delà de 37 ½ florins, 30 nkr. = 75 ct.
13	BELGIQUE	FRANCE	200 fr.	20 ct. par 10 fr.
14	Id.	GRANDE-BRETAGNE	En Belgique: 252 fr. (10 livres). Dans la Grande-Bretagne: 10 livres (250 fr.).	En Belgique: 20 ct. par 10 fr. Dans la Grande-Bretagne: les droits étaient les mêmes que ceux perçus pour les mandats de poste à destination de l'Allemagne (voir No 5).
15	Id	ITALIE	500 fr.	10 ct. par 10 fr.
16	Id	LUXEMBOURG	200 fr.	30 ct. par 100 fr.
17	Id.	PAYS-BAS	En Belgique: 529 fr 10 ct. (250 florins). Dans les Pays-Bas: 500 fr.	En Belgique: Par 25 fr., 25 ct. Dans les Pays-Bas: Par 12 ½ florins (26 fr. 45 ½ ct.), 12 ½ cents (26 ct. 45.).
18	Id.	SUISSE	500 fr.	25 ct. par 25 fr.
19	DANEMARK	GRANDE-BRETAGNE	Au Danemark: 180 couronnes (250 fr.). Dans la Grande-Bretagne: 10 livres (250 fr.).	Au Danemark: Jusqu'à 50 couronnes (69 fr. 44 ct.), 25 öre (34 ct. 72), de 50 à 100 couronnes (138 fr. 89 ct.), 50 öre (69 ct. 44), de 100 à 180 couronnes (250 fr.), 75 öre (114 ct. 16). Dans la Grande-Bretagne: les droits étaient les mêmes que ceux perçus pour les mandats de poste à destination de l'Allemagne (voir No 5).
20	Id.	NORVÈGE	100 cour. = 25 species (138 fr. 89 ct.).	Droit fixe: 30 öre = 9 skilling (41 ct. 66).
21	Id.	SUÈDE	100 couronnes (138 fr. 89 ct.).	Droit fixe: 30 öre (41 ct. 66.)
22	FRANCE	GRANDE-BRETAGNE	Dans la Grande-Bretagne: 10 livres (250 fr.). En France: 252 fr.	Dans la Grande-Bretagne: les droits étaient les mêmes que ceux perçus pour les mandats de poste à destination de l'Allemagne (voir No 5). En France: 20 ct. par 10 fr.
23	Id.	ITALIE	200 fr.	20 ct. par 10 fr.
24	Id.	LUXEMBOURG	200 fr.	20 ct. par 10 fr.
25	Id.	SUISSE	300 fr.	20 ct. par 10 fr.
26	GRANDE-BRETAGNE	EGYPTE	10 livres (250 fr.).	Jusqu'à 2 livres (50 fr.). 1 s. (1 fr. 25 ct.), de 2 à 5 livres (125 fr.), 2 s. (2 fr. 50 ct.), de 5 à 7 livres (175 fr.), 3 s. (3 fr. 75 ct.), de 7 à 10 livres (250 fr), 4 s. (5 fr.).
27	Id.	ETATS UNIS D'AMÉRIQUE	10 livres (250 fr.).	Comme No 26.

Nos	Nomenclature des pays entre lesquels il existait un échange «direct» de mandats de poste.		Montant maximum des mandats	DROITS PERÇUS
28	GRANDE-BRETAGNE (Suite)	ITALIE	Dans la Grande-Bretagne: 10 livres (250 fr.). En Italie: 252 fr. (10 livres).	Dans la Grande-Bretagne: les droits étaient les mêmes que ceux perçus pour les mandats de poste à destination de l'Allemagne (voir No 5). En Italie: 40 ct. par 25 fr. 20 (1 livre).
29	Id.	PAYS-BAS	Dans la Grande-Bretagne: 10 livres (250 fr.). Dans les Pays-Bas: 120 florins (253 fr. 96).	Dans la Grande-Bretagne: les droits étaient les mêmes que ceux perçus pour les mandats de poste à destination de l'Allemagne (voir No 5). Dans les Pays-Bas: 15 cents (31 ct. 74) par 10 florins (21 fr. 16 ct.).
30	Id.	SUISSE	10 livres (250 fr.).	Dans la Grande-Bretagne: les droits étaient les mêmes que ceux perçus pour les mandats de poste à destination de l'Allemagne (voir No 5). En Suisse: 20 ct. par 10 fr.
31	ITALIE	EGYPTE MOINS ALEXANDRIE	1000 fr.	10 ct. par 10 fr.
32	Id.	PAYS-BAS	En Italie: 250 florins (529 fr. 10 ct.). Dans les Pays-Bas: 500 fr.	Comme dans les relations entre la Belgique et les Pays-Bas (voir No 17)
33	Id.	SUISSE	1000 fr.	10 ct. par 10 fr.
34	LUXEMBOURG	PAYS-BAS	Dans le Luxembourg: 250 florins (529 fr. 10 ct.). Dans les Pays-Bas: 500 fr.	Dans le Luxembourg: Par 10 fr., 10 ct. Dans les Pays-Bas: Par 5 florins (10 fr. 58 ct.), 5 cents (10 ct. 58).
35	NORVÈGE	SUÈDE	25 species ou 100 couronnes (138 fr. 89 ct.).	Droit fixe: 9 skilling = 30 öre (41 ct. 66).
36	SUISSE	ETATS-UNIS D'AMÉRIQUE	En Suisse: 257 ½ fr. Aux Etats-Unis: 50 dollars (250 fr.).	En Suisse: 20 ct. par 10 fr. Aux Etats-Unis: Jusqu'à 10 dollars (50 fr.), 25 cents (1 fr. 25 ct.), de 10 à 20 dollars (100 fr.), 50 cents (2 fr. 50 ct.), de 20 à 30 dollars (150 fr.), 75 cents (3 fr. 75 ct.), de 30 à 40 dollars (200 fr.), 1 dollar (5 fr.), de 40 à 50 dollars (250 fr.), 1 dollar 25 cents (6 fr. 25 ct.).
37	Id.	PAYS-BAS	En Suisse: 250 florins (529 fr. 10 ct.). Dans les Pays-Bas: 500 fr.	Comme dans les relations entre la Belgique et les Pays-Bas (voir No 17).

LISTE

des pays, etc., qui ont adhéré aux Actes de l'Union postale.

I. Convention principale.

Albanie, Allemagne, Amérique (Etats-Unis), (y compris les îles Hawaï, Porto-Rico, Guam et les îles Vierges des Etats-Unis), îles Philippines, Argentine (République), Autriche, Belgique, Congo Belge, Bolivie, Brésil, Bulgarie, Chili, Chine, Colombie (République), Costa-Rica, Cuba, Danemark (y compris les îles Féroë et le Groënland), Dantzig (Ville libre), Dominicaine (République), Egypte, Equateur, Espagne (y compris la République du Val d'Andorre et les Possessions Espagnoles de la Côte septentrionale d'Afrique), Colonies Espagnoles, Esthonie, Ethiopie, Finlande, France (y compris la Principauté de Monaco), Algérie, Colonies et Protectorats Français de l'Indochine, Ensemble des autres Colonies Françaises, Etats de la Fédération Syrienne et Etat du Grand Liban, Grande-Bretagne, Inde Britannique, Canada, Australie (Commonwealth), (y compris la Nouvelle-Guinée Britannique), Nouvelle-Zélande, Union de l'Afrique du Sud (y compris le Basutoland et Walfisch-Bay), Autres Dominions, Colonies et Protectorats Britanniques [Etat lib e d'Irlande, Terre-Neuve, Afrique du Sud-Ouest (Territoire), Antigoa, Ascension, îles Bahamas, Barbade, Bechuanaland (Protectorat), Bermudes, Bornéo du Nord, Brunei, îles Cayman, Ceylan, Chypre, Côte-d'Or, Dominique, Etats malais fédérés (Negri-Sembilan, Pahang, Perak et Selangor), Etats malais non fédérés de Kedah (y compris Perlis) et de Kelantan, îles Falkland, îles Fidji, Gambie, Gibraltar, îles Gilbert et Ellice, Grenade et Grenadines, Guyane britannique, Honduras britannique, Hong-Kong, Jamaïque, Kenya et Uganda, Malte, Maurice et Dépendances, Montserrat, Nevis, Archipel des Nouvelles-Hébrides (Condominium anglo-français), Palestine, Rhodésia du Sud, St-Christophe, Ste-Hélène, Ste-Lucie, St-Vincent, îles Salomon (Protectorat, y compris l'île de Shortland), Sarawak, Seychelles et Dépendances, Sierra-Leone, Somaliland, Straits Settlements et Laboan, Tanganyika (Territoire), Trinité et Tobago, îles Turques et Caïques, îles Vierges, Zanzibar], Grèce, Guatemala, Haïti (République), Honduras (République), Hongrie, Islande, Italie et Colonies Italiennes, Japon, Chosen, Ensemble des autres Dépendances Japonaises, Lettonie, Libéria, Lithuanie, Luxembourg, Maroc (à l'exclusion de la Zone Espagnole), Maroc (Zone Espagnole), Mexique, Nicaragua, Norvège, Panama (République), Paraguay, Pays-Bas, Indes Néerlandaises, Colonies Néerlandaises en Amérique, Pérou, Perse, Pologne, Portugal, Colonies Portugaises de l'Afrique, Colonies Portugaises de l'Asie et de l'Océanie, Roumanie, St-Marin (République), Salvador (Le), Sarre (Territoire), Royaume des Serbes, Croates et Slovènes, Siam, Suède, Suisse (y compris la Principauté de Liechtenstein), Tchécoslovaquie, Tunisie, Turquie, Uruguay, Venezuela (Etats-Unis).

II. Arrangement concernant les Valeurs déclarées:

Albanie, Allemagne, Argentine (République), Autriche, Belgique, Congo Belge, Brésil, Bulgarie, Chili, Chine, Colombie (République), Danemark (y compris les îles Féroë et le Groënland), Dantzig (Ville libre), Egypte, Espagne (y compris la République du Val d'Andorre et les Possessions Espagnoles de la Côte septentrionale d'Afrique), Esthonie, Ethiopie, Finlande, France (y compris la Principauté de Monaco), Algérie, Colonies et Protectorats Français de l'Indochine, Ensemble des autres Colonies Françaises, Etats de la Fédération Syrienne et Etat du Grand Liban, Grande-Bretagne, Inde Britannique, Nouvelle-Zélande, Dominions, Colonies et Protectorats Britanniques [Etat libre d'Irlande, Terre-Neuve, Antigoa, Barbade, Bermudes, Bornéo du Nord, Cayman (îles), Ceylan, Chypre, Côte-d'Or, Dominique, Etats malais fédérés (Negri-Sembilan, Pahang, Perak et Selangor), Etat malais non fédéré de Kedah (y compris Perlis), Falkland (îles), Fidji (îles), Gambie, Grenade, Guyane britannique, Honduras britannique, Hong-Kong, Jamaïque, Kenya et Uganda, Malte, Maurice, Montserrat, Nevis, St-Christophe, Ste-Hélène, Ste-Lucie, St-Vincent, Seychelles, Sierra-Leone, Somaliland, Straits Settlements et Laboan, Trinité et Tobago, Vierges (îles)], Grèce, Guatemala, Haïti (République), Honduras (République), Hongrie, Islande, Italie, Colonies Italiennes, Japon, Chosen, Ensemble des autres Dépendances Japonaises, Lettonie, Libéria (République), Lithuanie, Luxembourg, Maroc (à l'exclusion de la Zone Espagnole), Maroc (Zone Espagnole), Nicaragua, Norvège, Panama (République), Paraguay, Pays-Bas, Indes Néerlandaises, Colonies Néerlandaises en Amérique, Pérou, Perse, Pologne, Portugal, Colonies Portugaises de l'Afrique, Colonies Portugaises de l'Asie et de l'Océanie, Roumanie, St-Marin (République), Salvador (Le), Sarre (Territoire), Royaume des Serbes, Croates et Slovènes, Suède, Suisse (y compris la Principauté de Liechtenstein), Tchécoslovaquie, Tunisie et Turquie.

III. Convention concernant les Colis postaux:

Albanie, Allemagne, Argentine (République), Autriche, Belgique, Congo Belge, Bolivie, Brésil, Bulgarie, Chili, Chine, Colombie (République), Costa-Rica, Cuba, Danemark (y compris les îles Féroë et le Groënland), Dantzig (Ville libre), Dominicaine (République), Egypte, Equateur, Espagne, Colonies Espagnoles, Esthonie, Ethiopie, Finlande, France (y compris la Principauté de Monaco), Algérie, Colonies et Protectorats Français de l'Indochine, Ensemble des autres Colonies Françaises, Etats de la Fédération Syrienne et Etat du Grand Liban, Grèce, Guatemala, Haïti (République), Honduras (République), Hongrie, Inde Britannique, Islande, Italie, Colonies Italiennes, Japon, Chosen, Ensemble des autres Dépendances Japonaises, Lettonie, Libéria (République), Lithuanie, Luxembourg, Maroc (à l'exclusion de la Zone Espagnole), Maroc (Zone Espagnole), Nicaragua, Norvège, Panama (République), Paraguay, Pays-Bas, Indes Néerlandaises, Colonies Néerlandaises en Amérique, Pérou, Perse, Pologne, Portugal, Colonies Portugaises de l'Afrique, Colonies Portugaises de l'Asie et de l'Océanie, Roumanie, St-Marin (République), Salvador (Le), Sarre (Territoire), Royaume des Serbes, Croates et Slovènes, Siam, Suède, Suisse (y compris la Principauté de Liechtenstein), Tchécoslovaquie, Tunisie, Turquie, Uruguay et Venezuela (Etats-Unis).

IV. Arrangement concernant les Mandats de poste :

Albanie, Allemagne, Argentine (République), Autriche, Belgique, Congo Belge, Bolivie, Brésil, Bulgarie, Chili, Chine, Colombie (République), Danemark (y compris les îles Féroë), Dantzig (Ville libre), Egypte, Espagne, Esthonie, Ethiopie, Finlande, France (y compris la Principauté de Monaco), Algérie, Colonies et Protectorats Français de l'Indochine, Ensemble des autres Colonies Françaises, Etats de la Fédération Syrienne et Etat du Grand Liban, Grèce, Honduras (République), Hongrie, Islande, Italie, Colonies Italiennes, Japon, Chosen, Ensemble des autres Dépendances Japonaises, Lettonie, Libéria (République), Lithuanie, Luxembourg, Maroc (à l'exclusion de la Zone Espagnole), Maroc (Zone Espagnole), Nicaragua, Norvège, Panama (République), Paraguay, Pays-Bas, Indes Néerlandaises, Colonies Néerlandaises en Amérique, Pérou, Pologne, Portugal, Colonies Portugaises de l'Afrique, Colonies Portugaises de l'Asie et de l'Océanie, Roumanie, St-Marin (République), Sarre (Territoire), Royaume des Serbes, Croates et Slovènes, Siam, Suède, Suisse (y compris la Principauté de Liechtenstein), Tchécoslovaquie, Tunisie, Turquie, Uruguay et Venezuela (Etats-Unis).

V. Arrangement concernant les Virements postaux :

Albanie, Allemagne, Autriche, Belgique, Danemark, Dantzig (Ville libre), Esthonie, Ethiopie, France (y compris la Principauté de Monaco), Algérie, Grèce, Hongrie, Italie, Colonies Italiennes, Japon, Chosen, Ensemble des autres Dépendances Japonaises, Lettonie, Lithuanie, Luxembourg, Maroc (à l'exclusion de la Zone Espagnole), Pays-Bas, Portugal, Colonies Portugaises de l'Afrique, Colonies Portugaises de l'Asie et de l'Océanie, Roumanie, St-Marin (République), Sarre (Territoire), Royaume des Serbes, Croates et Slovènes, Suède, Suisse (y compris la Principauté de Liechtenstein), Tchécoslovaquie et Tunisie.

VI. Arrangement concernant les Recouvrements :

Albanie, Allemagne, Autriche, Belgique, Chili, Chine, Danemark (y compris les îles Féroë), Dantzig (Ville libre), Egypte, Esthonie, Ethiopie, France (y compris la Principauté de Monaco), Algérie, Grèce, Hongrie, Islande, Italie, Colonies Italiennes, Lettonie, Lithuanie, Luxembourg, Maroc (à l'exclusion de la Zone Espagnole), Maroc (Zone Espagnole), Norvège, Pays-Bas, Indes Néerlandaises, Colonies Néerlandaises en Amérique, Pologne, Portugal, Colonies Portugaises de l'Afrique, Colonies Portugaises de l'Asie et de l'Océanie, Roumanie, St-Marin (République), Sarre (Territoire), Royaume des Serbes, Croates et Slovènes, Suède, Suisse (y compris la Principauté de Liechtenstein), Tchécoslovaquie, Tunisie et Turquie.

VII. Arrangement concernant les Abonnements aux Journaux et Publications périodiques :

Albanie, Allemagne, Argentine (République), Autriche, Belgique, Bulgarie, Chili, Colombie (République), Danemark, Dantzig (Ville libre), Egypte, Esthonie, Finlande, France (y compris la Principauté de Monaco), Algérie, Grèce, Honduras (République), Hongrie, Italie, Colonies Italiennes, Lettonie, Lithuanie, Luxembourg, Maroc (à l'exclusion de la Zone Espagnole), Maroc

(Zone Espagnole), Norvège, Pays-Bas, Pologne, Portugal, Colonies Portugaises de l'Afrique, Colonies Portugaises de l'Asie et de l'Océanie, Roumanie, St-Marin (République), Sarre (Territoire), Royaume des Serbes, Croates et Slovènes, Suède, Suisse (y compris la Principauté de Liechtenstein), Tchécoslovaquie, Tunisie, Turquie et Uruguay.

TABLEAUX

indiquant le mouvement du trafic postal international
pendant les années 1875 à 1922.

Lettres, cartes postales, imprimés, échantillons et papiers d'affaires.

Années	Nombre des Administrations[1]	Nombre d'objets expédiés
1875	15	143,958,799
1880	39	335,621,487
1885	54	475,406,125
1890	41	592,363,083
1895	66	794,909,890
1900	62	1,151,700,680
1905	86	1,654,799,757
1910[2]	94	2,241,755,513
1913	84	2,439,288,306
1916	41	672,146,080
1919	54	755,178,125
1922	100	2,383,658,645

Lettres et boîtes avec valeur déclarée.

Années	Nombre des Administrations[1]	Nombre des lettres et boîtes expédiées	Valeur (Francs)
1875	9	685,173	556,613,329
1880	21	2,130,502	1,357,109,482
1885	23	2,071,248	1,382,502,923
1890	25	2,212,815	2,081,661,393
1895	34	2,219,412	2,071,337,452
1900	34	2,784,493	2,691,662,890
1905	55	2,730,335	2,802,443.587
1910[2]	58	2,788,314	4,878,308,665
1913	57	2,851,179	4,577,928,667
1916	31	690,062	513,603,055
1919	38	1,106,208	1,374,418,064
1922	76	3,268,778	1,340,366,112

[1] Qui ont fourni des renseignements.

[2] A partir de l'année 1910, nous avons donné la statistique de 1913, c'est-à-dire de l'année qui a précédé la guerre mondiale et, depuis cette époque, la statistique de 3 en 3 ans.

Colis postaux.

Années	Nombre des Administrations[1]	Nombre des colis expédiés
1875	9	4,739,121
1880	13	4,905,913
1885	23	6,559,720
1890	33	12,660,471
1895	55	17,876,271
1900	52	31,100,333
1905	77	42,058,099
1910[2]	81	58,698,053
1913	77	64,738,050
1916	40	12,073,704
1919	47	21,665,373
1922	99	36,025,348

Mandats de poste.

Années	Nombre des Administrations[1]	Nombre des mandats émis	Montants (Francs)
1875	12	918,591	67,991,274
1880	26	2,381,634	153,365,193
1885	29	3,860,827	242,860,793
1890	33	8,535,628	644,589,883
1895	45	11,302,467	751,011,795
1900	44	16,946,651	981,138,824
1905	73	23,758,009	1,473,402,603
1910[2]	76	34,182,908	2,279,375,674
1913	63	33,055,961	2,329,809,897
1916	36	11,922,855	668,012,786
1919	48	17,654,399	888,854,057
1922	94	14,287,314	1,788,052,276

Recouvrements*

Années	Nombre des Administrations[1]	Nombre des envois expédiés
1886	8	402,012
1890	9	220,494
1895	12	402,064
1900	17	693,900
1905	26	818,200
1910[2]	41	1,079,817
1913	13	346,270
1916	12	37,783
1919	15	18,300
1922	22	1,972,885

* L'Arrangement concernant le service des recouvrements a été mis en vigueur le 1er avril 1886.
[1] Qui ont fourni des renseignements.
[2] A partir de l'année 1910, nous avons donné la statistique de 1913, c'est-à-dire de l'année qui a précédé la guerre mondiale et, depuis cette époque, la statistique de 3 en 3 ans.

11*

CARTE

DE

L'UNION POSTALE UNIVERSELLE

A L'ÉPOQUE DE SA FONDATION

REPRODUITE DE L'ÉDITION DU 25e ANNIVERSAIRE

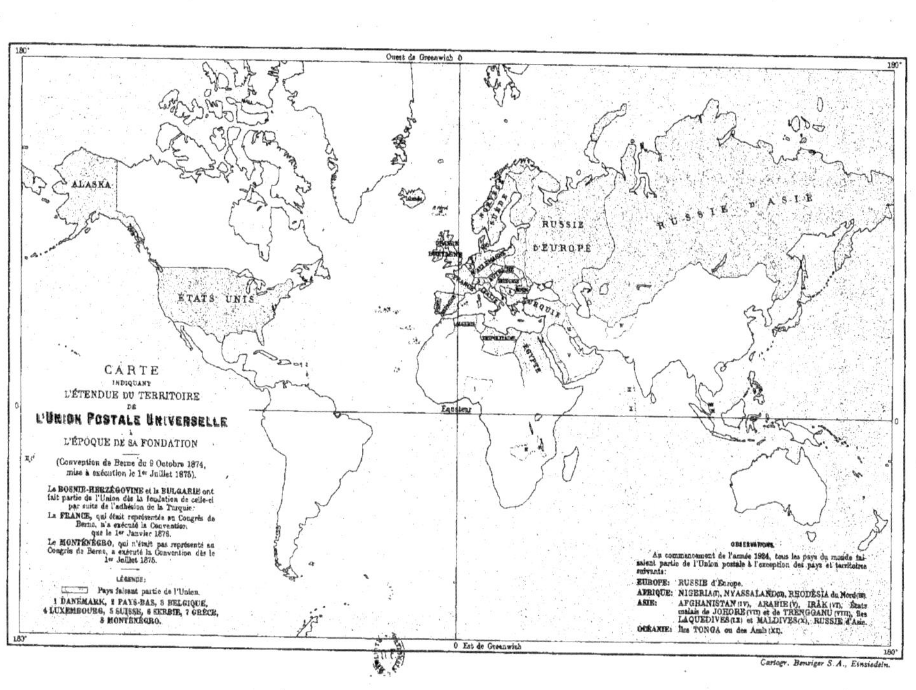

180°
Ouest de Greenwich 0
180°
ALASKA
ÉTATS UNIS
RUSSIE D'EUROPE
RUSSIE D'ASIE
TURQUIE
ÉGYPTE
Équateur
0
0
CARTE
INDIQUANT
L'ÉTENDUE DU TERRITOIRE
DE
L'UNION POSTALE UNIVERSELLE
À
L'ÉPOQUE DE SA FONDATION
(Convention de Berne du 9 Octobre 1874,
mise à exécution le 1er Juillet 1875).
La BOSNIE-HERZÉGOVINE et la BULGARIE ont
fait partie de l'Union dès la fondation de celle-ci
par suite de l'adhésion de la Turquie;
La FRANCE, qui était représentée au Congrès de
Berne, n'a exécuté la Convention
que le 1er Janvier 1876.
Le MONTÉNÉGRO, qui n'était pas représenté au
Congrès de Berne, a exécuté la Convention dès le
1er Juillet 1875.
LÉGENDE:
Pays faisant partie de l'Union.
1 DANEMARK, 2 PAYS-BAS, 3 BELGIQUE,
4 LUXEMBOURG, 5 SUISSE, 6 SERBIE, 7 GRÈCE,
8 MONTÉNÉGRO.
OBSERVATIONS.
Au commencement de l'année 1924, tous les pays du monde faisaient partie de l'Union postale à l'exception des pays et territoires suivants:
EUROPE: RUSSIE d'Europe.
AFRIQUE: NIGERIA (I), NYASSALAND (II), RHODÉSIA du Nord (III).
ASIE: AFGHANISTAN (IV), ARABIE (V), IRÀK (VI), États malais de JOHORE (VII) et de TRENGGANU (VIII), îles LAQUEDIVES (IX) et MALDIVES (X), RUSSIE d'Asie.
OCÉANIE: îles TONGA ou des Amis (XI).
153°
0 Est de Greenwich
180°
Cartogr. Benziger S. A., Einsiedeln.

TABLE DES MATIÈRES

CHAPITRES

Annexes

I. LISTE des délégués, des fonctionnaires attachés et des fonctionnaires du Bureau international de l'Union postale universelle qui ont assisté aux Conférences et aux Congrès postaux.

II. TABLEAU donnant quelques exemples des taxes d'affranchissement auxquelles étaient soumises les correspondances postales dans le service international avant la mise à exécution de la Convention de Berne (1er juillet 1875) . . . . 131—138

TABLE DES ILLUSTRATIONS

L'UNION POSTALE UNIVERSELLE

Sa fondation
et son développement

MÉMOIRE

PUBLIÉ PAR LE BUREAU INTERNATIONAL

à l'occasion du

50ᵉ anniversaire de l'Union

1874 — 1924